袁世海自述
贰

袁菁 执笔

目录

深 造

伍拾肆	忆世芳　梅开二度	/ 387
伍拾伍	话当年　弟兄欢聚	/ 400
伍拾陆	严训教　踏上新程	/ 421
伍拾柒	喜相连　喜后生悲	/ 430
伍拾捌	"阴阳戏"　沪宁受难	/ 438
伍拾玖	度新春　老牌献策	/ 451
陆　拾	贺世芳　双喜临门	/ 463
陆拾壹	战上海　幸会大师	/ 470

登 攀

陆拾贰	迎暑热　五科会演	/ 481
陆拾叁	济南归　恩师探病	/ 486
陆拾肆	颂程派　菊傲寒秋	/ 496
陆拾伍	展雄风　盖老出山	/ 503

陆拾陆	相对捧	人和事兴	/ 509
陆拾柒	叹郝师	遭灾百日	/ 520
陆拾捌	竞赛曲	青春似火	/ 530
陆拾玖	山西行	"红""黑"献艺	/ 538
柒　拾	有心人	君秋如愿	/ 543
柒拾壹	妻病逝	离情萦怀	/ 548
柒拾贰	万民欢	日本投降	/ 554
柒拾叁	再说媒	观剧相亲	/ 560
柒拾肆	谢媒宴	畅叙家常	/ 569
柒拾伍	明心迹	雪地萌情	/ 575

齐　驱

柒拾陆	紧赶场	吉日结亲	/ 591
柒拾柒	遭诬陷	扶风停演	/ 601
柒拾捌	展才华	盛兰成名	/ 607
柒拾玖	母与女	夜半情深	/ 611
捌　拾	《玉堂春》	新意盎然	/ 618
捌拾壹	心换心	诚心初鉴	/ 623
捌拾贰	悼世芳	长歌当哭	/ 630

奋　进

| 捌拾叁 | 同献艺 | 繁花似锦 | / 637 |
| 捌拾肆 | 与大师 | 喜演《别姬》 | / 641 |

捌拾伍　演张飞　回味无穷	/ 648
捌拾陆　巧周旋　塞北脱身	/ 656
捌拾柒　霸王号　空中险情	/ 661
捌拾捌　出冤狱　万春复演	/ 666
捌拾玖　对"火"字　力改《野》剧	/ 672
玖　拾　"金霸王"　贫病辞世	/ 684
玖拾壹　勤求教　《野》剧响名	/ 690

受　辱

玖拾贰　受勒索　祸不单行	/ 701
玖拾叁　入冤狱　奔走求援	/ 713
玖拾肆　"花和尚"　哄笑公堂	/ 720
玖拾伍　夜巡城　静待天明	/ 726

深造

SHENZAO

马武脸谱

伍拾肆 忆世芳 梅开二度

一九四〇年十二月二十七日,在西来顺饭庄举行了我拜一代名净郝寿臣先生为师的拜师礼,了却了我多年的夙愿。

与此同时,承芳社正式成立,四小名旦之首李世芳在三庆园举办首场演出。他出科后,倒仓辍演,苦练三年,终于迎来了这一天。

提起世芳,我抑制不住内心的激动。当年我们一起练功时艰苦中的欢乐、坎坷中的烦恼、成功后的喜悦,以及他英年早逝带给我们的哀痛……滚滚思绪,在我脑海中回旋、奔涌。一幅令我难忘的图景又出现在眼前:

夕阳披着金黄色的彩衣将要远去,余晖洒遍片片鱼塘。鱼塘间纵横交错的小路上,走着一个二十岁的青年和一个十四五岁的少年。浓眉大眼的青年稳步前行,眉清目秀的少年紧跟其后,扯着青年蓝色大褂的后襟,边走边说着什么。青年笑着点点头,在弯弯曲曲的小路上加快步伐,小跑向前。少年紧追不舍,阵阵铜铃般的笑声在习习晚风中飘荡……

青年是我,少年是世芳。这真实的情景犹如一幅动人的《夕照图》,烙在我的记忆中，印证着我和世芳的深情厚谊。

痛哉！世芳过早作古，今天提笔写他，竟不知从哪里入手，还是从三庆园首场演出说起吧。

三庆园在大栅栏中段偏东路南，庆乐园的斜对面。

这一天的下午六点多钟，我坐着洋车刚来到大栅栏西口，就看见承芳社后台管事李春林先生在路口翘首张望。他一看到我，马上满面春风地迎过来。我立即叫车停住，下了车。

"开市大吉呀！你快看看三庆园门前的阵势吧！挤不进，出不来，真有点儿当初大爷（指梅兰芳先生）演出时的风头。"没等我开口，李八爷就滔滔不绝地向我述说。

李春林先生原工老生，后因梅先生需要，就在承华社任后台总管。梅先生演出的剧目均由他负责调度安排。梅先生蓄须明志后，他在石头胡同开了个包子铺谋生。这次，是我建议世芳请他出山，一来可以辅助世芳排演梅派剧目，二来凭借他的威信可将后台事务管理妥帖，使大家感到"小梅兰芳"名不虚传，台上台下的关键人物都是梅先生所用之人。李先生在戏剧界名头不小，人称"李八爷"，我这个小字辈尊称他李八叔。

我和他边走边谈："开市大吉也是因为八叔您把梅先生承华社的风采给带到承芳社了！"

"太高抬我啦！"李八爷笑了笑，转了话题，"世芳早就来了，开始扮戏啦。他听说园子门口堆的人挺多，让我来迎你，帮着开开道。他盼着你去呢！"

我低头看看表，离开戏还有一段时间。开演先是几出垫戏，压轴子是贯盛习师兄的《失街亭·空城计》，然后才是世芳的《廉锦枫》，他这么早就化装，心情之紧张，可以理解，我加快了脚步。

三庆园四周高悬一串串五色小彩灯，流光溢彩。观众云集门前，道路堵得水泄不通。李八爷在前边不得不真的开起道来："劳驾，劳驾，让我过去！劳驾……"我走在后面，也需不停地大声喊。我们虽然知道今天的演出因事先登了报，戏票已一售而空，却未敢想象有如此盛况。这也是由于梅先生久未在北平登台，继之蓄须明志，迁居香港，观众崇敬梅先生的高风亮节，渴望欣赏梅先生的艺术，然而可望而不可及；如今，素有"小梅兰芳"之称的李世芳辍演三年复又登台，正是"代梅止渴"的好机会，怎不乘兴而至呢。

"你看戏牌子"，李八爷对我说，"我让他们将报上刊登的'千呼万唤始出来'的广告词也写上了。"我抬头一看，可不，七个大字醒目地写在三庆园门口的戏牌子上。

"好！这几个字把世芳苦练三年才重登舞台、观众渴望三年才等到今天的心情，都点透了。"

我们挤进戏园，李春林直奔后台报信儿。我到票房要出票图，见上面画满红道道（红道道是售票，蓝道道是客票）。不错，李八爷说得对，今天是地地道道的大满堂。

我返身又来到前台池座。往常，观众入场前，池座空空荡荡，灯光微暗，偶尔听见几声胡琴试弓子和武戏演员在台毯上练跟头的声响，很是冷清。可是今天，我站到太平门向场内环视，只见大幕前沿台口摆放着不少致贺的银盾和精美的大花篮，台沿、楼沿前挂满了各处送来的喜幛子。白的、红的、淡蓝的、金黄的……琳琅满目，充满喜庆的气氛。只见闪光的白缎子上缀着红穗，绣着"东山再起"几个大字，鲜艳的红缎子上绣着"步步登高"，都是吉祥的话语，既是祝福，也是鼓励。我满意地向后台走去。

"大哥，您可来了！"世芳头上系着白布条，将头发向后压拢，身上穿着白布水衣子、粉彩裤，脚上穿着红穗淡青绣梅花的彩鞋，坐在化装桌前对着镜子画眉。世忠、盛利在一旁提示着。世芳从镜中看见了我，要站起来。我双手将他按下："快扮吧，晚扮三慌，早扮三光。"然后转脸向对面坐着的琴师王少卿大哥示意问好，又对着镜中的世芳说："前台，亲友们送的喜幛子都挂好了，真漂亮。门口已被观众挤得水泄不通。现在有了九成的把握，只要你沉住气，像萧先生说的那样不要'起尊'，就有了十二成把握！我去扮戏了，有话，戏散后再说。"我临出门，又特地回首再次向世芳嘱咐："沉——住——气！"他笑着连连点头。

"你放心吧，没错。刚才我给他试了几句，挺好。"王大哥满有把握地说。

"成了！您说的，准错不了！"说完，我将右手食指往嘴前一挡，向世忠、盛利丢了个眼神，示意他们少说话，然后才到我的化装室去勾脸。

《失街亭》演完，我匆匆卸完装，看见世芳已穿好服装，一切准备就绪，忙赶往前台。

池座中一片热气腾腾。座位边的几条通道被加座占满，三面墙前站满了人。我很难进去，只得一边说"劳驾"，一边在站着的观众中挤出一点儿空隙，以便立足。

《空城计》"城楼"一段，贯盛习三哥刚唱完，观众就开始出出进进，或忙着去厕所，或忙着做其他准备工作，以便过一会儿好好欣赏《廉锦枫》。

《空城计》结束了。锣鼓点儿由重到轻，由急到缓，由缓到急，又由急到缓。观众急不可耐地等待着大幕拉开。

七成新的绿幕徐徐拉开了，我的眼前一亮。舞台上，湖色的天幕犹如朗朗碧空，绽蕾吐蕊的嫩粉色寒梅斜枝独立，和一簇碧绿青幽的馨兰交相辉映，点点银星晶莹璀璨，点缀其间。如此漂亮的天幕不仅赏心悦目，而且让人好似已闻到梅兰所散发出的缕缕醉人的芳香。观众情绪高涨，掌声久久不息。

这非同一般的天幕，还有一段故事。我不禁想起那个令我兴奋的夜晚。

我拜师前，在上海黄金大戏院与新艳秋合演一期的时候，世芳给我来信讲，他的嗓音大有好转，每日给他吊嗓教戏的王少卿大哥准备帮他正式组班演出，让我帮着考虑社班名称及组班的各项事宜。孙盛武、江世玉、李世霖几个师兄弟闻此消息喜笑颜开，摩拳擦掌。夜晚散戏后，我们不约而同地聚在一起。

平日最喜说笑的世玉此刻抑制不住满心的喜悦："成啦！世芳能组班啦！这三年，够他练的，也够咱们盼的！"他是演小生的，小生和旦角关系密切，在科里，生旦戏都是他和世芳合作，因此，他的心情更为迫切。

"别着急，老三，你把世芳信里的意思再跟大伙儿说说。"盛武师兄年长我两岁，比较沉得住气。

我把世芳的信给他们传看了。

"有谱，王少卿先生说世芳能演出，世芳的嗓子一定过关了。"盛武信心十足。我也有同感，少卿大哥是给梅兰芳操琴的名琴师，能得到他的认可，足以说明世芳的嗓音已经恢复，有演出的把握。

"只要他的嗓子过门（可以的意思），我敢说，准错不了！没的说，大丑我应。二丑嘛，艾世菊。我保他没问题。"盛武热心地帮助筹划。

这很不简单哪，盛武在富连成科班中是"盛"字科首屈一指的文丑，如不是他所理想的演员组班，请，也很难请到哇。世芳素日性情和顺，人缘极好，师兄弟们都对他寄予厚望，希望他在科是条龙，出科仍然是条龙。

"小花脸有了，小生有我，硬二路老生有世霖，花脸当然是三哥，铜锤是谁？二牌老生谁合适呀？"

"贯盛习，贯三哥。"我对此早有考虑，世玉一提，

我（前排左一）与孙盛武（前排左二）、任志秋（后排中）、李世芳（后排右一），摄于一九四〇年冬

我就脱口而出。

世玉忽然腾地站起来，一呲牙龈，摇着头大声说："糟糕，糟糕！"我们不知他何出此言，急忙追问。

"世芳要是唱《西施》就是我的文仲，咱们科班里没这出戏，我还不会哪！"他探着脖子，以至敞开的衣领被扯到脖子后面，还不住地用手搔头，连连嘟囔着。别看他在台上演的是文弱风流的白面书生，台下却是一个不修边幅、大大咧咧、爱说爱笑的人物。我们三人一听哑然失笑。

"行了，行了，贤弟，别冒场（提前出场）。人没定，班社名还没想好，哪里就演《西施》呢！回北平找你的先生姜妙香学，还来得及。您先请坐吧。哎，世霖，你想什么呢？"我见世霖一直没说话，便问道。

"我想班社名呢。世芳信里提的什么小鹤社、小梅社呀，都不太好。"世芳原名福禄，后有人赠名小鹤，才有小鹤社之说。听了世霖的话，我们顿时沉默了，开始思考班社名。

几番沉思，几番争论。没有结果，又是沉默。我一拍大腿站起来："有啦！梅先生的班社叫承华社，是从梅先生的号——畹华而来。小鹤社是顺着世芳的号小鹤起的。咱们何不顺着梅先生和世芳都有的'芳'字起呢？叫承芳社，怎么样？"

"承——芳——社。好！好得很，多顺口！又响亮！"盛武和大家都一致赞成。世玉还鼓了鼓掌。

"成啦，这回该轮到派戏码了。"盛武提议。

"首场打炮自然是《霸王别姬》，'小梅兰芳'的旗号才亮得出去。"有人建议。

我不同意第一场演《霸王别姬》。尽管这出戏曾给观众留下深刻印象，若首场就演这出，随后还演什么能接得住呢？接不住，就显得虎头蛇尾。而且，世芳终究是三年未登舞台，心里没底，必须留有充分的余地。否则，万一这出戏没打动观众，就没办法接了。再者，首场演出，两位主角都死在台上也不吉利。反复酝酿后，定下来第一场演《廉锦枫》。这出戏是梅派代表剧目之一，舞台上一般很少有人演，且是载歌载舞的折子剧目，能够展示世芳的特长。用它来个投石问路，试试步。第二场，上演我们独有的剧目《昆仑剑侠传》。《霸王别姬》放在最后蹲底收场，来个步步登高。

别小看派戏，这其中大有学问。

"我把咱们的想法写信告诉世芳，他和盛利、世忠商量着定夺吧。对了，还有件大事险些忘了。世芳演出时舞台上的帷幕、桌围椅帔也得有哇，虽不能像梅先生的白缎子绣花那么讲究，总要有点儿高的呀！"

"这可难办了。求好，就得自己做，需要一大笔钱，谈何容易！"

我的话刚出口，就被大家堵了回来。此话不假，世芳家境不宽裕，做戏衣已是向住施家胡同的山西同乡武掌柜借的钱，很为难了，一时哪有许多钱呢？大家重又陷入沉思。我站起身来，想躺到床上伸伸腰，就在躺下的一刹那，想起黄金大戏院的经理孙兰亭。

"有了！"我像被弹簧弹起来似的立起身说，"明天我去找孙兰亭。"

后半夜了，金老公馆迎来了它一天中难得的宁静时刻。灯光下，我们几个师兄弟仍在喋喋不休地议论着如何能使承芳社打响第一炮。

为什么我要去找孙兰亭呢？因为孙兰亭曾多次询问李世芳几时能演出，我将世芳如何苦练、日见进步的情况都告诉了他。孙兰亭听了我的介绍，连说："好极了！等世芳重新登台的时候，首先约他来我们黄金演！"而且我也曾听闻，黄金大戏院曾赠送梅兰芳先生一幅相当漂亮的天幕。上海观众钟爱梅派，说不定"小梅兰芳"也有一份。

在黄金大戏院前台经理室，我找到了孙兰亭。

"好消息！世芳年底登台，准备在北平演出啦！"我高兴地告诉孙兰亭。

"好极了！几时演？说详细点儿。"孙兰亭兴趣十足地问我，同在此间的金元声（金廷荪之子）、汪其俊等，这几位黄金大戏院的"五虎上将"都闻声围了过来。

我把世芳组班的情况一一做了介绍。

"好极了,这是咱们黄金大戏院必约的角儿呀!咱们上海的观众盼梅大爷出台好久啦,'小梅兰芳'来黄金,这一炮准能打响。咱们黄金得有所表示呀!"孙兰亭说完用眼睛征询那几员"上将"的意见。

"没的说,我们做一幅祝贺的喜幛子……"

"不好,不好,那幛子用处不太大。"

"袁老板你说说看。"

有门儿!这叫水到渠成!

"世芳正想在上海置办一幅天幕……"

"不用你们置办,我们黄金大戏院送了,我们找黄老K(黄金荣)、金老K(金廷荪)、杜(月笙)先生出面来个三人同赠。袁老板再帮着想想,要什么图案的。"

"图案可以本着梅兰齐芳的意思。'小梅兰芳'用嘛,我倒是想,是不是不要老式的门帘台帐,要那种新式的边幕、天幕呢?"

"没问题,袁老板是台上台下都求新哪。"当时门帘台帐依然普遍,边幕、天幕才刚刚兴起,只有极少数几个剧场用了。

随后我们进一步研究设计图案、色彩。天幕在我回北平时带了回来。

……

看,这天幕上款写着:"祝贺小梅兰芳——李世芳登台志喜。"下款是:"黄金荣、杜月笙、金廷荪同赠。"不仅是天幕,还有桌围椅帔,学习马连良先生所用的圈乐队的围子,都是清一色配套赠送的。

我正在欣赏天幕,稍稍平息的掌声又响了起来,只见王少卿大哥手提胡琴从从容容、稳稳当当地从下场门走至台口,他迎着掌声,彬彬有礼地向观众行礼致意,然后迈过乐队围子就坐。

"好胡琴!"有观众大声地称赞着。王大哥摆好姿势,笑着望了望台下。闪光灯亮了,一位站在台口、手持照相机的记者抢拍下这个镜头。

这位曾为梅腔伴奏创建功勋的"京二胡圣手"深受观众的尊重和爱戴。二十世纪二十年代，他首创竹制京二胡，梅先生大胆尝试。早期京二胡声音浑厚，嗡嗡作响，人们称它"二嗡子"。王大哥在实践中不断改进其构造，试着以红木、梨木制作，弓子形状改成头粗尾细，使音色越发浑厚、动听，与高音胡琴相配，和谐、优雅，为演唱增色不少，博得内外行的一致肯定。甚至观众们竞相买票，特意来听二胡伴奏，为其喝彩。许多琴师改拉二胡，不仅为旦角伴奏，其他各行当也逐渐采用。从此，京剧文场的三大件（京胡、月琴、弦子）改为四大件。据说，当年王少卿先生上场入座时，场内必有碰头好，鼓励这位敢于创新、勇于开拓的著名琴师。这次他为世芳伴奏京胡，观众见到这位久别的名家，怎能不叫好呢！

两场垫场戏演过，该世芳出场了，场内立刻安静下来。胡琴奏出平稳的【慢板】过门儿，观众们立即被这纯正的梅派琴声吸引了。我的心却随着琴声紧张起来，我十分担心世芳的嗓音，这是决定他首演能否成功的关键。世芳虽然经过三年苦练，但嗓音仍未完全恢复，千万别像有些人似的，在台下听着尚可，登台一唱明显不够用。世芳会不会这样呢？但愿他嗓音洪亮，旗开得胜。祈祷并不会缓解紧张情绪，怦怦的心跳声还是听得那么清晰。我屏住呼吸，目不转睛地盯着舞台。

世芳踩着【慢板】节奏，翩翩走上舞台。刹那间，剧场内几千双眼睛不由得一亮，看那亭亭玉立地站在舞台上的廉锦枫，俊美的面庞，清秀、娇媚的眉目宛如青年时期的梅先生，观众一时恍惚，分不清他是年轻的梅兰芳，还是真实的李世芳。细端详，那眉目间流露出几分未脱的稚气，他是扮相酷似梅兰芳的李世芳，无愧于"小梅兰芳"之称，难得的人才呀！观众们经过瞬间的判断，澎湃的掌声立刻响了起来，人们纷纷议论："李世芳真像梅兰芳！"

"遭不幸老严亲穷边丧命"，世芳唱出了圆润动听的第一句，末尾"命"字旋律舒缓的长拖腔并不华丽，但大方朴实，最后盘曲跌宕、飞速远去，台下叫好之声骤起。我那紧绷的心弦忽地松弛下来。此刻王大哥又几抖弓子，王派独有的花过门儿为世芳下一句演唱做好了铺垫。要感谢王大哥啊，昔日，很有几位学梅派的旦角花大价钱聘请他操琴，他都婉言谢绝。然而，他看中了世芳人才出众，就在世芳倒仓最困难的时候，不要一文钱的酬劳，几年来一直给世芳吊嗓教戏，向世芳传授自己常年给梅先生伴奏所积累的梅派柔媚委婉的发声方法和演唱技巧，使世芳的演唱水平大大提高。他为了适应世芳嗓子的特点，精心创制了一把粗筒胡琴，琴音平和，与世芳偏低的音调紧紧相糅，浑然一体，起到掩瑕露玉的重要作用。观众听来声声入耳。

戏在热烈的气氛中进行下去。演到廉锦枫要下海刺蚌取珠了。世芳唱毕幕内【导板】，穿着裤袄、披着水纱（代替水裙）、身背宝剑，在"四击头"中做分水式的身段上场亮相。只见他随着胡琴过门儿，配合分水式云手，左腿三跨步、右腿三倒步、双腿大蹲步、反转身、翻水纱、亮住，接唱【反二黄原板】"身背着这青锋海底潜行"，这种在【导板】后接唱【原板】的格式是梅先生首创的。这段曲调不仅优雅动听，而且柔中有刚，体现了廉锦枫为治母病，不惧危险下海刺蚌取珠的决心。伴随着演唱，梅先生还设计了有相当难度的、表现廉锦枫在水中潜行的优美动作，堪称全剧之精华。世芳演唱此段，经王大哥的指点，唱得刚柔相济，较好地继承了梅先生的演唱特点。至于那繁杂的舞蹈身段，尤其吸引人。你看他轻舒手臂，分水拨浪，配合盈盈流星碎步，恰似燕鱼般在水中往来。海蚌在海底才会有，只见他急速地蹲身、站身、疾旋数圈，下沉海底。不想，在海底的岩缝中遇到特大海蚌，海蚌出于自卫紧合蚌壳，死死夹住青锋剑。台上的廉锦枫一面浮游踏水，一面力敌海蚌，终于刺开蚌壳，取出宝珠。一系列水中舞蹈婀娜多姿、娴熟多变，征服了观众。站在台下的我，深知世芳以怎样顽强的毅力，通过刻苦训练换来这一鸣惊人的成绩，我所感到的欣慰和欢乐难以用言语来形容，情不自禁地和观众一起使劲儿地鼓掌，向世芳表示祝贺。

戏，结束了。在热烈的掌声中，大幕徐徐拉上。

我急急跑至后台去向世芳贺喜，世芳如愿以偿，成功啦，第一炮打响啦！一连串的话像是按捺不住，要跳出来似的。

　　我回到后台，世芳已去化装室，然而舞台下的掌声有增无减，似乎铺天盖地，震撼着后台每一个人的心。

　　我急至化装室。世芳正在解开服装带子，没容我把贺喜的话对他说出来，李八爷气喘吁吁地冲进来，大声说："快，快！世芳别卸装，快去谢幕！"

　　谢幕？这是梅先生访美带回的洋式礼仪，我们有所耳闻，但只限于梅先生的演出，北平的演出没有谢幕这一说呀！世芳愣住了，我也没转过弯来。

　　"快去呀！台下的观众围在台口，听，那掌声越来越高，这是要求谢幕，当初大爷演完戏，就是这样的。快系好了，快走，上台给观众鞠个躬……"

　　世芳系好带，我们簇拥着他返回舞台上。

　　大幕拉开，嚯！台前竟站着那么多的观众，都在起劲儿地鼓掌，并且都想再清楚地一睹"小梅兰芳"的风采。

　　世芳走上台去，恭恭敬敬地向观众致谢，观众报以更热烈的掌声。

　　世芳无比激动，在这热情的海洋里，几年来心中的酸、苦、愁……一股脑儿地化成了甜。他的眼中闪闪发光，那是幸福的泪水。

　　曾目睹世芳步履维艰，又眼见这感人一幕的我，能不随之而激动吗？后台边幕两侧围满了人，哪一位不激动呢？

　　世芳的化装室也沸腾了！

　　王少卿大哥顾不得将胡琴装入套内，他一手提着胡琴，一手高甩胡琴套，满面喜气地说："成啦！接着再来他一家伙吧！世海，赶快再要日子口！"王大哥向来是快人快语。

　　"再来他一家伙"，是《王宝钏》中《算粮》一场魏虎的戏词，被王大哥借用了，成了他的口头禅。

李八爷跨进门就冲世芳说："我到前台看了，和大爷当年再像不过啦！"

"活脱儿，活脱儿一个梅兰芳。不愧是'小梅兰芳'！"顺着这熟悉的湖北口音望过去，我才发现李华亭坐在旁边的一把椅子上，他吸着烟，跷着腿，显然对今天的演出很满意。他是天津中国大戏院的副经理，这次组办承芳社特请他做管事，专管联系剧场，安排演出。他是熟人熟事，承芳社会得到照应。

"像，不光是像，刺蚌时还有新玩意儿哪，世芳把游泳的姿势化在里面啦！真不错！"李春林话未说完，就被王大哥接过话茬儿："响排时，世芳问我，加这些身段行不行？我说，怎么不成？尽可以放大胆子去创，当初大爷不就是创出来的吗？今儿个看着还真不错，挺合适。"李春林连连点头，一眼看见了世芳的父母，忙向他们祝贺道："您二老是山西梆子的好角儿，养子成龙，又是京剧的好角儿，赚着享福吧！"

"托大家的福喽，全靠各位关照！全靠大家栽培！"李子健先生笑得合不拢嘴，双手抱拳，操着山西口音向大家致谢。

"干脆，再来他一家伙，多演他几场吧！"王大哥将胡琴装进套内转向我，征询看法。

"已经定了，头一轮演八场，三庆的两场演完，吉祥、长安、华乐各两场。"我说。

"好，好！"王大哥话音刚落，世忠点头哈腰地向王大哥作揖，半开玩笑半认真地说："得了，王大哥，这二年您没白受累，连我都谢谢您！"王大哥转脸向世忠高举左手，往右手上一拍，笑道："那你就接家伙吧！"大家开心地说笑了一阵，李华亭站起身自言自语道："我们中国大戏院又添了个角儿哟！""什么时候去天津，就听您的啦！别放空炮！"世忠一句不让。"您是一手推两家，当然没问题。"李春林也是紧追不放。李华亭已走到门口，停下步子向大家保证："没的说，承芳社想什么时候去，就什么时候去，包在我身上。不早了，世芳也够累了，大家歇着吧，我去结账喽。"大家这才纷纷散去。

  首演的八场戏，堪称节节高，《霸王别姬》的演出达到最高潮。大家兴奋异常。我、世芳、世忠、盛利约好，演完最后一场《霸王别姬》，第二天早晨九点，在我们曾喊嗓练功的中山公园五色土见面，欢庆我们首战告捷。

伍拾伍　话当年　弟兄欢聚

这是一个晴朗的早晨，也是寒凝大地、滴水成冰的三九严冬。

抑制不住的喜悦之情促使我八点前就来到了中山公园。我缓步穿过回廊，来到习礼厅前，仰首望去，一棵棵粗壮的古柏早已被晨风唤醒，它们轻舒臂膀，笑迎游人。

我饱吸一口清新的空气，轻哼着"御马到手精神爽……"的曲调，信步走出圆拱门，依稀听到有人在喊"大哥"，忙顺着声音向五色土望去。呵，莫道我来早，更有早来人。世芳已站在五色土外墙垣的汉白玉石牌坊下向我招手迎过来了。

"没想到，你来得比我还早。我还以为，今天是我考第一呢！"

"天一亮，我就醒了，再睡不着，干脆起床来公园。"

我们一同走上台阶，在墙垣的东南角站下来。

这个与故宫东侧的太庙成左右对称的社稷坛（俗称五色土）是明清皇帝逢二月、八月举行祭祀仪式的地方。中间是汉白玉砌筑的三层方土台。围绕着方土台中央的方形江山石按中黄、东青、南红、西白、北黑五个方位将土夯实，因而此处又称五色土。土台四周方砖墁地，外围有半人高的四色琉璃瓦垣墙，每面墙的正中都立有一座汉白玉牌坊作为门。五色土内很清静，又开阔，所以我们特意选了这个地点。

"早晨的空气真新鲜。"世芳轻松地连续做了几个深呼吸的动作。我细一打量，世芳今天精神振奋，他身着一套新制的水獭皮大衣，头戴一顶三块瓦皮帽，使他适中的身材显得更加匀称、健美。端庄、英俊的面庞上，两只明亮清澈的大眼睛闪动着异常兴奋的光彩。我忽地感到世芳长大了，不再是当年那个"荷叶裤子，屎包肚子"的小师弟了。嗯，世芳入科时，是个刚刚九岁的娃娃，乍一离开外祖父母，过着科班中一切自理的独立生活，哪能适应呢！这个面目清秀的小孩，衣服总是穿得邋里邋遢。系不好裤带，白色宽裤腰向外翻着耷拉下来，在青色的裤子上围成一圈白色的荷叶边。小孩又没腰身，吃过饭后小小的肚子撑得滴溜溜圆，大师兄们有时开心逗趣，总爱怜地叫他"荷叶裤子，屎包肚子"，或是称呼他"七星聚义"。因为世芳幼年出天花，鼻子尖上落下七颗小麻子，虽不明显，却仍让细心的师哥们察觉到了。

世芳确乎是长大了，他不再是那个齐我肩膀高的，只有十二岁的"小虞姬"了。那时，他在马路上行走，不敢过马路，不会躲车，每天到张彩林先生家学戏，来来去去还要我用手牵着他呢。舞剑的动作也是张先生一边讲，由我把着手，一个动作一个动作地教。

世芳真是长大了。前些年，他的外祖父故去时，家中只有他和外祖母，他不知所措地给我打电话，在电话中只说了一句话："大哥你快来！"接着就稀里哗啦地放声大哭，搞得我丈二和尚摸不着头脑。我放下电话，雇辆洋车赶到他家，才知情由，马上找来世忠、盛利。世忠是能张罗婚丧嫁娶之事的人，赊来一口棺木，盛利打电话告知龙章大哥。几个人一起有条不紊地把丧事办了。

世芳的的确确长大了，不像拜把兄弟时的那个小老四了。尚小云先生给我们富连成学生排《昆仑剑侠传》后，我、世芳、世来、阎世善一起在尚先生家吃饭，尚先生说："我看你们几个人挺投缘，可以磕一盟。你们中间，有青衣，有花旦，有武旦，还有花脸，结为把兄弟，日后组班便利，又能互相照应。就是缺个文武老生……斗子（尚先生之子尚长春）将来学文武老生，算他个老五吧。"我们高兴地同意了。于是尚先生命人备好香蜡纸马，在后院祖师爷供桌前举办结盟仪式。尚先生亲自站在供桌前举香，严肃地说："今后你们要同生死共患难，仿效桃园三结义——有事儿，哥儿几个好好商量，可不许拔香头啊！"

我们五个人恭恭敬敬地一同给祖师爷磕了头。接下去，四位贤弟给我这个大哥行礼，依次轮到老五拜四哥世芳时，世芳手足无措，充满稚气的他连连后退，极不好意思承受老五的跪拜。

如今，这个小老四的个头与我不相上下，他不仅成为一个英俊青年，而且是京剧界的后起之秀，被观众誉为"小梅兰芳"。

世芳反复地深呼吸后，又随手推了几下太极。他意气风发，仿佛全身蕴藏着无穷的潜力，急待施展。

"看你高兴成这个样子，也不怕丢了你角儿的面子！"我开玩笑地挖苦他，也算是我表达内心喜悦的一种特殊方式吧。

"怕什么。大哥，说真的，演这八场戏的前几天，心里的紧张没法子形容，连吃饭都尝不出味道来。谢谢祖师爷赏饭，这八场演出挺顺利，嗓子也给劲儿，总算是没洒汤漏水。现在，我的心里呀，说不出是啥滋味，像是轻飘飘的短些什么，又好像……"

"又好像六月天吃了冰冻柿子，凉丝丝的踏实了。"

他微微一笑，默认了。

"大哥，这些日子，您忙里忙外辛苦了，我心里着实过意不去。"

"看看，又念起你那本经来啦！咱们哥儿俩，用不着说这些。我是大哥，应该的嘛！把兄弟得共患难，别'把兄弟，狗臭屁'，何况你好我也好呢。"

"话虽如此……"

"你甭分神想那些没用的事,当务之急是想下一步该怎么办!"

"下一步,不是翻头再演八场吗?"

"我是想,这前后十六场演完,在北平的牌子也就闯得有点儿名堂了。最好是继续在北平演,趁热打铁,多排演几出新戏。现在去天津,剧目显得太少了。"我说。

李世芳和我,一九四○年冬摄于中山公园

"马上去天津,我怕没把握。现在咱们的剧目的确是太少。我需要多演,演就是最好的练哪。"

"昨天我听说,马先生已定于一月中旬去天津演出一期,月底回来。"

"您从上海回来,才将一个月就又要走啦?"世芳不无遗憾地对我说。

我已经被马先生正式约入扶风社,不走哪儿成呢。我对他说:"放心,我一直陪你唱到我去天津的那天。好在我去天津的时间不长,你在北平先演着。你说得对,要多演,演就是练。多练,多排戏。《生死恨》《宇宙锋》《西施》都要陆续上演。你可以请连荣师兄参加演出,这样还本着梅先生承华社的阵容。"

"嗯。"世芳点头同意,"您说要演《生死恨》等戏,我倒是都会,就是我手里没有总讲本子。"

"找李八爷呀,一句话的事。他还能帮着给你排总讲哪!"

"对,对,我怎么忘了呢,您想得真周到。"

"我从天津回来就是春节了,咱们先唱《龙凤呈祥》《凤还巢》,又吉祥又喜兴。待会儿世忠、盛利来了，还可以听听他们的高见。"

"他们准会赞成。大哥，说心里话，这些年，无论遇到什么事情，只要有您，我就觉得有了主心骨，事情也就好办多了。"我还在想添剧目的事，对他的那本"经"置若罔闻。世芳没有继续说下去，他将身体倚靠在半人高的黄琉璃瓦砌成的墙垣上，双目凝视着前方。过了一会儿，他若有所思地问我："大哥，那年我外祖父故去，您帮我料理完丧事，我送您回家，走在金鱼池的小路上，我拉住您大褂的后摆，一边跑一边说：'大哥，您就这样拉着我走过这条弯弯曲曲的小路！'您还记得吗？"

"怎能忘呢！"我说。世芳这句话，使当年那温馨的一幕在我脑海中蓦然再现，宛如展开一幅动人的画卷。

"小路多窄呀，只能容一个人走，稍不留神就会滑落到金鱼池里。当时，我一点儿也没担心会掉下去，只觉得有趣，乐个不停。现在细细回味，这幅情景就是几年来我走过的路程的一个缩影。我走过了多少弯弯曲曲的小路才重登舞台啊！哪一回遇到挫折，不是大哥您拉着我闯过来的呀！"

"嘿嘿，别这么说，你说得太过了。这次演出，你之所以能大获成功，不是靠人帮出来的，是你自己苦学苦练的结果，功夫不负有心人嘛！"

"对！功夫不负有心人。您特别爱说这句话。我倒仓的时候，您常用这句话鼓励我，我一辈子也忘不了。回想起来，我当选童伶主席时，就开始倒仓了。"

的确，那是一九三六年秋季，北平《立言报》公开投票选举童伶主席，世芳以最高票数当选。当晚，在华乐园举行加冕典礼，世芳身穿科班的青色棉袍，头戴舞台上饰演玉皇大帝的平顶冠，登台向观众致谢后，演出《霸王别姬》一剧。当时我已离开富连成，霸王由孙盛文师兄饰演。当晚，我在华乐园楼上看戏，听出世芳的嗓音已显吃力，预感到他面临倒仓的问题，不禁暗暗为他担心。果不其然，自此，世芳的嗓音犹如江河日下，尽管他不停地去德国医院看病吃药，然而无济于事，到出科前夕，他的嗓子完全失音，一句也唱不出来了。艺海也不是风平浪静的呀！它不时地兴波掀澜，无情地阻止你的航行，甚至使你全舟覆没。

"我的嗓音因为倒仓一字不出的时候，我感到眼前一片漆黑，希望渺茫，几乎不得不考虑改行的问题了。我万念俱灰地想，改行后我能做点儿什么事情呢？"世芳继续回忆。倒仓是演员致命的一关，有许多师兄或同行，小时是台柱子，倒仓未能恢复，以致沦为底包，或者不得不改行。所谓"在科一条龙，出科混屎虫"，还真有几分道理。

"大哥，这时候您对我说的那番话，您知道给我提了多大的精气神儿吗？您说，人人都要过倒仓这一关。别怕，没出息的人才胡思乱想呢！把功夫用在该用的地方，眼前无可犹豫，只有一条路，练！一天一天地练，一年一年地练……"

"练一年不成，练两年，练两年不成，练三年……总会练成的。"我把当年说过的话又说了一遍。

"功夫不负有心人嘛！"我俩异口同声地说完这一句，忍不住开怀大笑。

世芳又随意比画了两下太极拳的动作。

"干脆，你打套太极拳吧，这里挺清静，正好还有会儿时间。"

世芳脱下大衣，要往垣墙上搭。

"有土！"我伸手接过来。要知道这套大衣也是他借钱买的，弄脏了多可惜！他笑了笑，找好位置开始打起太极拳。

"嗯，这叫起式，两脚分开，与肩齐……这个式子叫什么捧桃来着？……这叫云手……唉，我几乎全忘了。"望着世芳的一招一式，我不由得想起了向世芳学打太极拳的那一天。对，也就是世芳经过一番苦练第一次喊出"嘻"音的那一天。

世芳听了我的劝导，抑郁的心情略见好转。他见我每天早晨坚持去坛根儿喊嗓，就约了盛利、世忠与我同去。世芳的家，坐落在和平门外西河沿大街。自他外祖父故去后，他父母就由山西迁到北平，住在和平门外大沟沿香儿胡同。每天清晨，盛利来到世芳家，和世芳一起去坛根儿。先农坛一位姓李的管理人员与盛藻师兄是朋友，爱看戏，因此，对我们特别优待，准予随便出入。这一天，我们几个人又在天蒙蒙亮的时候，相继来到先农坛，各自站在自己选择的老地方，练练呼吸，再小声溜溜嗓子。这里虽是先农坛后墙的角落，但也是苍松蓊郁、古柏如盖的幽静之地。

"羽扇纶巾，四轮车……"声音高亮但不太宽的是盛利哥。每天，我们都是这样"四鸟闹松林"的。

"挚手托青天……"接着，我念了曹操在《阳平关》《长坂坡》《战宛城》等戏中的引子。引子半唱半念，抻气展音，是喊嗓时必练的。然后，我又连续地念了《青梅煮酒论英雄》中曹操向刘备说龙的大段念白和《火判》中的定场诗，身上略微见汗。我停下来使音带松弛一下，侧耳一听，世芳在念《霸王别姬》中虞姬的引子"明灭蟾光，金风里"，这哪里像是虞姬呢？分明是一个半哑嗓的男人在说话！"鼓角凄凉"由念转唱"鼓"字不好发音，他只能用更低的音调来唱。唉，"凄"音也高，世芳的声音刚放出来，就变成岔音。他再次降低调门儿，才勉强"说"出来。世芳倒仓如此之苦，我从心里为他着急。要知道，他从倒仓练到现在已经有一年之久了，然而他的嗓音丝毫不见起色呀！世忠轻声地念着："难、难、难喏！"装作一副满不在乎的样子走过来，他背对世芳，站在离我不远的地方向我挤眉撇嘴，轻轻摇头，暗示世芳嗓音不见好转，怎么办？我小声说："别着急，咱们只能给他鼓劲儿，千万不能使他泄气。"世忠眨眨眼睛，若无其事地走回他的"地盘"。

我定了个十足高的调门儿，放声唱了一段《华容道》中曹操唱的【导板·原板】。"眼落泪手捶胸怨恨苍天"，"天"字最后甩腔要加哭音，我反复体会哭音是否加得恰当、好听。盛利哥走过来了。我问："怎么样，你听这句唱法，过得去吗？"

"我正要跟你说呢。这样唱，把统领八十三万人马下江南的曹操在赤壁被烧得只剩下十八骑、败走华容道的心情,都体现出来了。"说着,他转身扯开嗓子唱起"一见娇儿泪满腮"。哟!这是《四郎探母》中佘太君的唱腔啊!

"盛利哥,您怎么又想串演老旦啦?"

"赶明儿,世芳要是组班,一定会唱《四郎探母》的。到那时,缺六郎我来演,缺佘太君我也能顶,不好吗?这叫早做准备!"我心中油然升起一股对盛利哥的敬意,他是个有心之人哪!后来,承芳社到天津演出,世芳演《四郎探母》还真缺饰演佘太君的演员,这一角色就是盛利哥担任的,虽唱得没正工老旦那样响亮,但演得很不错呢。一个演员多学多练,本事在身,早晚都会用得上。

世芳也开始练唱了。与其说他在唱,还不如说他是在转轴似的念,调门儿比筒子调(京胡最低调门儿)还低,而且刚唱两个字,嗓子一个劲儿地出了嘟噜音,一句"忽听得唤苏三"就夹杂着三四次的嘟噜音,真使我们为他倒吸一口凉气。世芳在科演《霸王别姬》时,有着多好的一副脆亮、高昂、甜嫩的好童音哪!谁承想会变成如此惨状。如今,他已坚持练了一年,仍未见好转,难道真像我说的那样,还须练两年、练三年,甚至更长的时间吗?难道真会功夫付流水,东去永不回吗?嘻!我想到哪儿去啦!他自己还没有自暴自弃,我怎么反倒如此悲观、失望呢?就在这时,听得世忠大声叫我,我回身一看他在和世芳争论着什么。我向他们走了过去。

"三哥,您说,今天世芳的嗓子听起来又好一些了,是不是?"我自然领会世忠的意图何在。世芳那双明亮的眼睛,充满了疑惑的目光,紧盯着我,等待着我的回答。其实,世芳对自己嗓音之糟是清楚的,他对世忠的鼓励是不相信的。然而,世芳渴望着自己的嗓音有所恢复,渴望着通过一年的喊嗓能取得些许成绩,哪怕就一点点,这一点点进步也许是自己觉察不到的,但往往旁观者清嘛。我是他信赖的大哥,不会蒙他。他迫切希望他的进步能在我这里得到证实。我也懂得,此时千方百计地鼓励他,坚定他的信念,是我这个大哥的责任。

"是好些了，你唱的时候虽然还打嘟噜，但是较前一段而言，见好转。"

"真的?"随着我肯定的回答，他目光中的怀疑神情消失了，脸上浮起一丝笑容，瞬间又被焦急的情绪冲散了。

"可是，我连一个整句也唱不出来呀！什么时候才能……"

"看看，又着急了。心急吃不了热豆腐！着急上火对嗓子最不利。你想想，嗓子倒仓不是一夜就倒成这个样子，那么，嗓子缓过来，也不是一夜之功。你练嗓才一年挂零，咱们不是说定豁出练三年吗！不行，再练三年，六年后，你不过才二十五岁，着什么急呀！今天，你喊的不少了，歇会儿，练练圆场吧。"说完，我猛然想起，世芳为增强体质，辅助嗓音恢复，也仿效梅先生、程先生练习太极拳，特向一位武术界的朋友武丕卿学了几手。为了岔开他的思路，我又说："我也不喊了，我早就说跟你学学太极拳，怎么样，你教教我?"

于是，我在他身后，照葫芦画瓢地比画了一阵，看他的情绪稳定下来，我才去跑我天天必练的圆场。

"三哥，您这圆场跑得真没挑，快、稳且不说，拐弯时身体还向内倾斜，活脱儿个尚派！"世忠凑过来看着我跑圆场。

"嘿，贤弟，算你好眼力，这叫花脸要美。不过，你这家伙太懒了，早上喊嗓，要么起不来躲了，要么来晃晃。这半天了，我就听你喊了几句，剩下的时间全打花胡哨了。过来，咱俩一块儿跑！"世忠耸了一下鼻子，咧嘴笑笑，无可奈何地跟我一起跑圆场。我故意加快步伐，一圈之后就追上了他，他被我追得没办法，有意识地缩小了跑的圈子。

"快点儿！跑大圈。别偷懒，我踩你脚后跟啦！"

"得嘞！三哥，饶了我吧，我最怕的就是跑圆场，这两条腿太酸了迈不开步了，您别让我出了科，又坐一科呀！"跑圆场的滋味的确极不好受。

"好，最后一圈。提气，腰里撑住劲儿别晃，压住步，别颠！"

世芳打完太极拳，站在树下休息，拿出手绢一边擦汗，一边看我和世忠逗哏。此时世忠已累成一副狼狈不堪的模样，世芳不由得笑了。然后准备去走他每天必练的趟马时，下意识地试了试嗓子。"噎——噎——噎"，这一试不要紧，非但他自己不相信自己的耳朵，就是我们也停住脚步怔住了。

"你再喊一回！"我大声提醒他。

"噎——"不假，世芳的"噎"音回来了！虽说并不理想，但终归听来是旦角的嗓音啦！

"你再多喊几遍，千万别忘范儿。"盛利哥也闻声跑过来，我们三人将世芳团团围住，静静地听着他一声连一声地喊着"噎"音。

"噎——"这一声声渴望已久并不十分清亮的"噎"音，孕育着希望，回荡在青松翠柏掩映的园林中，回荡在我们兴奋不已的心田里，它将化成攀登的勇气、奋斗的力量。

这一声声苦寻才至、迟到的"噎"音，像从大地深处淌出的涌金漾玉的清泉，滋润了世芳那焦渴的心田，使他从此焕发了艺术青春。

世芳激动得呆立不动，两眼饱含欣喜的泪花。世忠拱起双手向世芳深施一礼："贤弟，你真是角儿的嗓子，'千呼万唤始出来'呀！"

"千呼万唤始出来"，白居易在《琵琶行》中的这句诗，用在这里太恰当了。我听了心中一动，所以后来承芳社演出，《新民报》上刊登的广告词正是这句诗。

世忠高兴地跳起来拍打树叶，口里不住地大声喊着："可有了亮音啦！可有了亮音啦！"

盛利哥沉稳多了，他说："你嗓子溜开了，声音就会好多了。刚才喊嗓打嘟噜，那是睡了一夜觉，带着被窝味呢。再有，你练太极拳出了汗，嗓子也痛快。"

"还有，你刚才是随便地试一试音，精神放松，效果就好。以后你喊嗓之前别紧张。这一点，我特有感触，有时候本来嗓子挺痛快的，由于是演新戏，或是比较重要的场合，往往嗓子就打折扣。怎么样嗓子才痛快，你得学着找自己的范儿。"我也帮着世芳分析。

"成了，有了'噎'音，就不愁练不出'啊'音，慢慢都会好起来，我这个傍'小梅兰芳'的，这回更傍定啦！"世忠的话使大家又笑了一阵。

"这叫功到自然成啊！为了祝贺世芳的嗓子练出了'噎'音，我，我再跑他几圈圆场！"

"我跟着大哥一起跑！"

我大步流星，快中见稳，跑在前面。世芳碎步轻盈，翩翩跟随，紧追不舍。这气氛感染了盛利、世忠，他们也身不由己地跟在世芳身后欢快地跑起了圆场。

我的兴致更浓了。

"编辫子！"我提示之后，转换方向，跑成∞形。你弯过来，他绕过去，我们在朝阳下环绕着挺拔苍劲的松柏，笑脸对笑脸、诚心见诚心地穿梭飞跑。呵，我们饱尝了练中的乐趣、苦中的甘美！

直到满头大汗，实在跑不动了，我们才停下来，纷纷踮起脚跟，用脚尖蹲在地上缓气落汗。我顺手捡起地上的松塔和柏子皮。每天，我都要捡一把带回家去，放在炉火上烘烤。它散发出的松木清香，我和母亲都非常喜欢闻。我一边捡，脑子里还一边考虑，世芳的嗓子初见起色，下一步该怎么办呢？

"我看你应该找位琴师吊吊嗓子了。"

"我这样的嗓子能上胡琴吗？"

"先用矮矮的调门儿，悠着劲儿唱，比光喊出功。不过，必须找位好琴师，他得会掌握分寸，还会教你气口和演唱的窍门。这样，你嗓子练出来啦，演唱技巧也掌握啦，不会的戏也学会啦，来他个三管齐下！"

"您说得对。找谁呢？"

"按三哥的想法，只有少卿大哥合适。"世忠顺着我的话茬儿，似乎说得无心，实际上真说到点子上了。

"对！如果王大哥肯答应，梅派唱腔、唱法，你就甭发愁了。"我认为这将会给世芳继承梅派艺术开拓出一条通天大路。

盛利哥却摇摇头说："未必能成。听说陆素娟（名昆旦，学梅派）请许多人托情，还许给大价钱的包银，王大哥还是没答应为他操琴。如今，世芳的嗓子还没成型，他能……"

"我想，他会同意的。梅先生谢绝舞台，王大哥也不搭班，在家休息。世芳是梅先生喜欢的弟子，准行！"

按常规，拜老师是徒弟有求，师傅有应，梅先生收世芳却例外，是老师找学生。一九三六年春，梅先生从上海回到北平，听齐如山先生介绍，富连成科班出了个"小梅兰芳"，就亲自到富连成看了世芳演的《贵妃醉酒》和《霸王别姬》。观看之后，梅先生十分爱惜世芳的人才，主动提出要收世芳为徒，足见对世芳的喜爱。

"我记得那年你拜梅先生的时候，王先生也在场，你们都见过礼，兴许好说多了。"世忠提醒世芳。

"见是见过一面，王先生也跟我说过，将来出了科，要学戏，到家去，没关系。唉！此一时，彼一时，我的嗓子非比当年。"世芳捡起他身旁的两颗松塔扔到我面前。

"成与不成，不是你说了算，也不是我说了算，听王大哥的！你没去问他，怎么知道不成呢！今天下午你就去他家登门求教。"我说。

"今天下午？"

"不要拖，他答应了，你明天就开始吊嗓。他不答应，咱们再请别人。"

"三哥说得对，若是成了，贤弟，你可就'柳暗花明又一村'啦！"世忠拍着世芳的肩膀说。

……

"大哥，您站在这儿想什么呢，也不活动活动？"世芳打完太极拳，走过来,截断了我的回忆。

"我在想,你从嗓子开始恢复,直到这几场演出大获成功,王大哥真是出力不小哇!"

"是啊,这两年多亏了王先生,他为我付出不少辛苦。我喊出'噎'音的那天下午,提心吊胆地去王先生家,真没敢想,王先生听说我要请他给吊嗓教戏,满口应承。也真难为他,那时,我的嗓音根本够不上调门儿,又干又涩又打嘟噜。王先生没一丝嫌弃,千方百计引导我一个音一个字地试找发声门径。要是没有王先生这样苦苦地耐心相教哇,我恐怕再练两年也唱不了戏。单靠自己练发音不容易找准哪!就这样,王先生还为我听了不少闲话,什么放着请不答应,没人理了又闷得慌,只能找个倒仓鬼来家里过胡琴瘾。这也是我总觉得过意不去的一件事。"

"嗐,这些人一天到晚不干正经事,还气人有笑人无,无中生有,闲话连篇,甚至造谣诽谤。他们吃戏班,喝戏班,骂戏班,哪个好演员不挨骂?要是听这些人瞎叨叨就什么也别干了!"

"可不是,王先生常说:'谁爱说什么就说去,不然,这些人吃饱了闲得难受,好坏咱们心里分。'当初,选童伶的时候,有多少人捧我呀,什么好话我都听了,等到嗓子倒了仓,他们都无影无踪了。我缓过这口气要组班了,他们又一窝蜂似的扑过来,让我听他们的。谁好,谁不好,谁是真心,谁是假意,我心里清楚得很。"

"这个世道雪中送炭的人少,锦上添花的人多……哎,他们来啦!"盛利、世忠两人急匆匆穿过圆拱门向我们走来。我掏出怀表一看,已近九点。

"你们二位拿得真严哪!"("拿得真严"是一句行话,此处指恰好准点的意思)我极力把身子探出矮围墙,大声地向已走近五色土的二位喊话。

"我早就从家出来了,唯恐世忠起不来,特地绕弯到他家去。果不其然,他还没出被窝呢!"盛利抢先说道。

"您……我都穿上一件衣服了!三哥,真格的,这几天太累了,今儿早上,我简直睁不开眼,一想到要来公园,不能晚,闭着眼睛就坐起来穿衣服,过了一会儿,张大哥才来找我。他……我……这不是没晚吗?"世忠说得很认真,临了还狠狠地耸了一下鼻子。

"你爱睡懒觉,谁不知道。这几年,早上喊嗓子,你晚来、不露面是家常便饭,总是回回有理。"

"我爱睡早觉是真,这次绝非往日可比。不是找辙,这几天,我天天唱双出。货真价实的戏园子一出,回家唱一出,家里这出戏比戏园里累多了。"

"你唱的什么?在这儿唱唱,我们听听。"

"您瞧,您又不信了。在戏园子,我傍着'小梅兰芳'唱。回到家里,是我主演——'小梅外传'!"

"贫!自己起晚了,还拿世芳做台阶下!"

"三哥,您……咱们演这八场戏,大伙儿都挺忙,我没得工夫说。我要说出来,你们准高兴。"他得意地耸了耸鼻子。

"别卖关子,直截了当。"我是个急性子,他这么转弯抹角的,我受不了。

"直截了当,好!这些天,我们家不但是承芳社的票房,我还当上了'小梅兰芳'的义务解说员,一说就是半夜。咱们的戏,不是登报的第二天票就一抢而光了吗?我家那边有几位街坊没买着票,托我想想办法。我想街坊四邻,天天磕头碰脸的,面子不能擦呀,何况多个人看戏,多给咱们壮一分声势。我就跟票房商量,给他们加了几个座。谁想,看完戏,他们跟别的街坊一夸,不要紧,天天都有好几位找我买票,争着要看'小梅兰芳'。我也想开了,索性收钱卖票,给他们临场加座。谁想他们之中有不少人看完戏以后余兴未了,都来到我家,找我打听究竟。他们听说世芳嗓子倒仓很苦,想知道世芳是怎么苦练三年才重返舞台的。您想想,此情此景,此时此刻,我的话匣子还能关得上吗?说吧!他们越听越上瘾,我是越说越起劲儿……"

"耿二哥,说不定,你给我搽了多厚的一层粉呢!"世芳听了世忠的话,有点儿吃不住劲了,他略有点儿不好意思。

"我给他们讲,"世忠絮絮叨叨地学给我们听,"有一天,我们三哥说,听人讲,男人的皮肤粗,长时间不往脸上拍粉,会不吃粉了(当时化装没油彩,全是水粉妆),弄不好,在台下看着像掉面儿似的,怎么办哪?我们几个人三想五想,让世芳天天搽粉化装在家里彩唱。三哥又说啦……对了,他们问我,三哥是谁呀?我说,这三哥你们可熟悉,他是我们'世'字科的大师兄,在家行三,我们官称他三哥。噢,他的名字呀,叫世海。他们说:'噢,原来是霸王啊!演得好!'我说,你们别打岔,听我往下说。我们三哥又说,与其搽上粉,何不也贴上片子来个化装彩唱呢。这样好处多啦,还可以找扮相。世芳的脸庞、眉眼都有些像梅先生,再把片子的位置找好,岂不更像吗?着哇,高!正好世芳的母亲是山西梆子的旦角演员,会刮片子,这么一来,全齐。世芳按照梅先生的戏像,仿照着贴小弯、贴大绺。他们听到这儿啧啧称赞:'怪不得李世芳一出场就把大家镇住了呢,那么像年轻时的梅先生,原来他在化装上也下了真功夫啊!'我说,这是小意思,听我慢慢地把他下的真功夫给诸位说说。你们不懂,只练化装不行,扮相跟粉的深浅、薄厚也大有关系,只有在灯光下才看得出彩粉拍得是否合适,也就是说必须在晚上练。那时,正是寒冬腊月,在屋里彩唱,地方狭窄,根本不行,只能在院里。这可真叫冬练三九哇!第一次化装彩唱的晚上,老天爷也来凑热闹,故意添麻烦,偏偏从早上就下起了大雪……"

"那是老天爷试试咱们心诚不诚。心诚哪,一发慈悲让世芳早日登台;心不诚啊,再多耗世芳两年。"盛利哥插言了。

"不管怎么说,这场大雪把我们冻得够呛!世芳在屋里化了装,我请人把灯拉到院里。下了一天的大雪,停是停了,可世芳也不能在雪地里唱啊!得把院里的雪扫扫。我一看,闲杂人等一概没有,得,瞧我的吧。好,半尺多厚的雪,没扫几下就冒了汗。"

"甭说你了,后来,我就扫了一会儿,里头的小褂也是满潚。"盛利哥身体瘦弱，干活远比不上我们。

"不过，那个小雪人堆得可够神气的呀！是不是？"世忠很得意，鼻子又耸了一下。

"嗯，那两个煤球做的眼睛挺有神。尤其是那高高的鼻梁，真俊！谁堆的雪人，雪人就像谁，这也应该向你的观众介绍介绍。"世忠也是高鼻梁，我和他开了句玩笑。

"三哥，您又拿我开心！那天，我记得您和马先生在'新新'有戏。"

"对，大哥是完了戏，快十点了才赶来。"

"别忙，我想想，那天和马先生演的是《苏武牧羊》，我演昆衍堤。戏不多，十点前能回得来，若是演别的戏，就得十二点见啦！"

此时此刻，我们都被世忠的述说带回悠悠岁月中去了。

"咱们哥儿仨站在北屋台阶上，世芳化好装，我用嘴一念锣鼓点儿，咱们就开戏啦。好家伙，没到一刻钟，我就觉得腮帮子发硬，嘴唇发僵，不听使唤。雪后寒，雪后寒，名不虚传。我担心再冻会儿，舌头僵住，这锣鼓点儿我可就念不出来啦！"世忠似乎又感到刺骨的寒冷，他边说边用手搓腮揉嘴。那时，世芳在院里练彩唱，回回全靠世忠用嘴念锣鼓点儿。也算家传吧，世忠的父亲耿五爷是位有名望的鼓师呢。所以，世忠不但锣鼓点儿念得好，就是打起鼓来，也极有腕力。后来，承芳社组班演出前说戏，鼓师白登云大哥有不清楚的地方，常问世忠。

"这天晚上，我练的是《廉锦枫》，头场的【慢板】，二场南梆子，身段都不多，我冷得上牙碰下牙，嘴皮子使不上劲儿，唱出来的腔，我自己都听得出来带着颤音。还有，精湿冰凉的片子，僵巴巴地冻在脸上，那滋味……我真想停下来进屋暖和暖和，或是套件大衣再唱。可我一瞧，你们三位大哥站在台阶上挨冻的样子比我更可怜，虽说大哥穿着那件水獭皮大衣，两手插在兜里，围巾把嘴也遮住了，但是那两道浓黑的眉毛上全结了白色的霜，一看就知道你受冻的滋味了。张大哥把手揣在袖口里，缩着脖子，不停地跺脚。耿二哥来回地搓脸搓手。可你们谁也没嫌冷,耿二哥的锣鼓点儿,越念声越高,一个劲儿地给我提神。两位大哥更是目不转睛,容不得我偷半点儿懒,哪个地方不合适,跟着就让我停下,重来。"世芳顿了顿,又接着说,"我想,三位大哥为谁呀!夜半三更不休息,站在雪地里挨冻、费神,还不是为我,为我能重返舞台吗?我受点儿冷,又算得了什么呢!甭说还不至于,就是真冻出病来,我也得咬着牙坚持唱下来,还非得唱好不行!"世芳话音猛地停住,他低下头,轻轻地咬了一下下唇,抬起头来:"也怪,想到这儿,就不那么上牙碰下牙了。"他脸色微红,显然,世芳有些激动。谁能不激动呢?我的眼前出现了一片冰凌垂挂的银色世界,一树寒梅傲立雪中,它的枝桠虽不十分粗壮,簇簇新蕾却已脱颖而出,经受了风雪的洗礼含苞待放……

"哎,三哥,"世忠说,"我看咱们趁热打铁,再演他几场吧!"

"我跟大哥商量了一下,剧场、剧目调换着再演八场。抽空多排几出戏,大哥月中随马先生去天津,月底回来。"

"嘀,三哥,您又拽住龙尾巴啦!回来得请我们多吃几顿!"世忠打断世芳的话。

笑过一阵后,世芳将刚才我们商定的打算细说一遍,世忠、盛利一致同意。

下一步的计划初定,世芳觉得身上有些发热,他解开扣子将大衣敞开,悠闲地将双手插入裤兜。

"哎呀!我险些误了大事。大哥,昨晚李华亭把这两场《别姬》的账结了,每张票价比头场多加四角,除去各项用度,共余七百元。他把钱交给我了,您看咱们哥儿俩怎么分?听您的!"世芳从上衣、裤子口袋中,分别把一叠叠的钱掏出来,让世忠、盛利过数。

"不,你刚立起来,正需要钱用,应该多留些。何况,这出戏,主要看的是虞姬呀!"

"不,大哥,您说什么我都听,这件事,您一定要听我的!"

"你的心意,我领了……"

"如果没有您出高策,咱们还得打'乱锤'。"

世芳指的是头场演出后。那天,世芳卸完装,我们同往施家胡同三星客店吃夜宵。三星客店的武经理是世芳的山西同乡。世芳演出定制服装等一应开销,都由这位同乡垫付。这晚,他在三星客店准备了便饭,祝贺世芳旗开得胜。

席间,大家由衷的喜悦不必细说。饭后,听李华亭一报账单,大家的情绪一落千丈。

演出的总收入扣除必要的应酬和演员的开支,所剩无几,没有余力支付我的戏份钱,更甭说世芳了。

武经理一听抢先开口:"这不行!有的人是不是戏份钱开得太多啦!一个管事每场二十元,琴师每场三十元,都高于二牌老生啦!文武行也高得离谱……"武经理说出看法后,李华亭面有难色,李子健先生也沉吟不语。

我说:"给大家的戏份钱定高一些,是我和世芳一起商量的。为什么?就说王大哥吧,多年来给梅先生操琴,是位有名望的前辈,曾有人出高价(比梅先生给的还多)请他,他都没答应。反过来,这两年,他为世芳吊嗓、教戏,分文不取,教世芳教得天晚了,还管世芳的饭。世芳东山再起,有他许多辛苦。三十元多吗?不多,我觉得还少呢。如果经营得好,还应给他多加一些。李八爷的戏份钱看上去似乎多了点儿,其实,值。他多年担任梅先生的管事,现在有他在后台安排一切,就能压住阵脚,世芳可以放心地唱戏。何况,他过去给梅先生抱本排总讲,会很多梅派戏。世芳要成为真正的'小梅兰芳',必须学会更多的梅派戏,《西施》《牢狱鸳鸯》《生死恨》等全得排演。靠谁?就得瞧李八爷的了。他本人没提条件,他有包子铺,不指望这个,可我们既要请他,为什么不让他高高兴兴、尽心尽力呢!

再说文武行们戏份钱本来就少，多给些也多不了太多，不能在他们身上打算盘。为什么马先生的班社那么整齐，全愿意搭他的班呢？因为马先生厚待底包龙套，剃头、刮脸还给单加两毛剃头刮脸费。所以，谁都不敢放水。梅先生也是宽厚待人，这些前辈的长处，咱们应学过来。将来，承芳社需要谁，谁都愿来，有多好呢！再说，咱们首次演出，请客、送礼、报纸宣传，费用都高，为创牌子就得付出点儿代价。外国人到中国卖烟卷，吹起洋鼓洋号高喊'便宜来吸'，让行人白抽烟，不就是为创牌子吗？不过，我们没料到开支冒出那么多，我的戏份钱就算了。世芳没拿到钱，不能算白唱，就算换来了名声。要看到，今天的演出轰动了观音寺、大栅栏，明天就传遍梨园行，将来就有希望轰动天津、上海，红遍大江南北，钱不会少挣。我们在座的都看到了世芳的好苗头！这些都是钱买不到的。当然，我不是说以后场场如此。那样，我们吃什么呀？再演出的话应酬肯定会比今天少，情况定会好转。另外……"话到嘴边，我一想，想法还不太成熟，就停住了话头。

武经理冲我点点头，说："你的话在理。听话音，你还有别的想法？"

"只能说是一想，还没和世芳商量。"

"说出来，大家商量嘛！"

"戏票加价。"我说。

"加价！能成吗？"

"万一加了价，票卖不满，岂不是弄巧成拙吗？"

"不会吧。"我继续说我的理由，"按今天演出的阵势和观众的反应，是可以的。只要世芳保住嗓子，我看加价没问题！"

"加多少？"李华亭追问。

"在吉祥戏院上演的《昆仑剑侠传》，这是我们在科时尚先生给排的大戏，很受观众欢迎。我们出科后没人演过，且东城一带富户多，我看可以试着加两毛。如果没问题，最后两场《霸王别姬》更是广受好评的剧目，还能再加两毛，这叫货高价出头，合情合理。"

大家被我说得情绪高涨起来，但仍不能确定这种做法是否可行，七嘴八舌地议论不停。李华亭没说话，径自往嘴里夹菜，慢慢嚼着。

思索片刻，他用力放下筷子："世海说得有道理，我们可以投颗石子问问路。"他是多年的管事，又是天津大戏院的经理，在这方面很有经验，他一表态，大家信心倍增，跃跃欲试。加价之事算初步定了下来。

李华亭呷了一口酒点点头说："这样，我的心里就踏实多喽。哪有唱满堂，头牌拿不到钱的道理呢！哎呀，我只说世海在台上演曹操活灵活现，今天才领教他在台下也会诸葛亮的运筹帷幄哪！我这个经理也得跟你学学见机而行。"

"您太捧我啦，这叫搭班护班嘛！"我说。大家都畅快地笑了。

"你不愧是位有帅才的大哥。来，为了感谢大家对世芳的栽培，给大家道辛苦，我敬每人一杯！咱们干！"李子健先生站起身，高举酒杯。大家也举杯相碰一饮而尽。我和世芳不禁也品了一下白酒的滋味。

小宴尽欢而散。

票价按我提的办了，营业并未因此而受任何影响，最后两场又试着增加了两毛的票价，才有了这样好的收入。

世忠、盛利将钱数好，平分成两份，世忠见我和世芳仍相互推让，就说："三哥，您看世芳诚心诚意，再执意不收，哥儿俩反而显着远了。承芳社上座好，咱们大家都沾光。我和张大哥还有大伙儿这些天也都是肥事儿，何况您呢！你们二位是珠联璧合，缺一不可。您为世芳操了多少心，又受了这些年累，实是不易。世芳这样做是应该的！"

"收下吧，收下吧！世忠的话在理。"盛利哥把两份钱交给世芳，世芳又将一份塞给我。我接过钱，数出五十元塞给世芳。

"就这样了，你拿四百，我拿三百。"

"大哥，您……"

"世芳，别让了。《凤还巢》里不是有句词儿吗？'恭敬不如从命'！听世海的吧,他的脾气,你还不清楚?"张盛利最后裁决说。

我收好钱,掏出怀表一看:"哟!都快十一点啦!怪不得腹中饥饿了呢!走,为了祝贺承芳社开市大吉,'小梅兰芳'东山再起,咱们痛痛快快地吃一顿去。下午三点我可以不慌不忙地去郝老师家去学戏。"

"对!今天归我请客!"世芳抢先说。

"有理!应该请请三哥了。"

这些年,与他们相比我的经济比较宽裕,兄弟们一起吃饭时,基本上归我候账。

我们四人边说边笑,走出公园,雇了辆洋车去东单孝顺胡同吃烤鸡。

伍拾陆 严训教 踏上新程

吃过午饭，和母亲闲谈了一会儿，我回到我住的南屋。

南屋炉火着得很旺，炉上的水壶往外喷着热气，炉台上烤的橘皮散发着淡淡幽香。我坐在椅子上，一股温馨、舒适感油然而生。我静静地闭目养神，回忆着郝老师教我《黄一刀》时的情景。

自我拜师以来，在北平的演出始终不断，尤其承芳社一炮而红，这些日子很是忙碌，但我坚持每日下午三点到郝寿臣老师家学戏。在学习那段所谓的拦路虎唱段时，郝老师敲着一块黑而发亮的硬木板，一遍一遍地示范，一个字一个字地抠我的发音、吐字，要我切记：不可因腔唱字，要按字行腔。我初步理解了如何借用铜锤花脸的鼻腔共鸣发音法来充实自己的演唱技巧。

一次学剧中念白，姚刚向店家要上等饭菜，店家讲"我们这里有白面拨拉米星疙瘩汤"，虽然我也知道姚刚乍听说'白面拨拉米星疙瘩汤'时感到十分新奇，但念白表演时，语气、神情中远远未能充分表现出来。郝老师听了，头一低，右手高举过头顶，连连摇手。

"不行，不行！这里是戏的节骨眼，必须把戏演足。'噢？二位贤弟，你我弟兄在京之时，吃的是珍馐美味，从未曾吃过什么拨拉米星疙瘩汤啊！'这是句普通戏词，但只有语气、情感糅在一起，戏才出得来。你想，疙瘩汤是普通人家的饭食，身为少王爷的姚刚什么珍馐美味没见过、没吃过？如今，他因打死太师，发配途中来到这乡野小店。可以说他长这么大，第一次听说疙瘩汤。这种新奇感应灌注到念白之中。更要紧的是千万别忘了姚刚是个什么样的人。他是个二十岁刚出头的少王爷，稚气未脱，性情又蛮横、勇猛。所以语气中要兼有好奇、剽悍、稚气三种味道，再配上三者兼有的神情才成。记住，架子花脸都是以情带声、声中有情、情中有声的表演，要学会一通百通。你听我念一遍。"

"我们这里有白面拨拉米星疙瘩汤。"我念了两句店家的戏词。

只见郝老师此时气略往上提，两眼睁大，微定的目光中弥漫着"什么？什么叫拨拉米星疙瘩汤"的疑问，给观众交代得清清楚楚后，才念出似问非问、似答非答的"噢？！"接着，转脸叫"二位贤弟"等念白，充满了王孙公子的傲慢。最后念到"未曾吃过什么拨拉米星疙瘩汤"已是用笑音裹带着念的，把姚刚的形象生动地刻画了出来。

看到郝老师细腻而充满情感的唱、念、做的表演，我敬佩的同时更感到惊叹。原来，自己与老师在艺术上的差距还如此之大，架子花脸的表演技巧，我不过是刚刚学了点儿皮毛而已。这时，我想起萧长华先生对我的提醒："继续求师深造，请名师指点，很要紧。一点就透的地方，靠自己去琢磨也许要三年五载，也许一辈子都不能解透。这层窗户纸要那么容易捅破，不就全成角儿了吗？"此刻，我进一步明白了萧先生这句话的深刻含义。

这段念白的情感基本掌握后，接下去，姚刚念道："嗯，倒要尝上一尝。店家，多做疙瘩汤！"郝老师要求念"瘩"字的同时配用舌尖颤音，也就是将"瘩"字拖长打嘟噜念，类似俄语的字母Ｐ的发音。我的舌头太硬，找不到发颤音的方法，多次试练仍是僵直的"瘩"音。

"你的舌头别僵着,放松,放松,气催舌尖……舌尖颤动……再放松……"我累得满头大汗。

郝老师遗憾地摇摇头:"今天就学到这儿吧。你回去多练练,如果实在练不成……嗯,就把'疙'字延长,'瘩'和'汤'连在一起,念成'疙——瘩汤——'"

……

想到这儿,我又开始练打嘟噜。

"嘚……"

"嘚……"

南屋门拉开了,北屋传来洗麻将牌的声音,想是牌友已来。母亲现在轻松了,打麻将牌是她每日不可少的娱乐。遇仙走进屋来。

"嘚……"

"嘚……"我不间断地练着。

遇仙进卫生间洗手,打开衣柜取出我要穿戴的围脖、帽子,又去取那件水獭皮大衣。

"你慢点儿,老不注意。"我不得不停止练习,有点嗔怪地提醒她。她已经怀孕八个多月了,不要在这关键时候出问题。

她笑了笑,把大衣拿出来:"没事!"

"快生了,平安才是福。"

"听,好像有人叫门,我去看看,许是包车来了。"她走出屋门。

我看看表,两点半了,准是包车。为了去老师家学戏,我预订了这辆包车,受到郝老师的称赞。

那还是我第一次到老师家学戏,学完告辞回家,天已大黑了。

"给你叫辆车吧!"郝老师站起来说。

"我订了一辆包车,负责接送,这样,每天来学戏方便些。"

"这就对了。该要样儿的地方,就得要样儿。这个世道,人生两出戏,台上一出，台下一出。光台上唱好还不行，台下的戏唱不好，台上的戏也被搅黄了。当初，我起眉（事业走上正轨要发展）的时候，住在芦草园，三间小房。邀头见人行事，我吃了不少亏。后来，咬咬牙，翻盖成楼房，没钱占地，我占天。我搬到这儿来住，拐弯就是华乐园，走过去不过几分钟。能走着去吗？这世道就是要比，比身份，比地位，比衣着，比房子。我已经跟小楼并牌了，他坐汽车，我再坐洋车都跌份了，还让人说：'挣那么多钱，吝啬鬼！'所以有戏，我也得叫汽车。我一场戏挣八十元，《连环套》挣双倍，一百六十元，花几块汽车钱算什么。钱，该花的就得花。"

"穿衣服吧，车来了。"遇仙走进南屋，打断了我的回想。她拿起大衣，又帮我围上围巾。

差五分钟三点，我迈进郝老师家的西客厅。郝老师腰板笔挺地坐在沙发上，双手习惯性地微攒空拳，挑起拇指放在沙发扶手上，显然是在等我。

"好，准时准点！"老师说。

师娘给我端来一杯刚沏好的热茶。

"快喝口热水暖和暖和吧！外边多冷啊！坐洋车就更冷了。"师娘目光慈爱，话语可亲。

"你忙你的去吧，我们得说正事了。"郝老师将头一低，左手高举过头顶，摆手示意。师娘笑着转身出去了。

"唱腔、念白都给你说了，今天咱们说身段吧。屋里地方窄，咱们只能在院里了。"

郝老师告别舞台以来，原来的练功厅已改为住房，许多身段在西客厅做不开，只能到院中学习。

时值数九严冬，虽日轮当午，仍是寒气逼人。我生怕郝老师年事已高，不耐风寒。郝老师毫不在意地说："哈，没关系，我每天早晨都在院里练拳，风雪无阻，何况是中午呢！"

郝老师穿上皮长袍，也不围围巾，往东厢房前的太阳地一站，就开始了。

"咱们一段一段地说,我先来一遍,你看。然后,你做。我说过,姚刚的出场要挺拔。他是个英雄少年,出场台步要连步、大步、快步、不停步。'匡切切切切……'"随着口念的"回头"锣鼓点儿,郝老师迈着矫健快步走出场,亮相,停下来。

"我最忌讳台步一道汤。你看看街上行人走路个个不同。小孩子连蹦带跳,青年人步子又快又重,老人弯腰驼背,一步一挪。就说老人,做官的老人、要饭的老人、练武术的老人也不一样。同是做官的老人,同一个岁数,走路仍是各有各的样儿。所以,咱们要抓住这个特点,根据角色的岁数、身份、地位、性格、环境、习文、练武、得意、失意……走出各种台步。让观众从你一上场,就看出你扮演的角色是何等人物,这才称得起你在演戏。姚刚的出场若走一般的一步一停的台步,我看就不是姚刚,而是戴白髯口的姚刚之父姚期了。我说这些听着似乎啰唆,其实,我是不要你从我这儿捋点儿叶子走,而是要你抓住表演的根,能一通百通。好,你来!"

"'匡切切……'有点儿意思,往下接。'御街闯下祸,发配呀——'"郝老师在我对面接着示范。

"为什么'发配呀——'这句要挑起来?一是表现姚刚对此次发配不满,二是体现他年少气盛,性如烈火。"

在郝老师的示范、讲解下,我很快掌握了拦路虎唱段的身段表演,到姚刚下场前的望门了。郝老师解开皮长袍的衣扣,扯起皮袍襟,以做姚刚穿的褶子,紧走几步到上场门台口的位置,翻袖,背手,向下场台口方向遥遥而望,叹气,低头扯起水袖擦泪,最后,撩褶子,踢腿,跨腿,转身,小踩泥亮相。这一连串的表演,动作之敏捷、节奏之快,使我难以相信这是一位年近花甲又长年脱离舞台的老人的动作。

"跟我一起来。"郝老师索性脱下了长皮袍。

"您留神,可别受风!"我很觉得过意不去。

"不要紧。这几个动作你要掌握住：台步始终如一，低头擦泪的动作要快，边走边沾，别忘了他的年岁、性情。"郝老师又接连领我走了几遍，停下来，掏出手绢擦擦脸上的涔涔汗水。

"一般演法是上场门、下场门两次望门。我只用一次，望门为的是表现姚刚远离京城，思念父母的一片孝心。再说，这第一场是对姚刚的性格、出身、年岁、为什么发配做一个介绍。他勇、猛、憨，却不浑，尚知孝顺父母。上次我曾讲过，差官催姚刚起程，我增加了姚刚问'可曾开付店钱'的戏词，让观众清楚他是通情达理的，为后面的除霸做铺垫，说明姚刚不是在胡闹，甚至联想到他剑劈郭荣也是被郭荣专横跋扈所逼。但是，这场戏终究是垫场戏，不宜拖，所以第二次望门就删了。你来吧！"

我从屋里将皮袍取出，给郝老师披上，然后，照样学做一遍。对这一遍，我自认为已抓住了郝老师的动作要领，心中感到一阵快意，喜滋滋地掏出手绢擦去脸上的汗水，等待老师的评论。然而郝老师并没有马上说话，他似乎在思考。我有些纳闷儿，又不好催问，慢慢将手绢叠好放回衣袋。

"你的腿有毛病吗？"郝老师开口问道。

"没有。"奇怪，老师为什么提出这样一个莫名其妙的问题？

"踢踢腿，我看看。"

我左右腿轮换着各踢了几下。平日里我很注重腿功的训练，两脚都能轻松自如地踢到脑门儿。

"再跳起来个跺泥。"

这是舞台上常用的基本动作之一。我轻盈而灵活地高高跳起，悬空一条腿，用另一只脚稳稳站立"跺"住。

"你的腿功不错。跺泥也挺高、挺稳。为什么你刚才踢腿那么矮，跺泥也跳不起来呢？"

"我是想……"嗐，我不是想学您吗？不过，这句话，我没有说出来，仅用一笑代替了。

"嗯，你想学我，对吧？"得，老师一语道破，我只好点头承认。

"你学我，要学我的长处。我快六十岁啦，腿哪能一踢就到脑门儿呢？何况我的武功基础并不太好，只能踢成这个样子。你拜了我，当然要学我。可是，究竟学我什么，这是件大事，你必须清楚。你什么都学我，学得一分不差，一毫不差，你将永远学不像我。你不是我嘛！切记，你不能把你揉碎了变成我，而要把我揉碎了变成你！再来。"

听了郝老师这几句金石之言、肺腑之言，我不禁心头一震。我又按照老师的指点，放开手脚，重做了一遍。

"这就对了！往下学二场。"

天渐渐黑了。我基本学完了这出戏的身段及武打，才和老师回西客厅喝水、休息。

"我跟你师娘说好了，今天给你包饺子吃。你一定吃完饭再走！"老师话语诚恳，使我无法推辞。

这时，师娘在圆桌上备好碗筷，热情地请我就座，德元师兄也回家了，他当时在辅仁大学教书。我们互相寒暄后，他拿起挂在墙壁挂钩上的布掸子，转身到屋外掸去衣服、鞋上的灰尘，才洗手入座。这个好习惯，我一直仿效到现在，就是一九六六年做"黑帮"时，劳动归来，也习惯于掸去身上的尘土，以致被狠狠地"帮助"了一顿。

热腾腾的饺子端上来了。郝老师和德元师兄各自两手手心向上相托于腹部，头微低、目微闭地低声祈祷："主哇！感谢主……阿门！"然后，郝老师拿起筷子说："吃吧，趁热，别客气，就跟在家一样！"德元师兄不住地给我往盘里夹饺子。

郝老师连吃了几个饺子，又开始对我讲："《黄一刀》这出戏，学，算是学完了，明天再抠抠细节，也就成了。可是，给你所说的东西，有些你能接过去，有些能真正变成你自己的，不要着急，慢慢来。有机会要演一演，演多了，窍头找住了，才能瓷实。"我连连点头，心里暗想，学了的戏，就要找机会演一演，一旦有前边加演折子戏的机会，就演演。

"要记住，虽然我跟你讲的是《黄一刀》里姚刚的唱、念、做，其中的道理，也可以用到别的戏、别的角色中去，真能这样，你才能演得有点儿意思。吃吧，饺子凉了不好吃。"郝老师看我光听不吃，又给我往小盘里夹了几个饺子。

"年前还出去吗？"老师是指阴历年前。

"有消息说天津约马先生年前去中国大戏院演一期，详情一半天就知道了。"

"那好，和温如演的戏，你需要我给你说的，你就来。凡是老师会的，都不成问题。可是有一样，老师光教戏不成，还得教你做人。当然，我可不是劝你入教。戏班里的事儿复杂，做人难。没本事，唱不红，被人瞧不起；唱红了，遭人嫉妒。更有甚者，烟、色、赌全围上来。切记要洁身自爱呀！你现在虽然立足南北，北平、天津、上海都知道你，在年轻一代里算是佼佼者，还肯于拜师、求深造，又学得挺用心，我很为你高兴。不少年轻人，刚有点儿意思，就以为成啦，脑袋也大了，晕乎啦，不肯再学。昙花一现者，大有人在。还有的乌七八糟的全会了，这哪行啊！你可不能这样，一定要洁身自爱。话，说在前边是话，说在后边就没用啦！不过，我还是相信你的。我给你点儿东西看。"说着，郝老师站起身，打开写字台抽屉上的锁，拿出一幅他自己用毛笔写的袁了凡的《醒世词》。

"这上面说的都是做人的道理，你可以学学。"

我接过来大略地读了一遍，上面的话确有道理。应该借回去，仔细读读。

"老师，借我拿回去看看好吗？"

"可以。"

后来，我请世忠托人给我照此写了四幅字画，始终挂在家中。后来，字画在除"四旧"中被除掉了,但我仍记得其中一些对我影响深远的句子。如"再休去寻人算卦,把吉凶事问你自家。什么是属羊属马,流年造化?粪多力勤自然种出好庄稼……"

师娘又端上饺子,看见盘中还剩了许多没顾得上吃,摇了摇头,没有说什么。

郝老师自己也发现饺子全凉了,忙说:"世海,先吃饭吧,待会儿再看它。"

我们又重新入座。

晚上八点多钟,我坐车回家。郝老师一句句语重心长的话语,回旋在我的耳边。那深入浅出的比喻,对我来讲,有些扑朔迷离,它好似迷宫,又好似谜底,使我时而清楚,时而不解,其丰富的内涵令我颇有盛之过多、容纳不下的感觉。我抬起双手,用力揉了揉太阳穴,凝眸仰望苍茫夜空,群星在狡黠地向我眨着眼睛,它们好像近在咫尺,伸手可触,实际上却是高远莫测,变幻无穷。唔,艺术,岂不也像天空一样深邃而浩瀚?其奥妙和真谛,绝非一朝一夕的探索所能求得。郝老师用了几十年的工夫,我呢,学艺才十几年,需要不断求索,继续深造。不是吗?知其然,易;知其所以然,难。

艺海无涯啊!

伍拾柒 喜相连 喜后生悲

正月初二凌晨,晨曦初露。顺治门城根前,聚集了许多的驴驮子,等待受雇的驴夫们两手抄在袖口内抱着驴鞭,不停地跺着脚,四处张望着等待雇主的到来。我刚朝他们走过去,他们便跑着迎过来,将我团团围住。

我挑选了一头较壮实的毛驴,讲好价钱,翻身骑上。

为了求得演出顺利,为了遇仙生产顺利,母子平安,我在母亲的督促下,去财神庙烧香、祭神。

骑毛驴,我还是第一次,荡荡悠悠的滋味令我兴味盎然。再想想几个月来,世芳的演出红红火火,我拜师顺利,郝老师认认真真地教我,特别是年底前随马先生去天津的演出更是锦上添花,令我兴奋不已。

谁不知,马先生头几天的打炮剧目一般是《甘露寺》《借东风》《四进士》《苏武牧羊》等戏,这次居然换为《清官册》(带《夜审潘洪》)、《取洛阳》、《白蟒台》、《三顾茅庐》、《博望坡》、《要离刺庆忌》。行前十几天剧目一定,郝老师闻之高兴得一拍大腿,说:"嘿!这都是当初温如和我演的剧目哇！难得，真捧你呀！你得撑得住哇！"

是的，马先生真器重我，我得尽全力演好。郝老师将这几出戏的应工角色一一给我细致地说了一遍，甚至脸谱的勾法、服装的准备都做了具体的指导。

马先生从精神上也给了我很大鼓励。他说："你和世芳的《别姬》我看了。你演霸王吸收了很多杨老板的表演技巧，算得上是杨派风格的霸王，不错嘛。演庆忌，照样还按杨老板的路子走，你会演好的。否则，我也不会非要演这出戏了。"

在郝老师、马先生的指导下，天津半月十八场的演出得到观众一致好评。马先生格外满意，特地请我吃夜宵，赞我"真像你们老师"。抑制不住喜悦之情的富禄三叔（我已如约改了称呼）高兴地讲个不停："没想到，这么快你就借来你们老师的仙气啦！甭说潘洪上场的碰头好，你和老师当年的声势一样，就连顺嘴带出来的'哼哼'也都那么像！"他是指《夜审》时潘洪被带上堂来念"小小御史衙门倒有些个威风——哼哼——杀气"一句"风"字后面尾音连带的"哼哼"，这是郝老师念白的独特风格。

富禄三叔又压低嗓门儿说："审潘洪时，寇準历数潘洪罪状时有大段念白，一般人演潘洪，盘腿一坐，头一低没事人儿似的在那儿听戏。唯独你们老师是跪在那里随着做戏，既不搅戏，又托住戏，恰到好处。你已然继承衣钵，有乃师风范了。"他的声调越说越高了。

"那是因为郝老师一点点地都教给我了。"

"得了，一句话，名师出高徒！你这么酷似你的老师，我为你高兴，也为我高兴，我这个介绍人没白当，算我办了一件大好事。爷们儿，好好学吧，前途无量啊！"

我连连点头，感谢他的鼓励。

"《取洛阳》你演马武穿的那套红靠、红蟒，一律平金绣的，真漂亮，花脸穿平金绣的服装是你们老师的独创，我也爱琢磨服装，当年和你们老师在一起没少……"马先生说。

忽然,富禄三叔大笑起来,打断了马先生的话。马先生和我莫名其妙。还没等我们问,他边笑边说:"那年,哈……那年,八月十五中秋节的晚上,咱们在中和园演这出《夜审潘洪》,是郝老师演的潘洪,您还记得吗?"

马连良先生说:"记得,你说什么哏,值得你这么笑?"

"我演狱卒,那年是王长林老先生演马牌子(差役),假设阴曹地府前,狱卒给潘洪送酒道喜。告诉潘洪,娘娘礼到,已赦免潘洪,官复原职,就要回转雁门关。念完了,我灵机一动,抓了一个哏:我又给潘洪道一次喜。我看出郝爷一愣,他问我:'又喜从何来?'我说:'今天八月十五,是老爷子您的生日呀!'观众一听哄堂大笑!"

"为什么?"我没听明白。

"你忘啦,八月十五是兔儿爷的生日呀,这不是在拿你们老师开心嘛!你们老师跟得也够快的,他说:'呸!你记错了,今天是你爸爸的生日!'得,加倍给我还回来啦!"

马先生和我也随着笑了起来。

"当时,我在后台改判官装,听见前台像开锅似的又叫好又是笑,我想,这段戏没有什么好笑的呀?问了问,他们说:'马三爷和郝爷在场上对抓哏呢。'我忙着赶场,没细问,到今儿才知道,莫怪了。"马先生说着又笑了起来。

回想起这些往事,我不禁又笑出了声。

走在我身旁的驴夫见我突然发笑,忍不住侧过脸来问我:"您过年过得真高兴呀!"

"高兴。高兴。这是什么地方啦?"

"西直门外。快到了。"

毛驴正沿着护城河河沿前行。我透过蔼蔼薄雾,看着错落有致的茅屋村舍和袅袅炊烟,闻着灶膛燃烧干草的香味,听着此起彼伏的鸡鸣犬吠,望望前前后后前往祭神的人们，真是别有一番情趣呀！

  财神庙内，烧香的人群摩肩接踵，鱼贯而入，殿内殿外熙熙攘攘。我这急性之人等不得慢慢随人群挤进殿堂，遂仿效一些香客们在殿外上了一炷香，默默祝祷："神灵保佑我，嗓音洪亮，事事如意；遇仙顺利生产，阖家平安。"

  出了财神庙，游兴未尽，何不就此去白云观玩玩呢！

  驴夫更是求之不得，高高兴兴地领路去往白云观。

  北平过年时，五行八作均停业，人们只有两大游玩去处，一是琉璃厂的厂甸，一是广安门外的白云观。因白云观远些始终没去过，这次是一举两得的好机会。据说正月十五以后，厂甸的庙会结束，一应摊贩全移到这里，会更热闹些的。

  走到离白云观不远的地方，就听到那边传来空竹的高音鸣唱，琉璃喇叭（噗噗噔）的低音合奏，以及五色风车哗哗作响，打着明快的节拍，这是只有春节期间才能听到的"音乐"呀！我回头向驴夫说了句："快点儿！"驴夫紧走几步，轻拍一下毛驴，毛驴加快速度前行。

  白云观内外摆了很多小吃摊、古玩玉器摊、字画摊，喧闹声高的还属日用杂货摊。只听摊主喊着："买壶吧！双层底，加重的！您哪！"看摊人随手挑了一把水壶，用木棍狠命地敲击水壶给你听。那个摆摊卖牙粉的人，脖子上斜插一个鸡毛掸子，声调高昂地吆喝着："创牌子的改良牙粉，去口臭、败心火！"

  我刚想凑到小吃摊买几个艾窝窝、驴打滚等小吃尝尝，一阵风刮来，尘土飞扬，夹裹着废纸杂物，使这里面目皆非。真倒胃口，算了吧，家里年菜丰富，也不觉得饥饿，还是回家再吃吧。我径直走进白云观。

  白云观正殿前，有两个一米多深的大池子，池里立着大金钱，金钱上面有个小洞，一个道士坐在金钱后面的黄蒲团上。游人站在池边往金钱眼内扔铜钱，铜钱很难投进碗口大的金钱眼。有许多人居然怀抱很多串铜钱，不厌其烦地往里投个不止。池内铜钱数不胜数。听说这是观内道士们一年生活费的主要来源。

我站在池边看了一阵,很感兴趣,也换来一吊铜钱,选了个比较好的角度,摆开架势投掷。嘿!别提多巧了,铜钱扔过去,就听当的一声,道士击钟报信:铜钱已进金钱眼。站在池边的小道士走过来向我稽首说道:"施主,您一下打进金钱眼,来年必定财源茂盛,吉祥如意。善哉,善哉!无量寿佛!"

我高兴地拍手,庆幸自己运气好,预示着这一年都会大吉大利。旁边的人们也都向我投来羡慕的目光。

我转身走出人群,兴致勃勃地四处游玩。我发现游人们或是脖子上挂着一串挂拉枣(去掉枣核烘干的枣)、山里红,或是手举长长的冰糖葫芦,我于是也买了一串金纸做的元宝。它金光闪亮,下垂红绒线穗,我挺喜兴,心想,权做今天打中金钱眼的纪念物吧。我学着游人们的样子,将系元宝的小棍往脖颈后面的衣领上一插,骑上了小毛驴。悬于身后的金元宝串悠悠荡荡地伴我回家。

走进家门,我高声喊着:"大吉大利,我打中金钱眼啦!"母亲冲出屋门,站在廊子上向我大声报喜:"大喜!大喜!你得了个大胖小子!七斤半的胖小子!"啊!遇仙都生啦!早上还没信儿呢。我飞快地奔进我的房间,遇仙和孩子都睡了。我悄悄走到遇仙身边,亲吻她,她慢慢睁开睡眼。我问她:"身体还好吧?"她点点头,对着我微笑。我克制住满心欢喜,细细端详了她们母子一阵,才蹑手蹑脚地退到堂屋,从脖子上取下那串金元宝,垂放在供桌上。什么叫喜出望外?我此时此刻的心情就是喜出望外。母亲也高兴得合不拢嘴:"今年是龙年,你们父子两条龙啊!这是咱们家的大喜事,可得庆贺庆贺!洗三、满月都得大办,又不是没这个能力。"

按照本地的习俗,女孩三十天为满月,男孩二十九天就办满月。二月初一,我预备下十桌酒席,还是对场面之大估计不足。非但我发送了请帖的亲朋准时来了，更有许多不熟识的街坊邻里或仅一面之交的朋友，甚至素不相识的人们也都闻风而来。整个小院内高朋满座，笑语喧哗。厨师原先准备的菜肴不足了，我满心欢喜地临时从凤鸣园补叫了十几桌席，殷勤待客。母亲精神振奋地迎来送往，引着客人们到里屋看满月的孩子。

"啧……多俊的大胖小子呀！天庭饱满，大眼睛跟他爸爸一模一样！"

"虎头虎脑的大小子，真让人看不够，正月初二的大生日，属龙，好命，好命！您赚着享福吧！"

听着众人贺喜道吉利的美言，别说母亲和遇仙心花怒放，就是我也觉得无比甜美、爽心、舒畅。

不知为什么，孩子突然大哭起来。母亲打开襁褓，尿布没有湿，抱起拍哄，孩子仍旧哭个不停。难道饿啦？不会，刚吃完奶不久。母亲和遇仙十分心疼，却不知如何是好。

"哟，您这屋子里太热了，说不定孩子是受不了啦！"一位女眷的提醒，使我们顿时感到这间小屋的确是闷、燥、热。遇仙打开炉盖一看，封着的火已着了上来。阴历二月初一是阳历的三月中旬，为了遇仙的身体，又怕孩子受凉，屋内仍未撤火。恰巧，这天天气暖和，屋子小，来的人又多，自然室温较高。

"开一会儿后窗户吧！"

"把火封上吧。小子火力大，怕热不怕冷。"

在张家老太太三句、李家二婶两句的高论下，后窗户打开了，火也压住了。过了一会儿，又有好心人提醒："您这门得随手关上，过堂风太凉，孩子受不了哇！"整整一天，母亲和遇仙为孩子的冷暖别提有多忙乱了。

几天后，我要随马连良先生去济南、青岛演出，孩子发烧了。遇仙很担心，不知所措，我倒不以为然，安慰她，小孩有点儿灾病是常事，喂点儿药，过几天就会好的。

到济南后，头天上座达两千六百多人，剧场内满坑满谷，最高票价达六元一张。随后又到青岛演出。就在我情绪高涨的时候,接到了遇仙的来信,信上说"孩子已夭亡",她劝慰我不要因此影响演出。此刻,我心中有说不出的懊悔。何必这么大办满月呢?让孩子受热又受凉,以致这么好的大胖儿子夭折,想来很是心疼、惋惜。当然,我也比较想得开,我们还年轻,不愁生小孩。我写信安慰遇仙:"来日方长,养好身体,不要过于伤心。"

从青岛回京,我始终在马先生的扶风社、李世芳的承芳社等班社间穿梭演出。

此时,马连良先生才四十岁,精力旺盛,演出十分频繁。这年的夏、秋季,我随马先生的扶风社先后在天津、烟台、青岛、北平等地演出。

烟台,是马先生第一次去。

临行前,我们已听到传闻,烟台有相当一部分观众对戏的水准要求很高,他们挑着点燃的蜡烛灯进戏园,演员的表演令他们满意,则吹灭蜡烛灯看戏;主演若与戏报上所宣传的流派不符,他们会毫不留情地提灯就走。所以,大家对去烟台都格外小心。

然而,烟台演出盛况空前,大出意料之外。

首场《借东风》打炮,票价破了纪录,池座票价每张八元,人们争相抢购,乃至飞票(即黄牛票)涨至几十元一张,闻之令人惊叹。

演出前,观众络绎不绝,人群熙熙攘攘。更有无票者拥拥挤挤要求加演,剧场门前水泄不通,致使有人被挤伤,戏园提前关闭铁门,请警察到现场维持秩序才见好转。

演出中,观众的热情非同一般,演至精彩处,不约而同齐声叫好,鉴赏力极高。是的,马先生年富力强,嗓音洪亮,艺术造诣深,且其班中生、旦、净、丑搭配齐整,无可挑剔。原定演出十天,又应邀加演十场,票由商会包办,以杜飞票。

更使我意想不到的是当地群众非常喜欢看花脸戏,点名要我们演《取洛阳·白蟒台》,继而又要求看我的《连环套》。马先生很高兴,他集中生、旦、丑行大轴子上演《御碑亭》，让我压轴子演《坐寨·盗马》（《连环套》中一折）。演出时，马先生又将他特制的印有古代车、马、人图案的守旧（底幕）、帷幕、桌围、椅帔给我使用。

这在戏班中是非常难得的，可是马先生为了提携我，全破格而行。

演出结束后，我们在烟台游玩了一番。

那时，人们都说烟台有三宝：苹果、"条子"、海水澡。春季苹果还没有上市，也不宜洗海水澡。"条子"倒比比皆是。何谓"条子"呢？在烟台大大小小的饭馆中，只要客人光顾，首先赠送一碗热汤，随之送来一本花名册，上面写着女人的名字，客人可从中挑选，将选中的女人的名字写在备好的纸条上，那么，此女马上便会出来陪客人吃饭。

唉，苹果、海水澡固然说明了烟台的富庶、美丽，"条子"却反映了当时社会的腐朽、没落。

伍拾捌 "阴阳戏" 沪宁受难

一九四一年冬初，我应奚啸伯四哥之约，同到上海黄金大戏院演出。

我们都住在金老公馆。自金廷荪另买住房后，他的这所房子就作为黄金大戏院约北平演员来沪的居住之地。走进中门，左边一间是传达室，里边装有电话，对外联系挺方便，右边大房间是乐队和管箱人居住，旁边一小间是鼓师、琴师住。二层楼上分住头、二牌演员，中间有共用的客厅，一楼和二楼之间有两个里外套间，我和遇仙仍住在多次住过的套间里。

演出前一天，晚饭后，奚四哥下楼来找我同去黄金大戏院给祖师爷烧香。

黄金大戏院坐落在法租界八仙桥，和金老公馆在一条街上，相距半站多地。

我们缓步而行。奚四哥长方脸，五官端正，个子虽不高，穿戴着簇新的袍子、马褂、礼帽却显得很神气。

"四哥，客拜完了吗？"我问。

"差不多，明儿早上还得再去几家！拜客拜得我头晕脑胀的，正好咱们散散步。"

旧历将进十一月，上海的天气也显得有些冷了。夜晚微风拂面，令人神清气爽。

"三弟，咱们前年夏天在北平演了一期，一晃两年多了。这两年，'南麒北马'都与你合作了，你的戏路挺宽，我很想借重你，和你排几出生净的对儿戏。你真忙，天津、青岛、上海不停步，不容易和你凑在一起，这回咱们一定要琢磨着排几出戏。"

"好哇，四哥，您看什么戏咱们演着合适，只管说，咱们就排。"

奚四哥原是天津的一位名票。下海后，曾和章遏云合作演出，此后又受梅兰芳先生提携，与梅先生同台演出。他的嗓音高亮，唱腔韵味含蓄隽永，对字韵四声的研究借鉴了言派，表演风格接近于马派，《失·空·斩》《四进士》《苏武牧羊》等马派戏上演得多，但又不拘泥于马派，《珠帘寨》《四郎探母》《捉放曹》等剧也演，戏路较宽。而且，每出戏中都有他风格独特的唱词和唱腔，这都是他酷爱京剧、善于钻研的结果，我确乎是很佩服的。

迎面朝我们走过来一个浓妆艳抹的女人，我急忙拉四哥横穿马路避开。

"怎么，怕'咸肉庄'的咸肉把咱们哥儿俩给腌了？哈哈哈哈。"

"不是怕，是避免闲话，少惹麻烦。"我解释道。

由老公馆去黄金大戏院的半站路上，有好几处"咸肉庄"，名曰旅馆，实为低级妓院。一间不大的房间，门开着，里面放着几张上下层的木板床，天黑一掌灯，里面的女人就站在暗处拉客，多找外地来沪的穷客，谁若贪了这便宜又付不出钱来，就会被"扒兹罗"，强扣财物。这不过是旧上海繁华背后污泥浊水的景观之一罢了。

"行啊，你多次来上海污水不沾身，好样的！"

"我有法宝能避邪。"

"法宝？倒要请教请教。"

"萧长华先生、郝老师都嘱咐我要洁身自爱呀。"

"三弟，你可真不一般哪！嘿，你拜郝先生为师太合适了。学什么戏啦？"

"演什么戏，老师就给我说什么戏，尤其和马先生演的剧目，都是他们二位当年的生净对儿戏。像《白蟒台·取洛阳》《清官册·夜审》，单折的还学了《黄一刀》。"

"好！这些戏咱们也要演。全本《杨家将》不仅演《夜审》，咱们还带《黑松林》（杨六郎刺潘洪报仇一场戏），《红鬃烈马》的前边压轴子就能演《黄一刀》。"奚四哥很振奋，他对这次的演出充满了信心。

我们来到黄金大戏院。

这黄金大戏院原是黄金荣盖的日新楼，花巨款改建成一座影剧院，梅兰芳先生和王又宸先生、高庆奎、周信芳、程砚秋诸位名家都在此演出过。这里首创了全上海京戏院对号入座制。后来，戏院租给了金廷荪，他不惜工本，将戏院彻底重新布置得富丽堂皇，里面的服务员都穿一色服装，外系白色荷叶边的围裙，更使黄金大戏院显得华贵。这里成为专演京剧的剧场。

我抬眼看了一下黄金大戏院正中高悬的"标准平（京）剧"的大匾额，就被奚四哥拉着向后台走去。

黄金大戏院后台的看门人早已恭候在那里，陪我们进去，直上三楼。

戏园里前后台一片寂静，四处漆黑，我的心里涌出一种说不出的压抑感。我们来到供桌前。头戴王帽、身穿黄袍、白面无须的祖师爷神位供奉在整个戏园最安静的地方。相传祖师爷就是唐玄宗，他在世时提倡戏剧音乐，在梨园训练歌舞艺人，后世戏曲界沿用梨园这一名称，尊唐玄宗为祖师爷。

看门人将整炷香点着，奚四哥双手接过，来回转动使香火着旺，恭恭敬敬地将香插在神位前的香炉内，跪在供桌前的黄蒲团上，双手合十，闭目祈祷："请祖师爷保佑我嗓音洪亮，演出顺利，事事吉祥如意……"然后磕了三个头，站起身来。

我们一同回到老公馆。

我们的演出很受欢迎。头天打炮《失·空·斩》，压轴戏是《玉堂春》，接着演了《红鬃烈马》，前面演《黄一刀》。《黄一刀》是上海的冷门戏，效果不错，只可惜我仍未学会打嘟噜，只得拉长"疙"字，连念"瘩汤"二字。

人们在后台议论说：余叔岩的弟子李少春正在上海天蟾舞台演出。上海《申报》《新闻报》也予以报道。

这是少春拜余先生为师后第一次来上海。我演完《黄一刀》，赶至天蟾看少春头天的打炮戏《战太平》。远远望见天蟾舞台外边马路上停着许多汽车，这一少见的景况，足以说明这场演出非同寻常了。余叔岩先生收少春为徒历时三载，亲授《战太平》等戏的花絮，上海观众早已有所耳闻，对少春此行自然是满怀期待。

我走进剧场，找不到可站之处，又跑到二楼包厢后面，也无立足之地。无意中，我咳嗽了一声，惊动了一位站在包厢后的观众。

"嘀，袁老板来啦！"

我一看，是天蟾舞台顾竹轩经理的长子顾乃庚。他往旁边挤了挤，给我匀出一席之地。

"真对不起，实在找不到位子，您只能将就着站着看了。"

"没关系。"

"您那边上座怎么样？"

"也满了。"

"我们约李老板时，也想约您，不想奚老板先我们一步，我们也不能改期了，李老板只觉得遗憾。您那边完了戏，又过这边来看他的戏，您二位还真是互相惦记着。"

我点头一笑，拦住他的话。

舞台上已演到花云唱"陈友谅下位把话讲"一段。

"好！"我叫着"好"给少春使劲儿鼓掌。

我不是捧他，是唱得真好。观众的热情与少春拜师后在北平新新大戏院首演的情景相比，是有过之而无不及呀！其实这段唱原在《战太平》一剧中属一般的段子，它不似"头戴着紫金冠"和"大英雄失志入罗网"等名段那样翻高八度，慷慨激昂，却能引起这样强烈的反响，为什么？

"陈友谅下位把话讲"这段唱腔，是花云被陈友谅擒住劝降，剖白自己是降还是不降的矛盾心情的。唱腔由余先生根据剧情在继承谭派的基础上又加以发展，创出符合余派特点的迂回婉转、跌跌宕宕的唱腔，恰到好处地表现了花云犹豫不决的心态，极为传神地表达出了人物内心深层次的情感，自然会打动观众，受到热烈欢迎。我虽未听过余先生的舞台演唱，但在他亲授少春时，我有幸旁听，因而有更真切的感受。何况少春演唱得余味醇浓，比当年更纯熟自如，再加上脆亮的嗓音条件，更是声声字字动人心弦了。

换场间歇时，观众们交头接耳一片赞扬。少春对天蟾舞台的观众是既陌生又不陌生。此剧场上演的大部分是连台本戏，当年经常与李桂春先生订下三年五载的合同。少春往往在剧中饰演番将、偏将之类专工武打的小角色，以熟悉舞台、增长舞台经验，却从没饰演过可以显露他武功、嗓音才华的重要角色。所以，观众们虽看过少春的演出，他却又不为观众所熟知。这也是李桂春先生正确地对待了自己艺术上的短长，正确地评估了少春的才能，不甘心让少春继承自己所谓海派的表演技巧，而是不惜重金，请名师将少春培养成正宗京派名角儿，终能继天津、北平、东北之后重回旧地上海，一鸣惊人，可谓红遍大江南北了。我由衷地替他们高兴。演出结束，我欣喜地去后台祝贺少春演出成功。

少春两道近似一字的眉毛往上一耸，热情地招呼我："三哥！"

看上去，他成熟多了，脸庞上几分稚气已随岁月消失，取而代之的是聪颖的神采。

"来到上海，我太忙了，简直应酬不过来，没得空去看您，您反来先看我了。"少春说的确属实情。他挑班来上海演出，又是第一次，拜客等诸多应酬像重担一样，压得他喘不过气来。我几次随马连良、尚小云等先生来上海，他们也是每天都要去拜客，有时直到化装才赶至剧场。在那个社会，头牌角儿们是"唱不完的戏，拜不完的客"，一点儿不假。好容易拜客基本结束，演期也快结束，又该去逐个辞行了。这种挑班的应酬之苦，我是理解的。

"真可惜，我晚了一步，您已和啸伯兄定妥，不然，这一期咱们哥儿俩凑一起有多好！"

"机会有的是，甭忙。今天的演出火了，我得先祝贺祝贺你，一炮而红啊！"

"您冷眼看，走迹了吧？"我明白他的意思，是指与余先生所教的相比而言，就肯定地说："没有。比以前更熟练了，还有自己独创的东西。好！观众的情绪就是评判的标准，你得的是高分。"

"您最会给我吃定心丸啦！"

"你累了一晚上了，我不耽误你卸装了，改日有空，咱们再聊。"

"过两天，我去老公馆看您。"

几天后，晚上散了戏，少春来到老公馆，他推开我的房门就说："真对不起，我迟来了好几天。唉，没办法！"我已耳闻少春遇到了为难之事，根本没有怪他的意思，连忙为他沏上茶水，哥儿俩坐下来慢慢闲谈。

"到底是怎么回事？"我问。

"嗐，别提了，小孩没娘，说来话长。从我到了上海，每天除去演出，大部分的时间都是忙着照名单去拜客，应酬得我晕头转向。有一位大爷的名字没列在名单上，我就没去他家，他火了，说我看不起他，放出风来说：'李少春三天之内不拜我，就给他点颜色看看！每场包他几百张票，只要李少春一上场，我的人就撤，看他怎么往下演！'您说，咱们敢得罪谁呀？拜客的名单是前台经理定的，我哪儿知道拜谁不拜谁！话传到老爷子（指其父）耳朵里，吓坏了。第二天一早，他约了顾竹轩，带着我去登门道歉。唉，我们何过之有？谁想，我们一进门，这位大爷没事人似的，见着我们哈哈大笑，夸我年少有出息，又要收我当干儿子，还要每天买几百张票给我捧场。我站在那里垂手恭听，心里那个怒哇！敢怒不敢言，脸上还得挂着笑容，最后还得顺水推舟，拜了他。咱们这碗开口饭，难吃呀！"他端起茶杯呷了一口茶，长叹一声，将茶杯放在桌上。

"这都是由不得咱们的事，烦也没用。你还算万幸，听说那年王少楼到上海演出，也是因为拜客没拜到，惹了当地的地头蛇，他们居然买死（即花钱买了个等钱用的人，这个人收下钱后，为他们送命），让他在王少楼演出时从天井上摔到舞台上，结果范儿不对，摔死在台上，搅得王少楼不但无法再演出，还招来不少麻烦。相比之下，你还是知足吧！我们谈点儿别的吧，那年，我和盛藻去了东北，你……"

"唉，三哥，快别提了，那趟去东北，我更恶心了。您是先去沈阳，后去长春。我是先去长春，座卖不动不说，可巧，半夜里戏园子着了火，烧了我不少的行头。临时又添置，欠下的行头账，直到现在也没还清。"

"甭提了，都差不多，我们到长春原定演出半月，结果上座率不高，只演了一个星期，就到了沈阳。孙楼东还比较公道，上座率不错，他们也没少赚钱。若是赔了钱，也不会圆满，东北的戏饭难吃呀！"

"唉，三哥，哪儿都一样。前台经理能赚钱我们就是神仙，赚钱少我们就是老虎，挣不来钱就变成狗！"

"得了，你这回在天蟾舞台场场客满，收入不会差的，欠的行头账准能还清。拜客的事也了结了，这叫否极泰来。从此，你台上台下一顺百顺啦！对了，听说你已经办喜事啦！我总在外边跑，也没去贺喜，短礼啦！"

少春微微一笑说："您太客气了。"

说着，少春环视了一下我的房间。

"您这墙怎么？……"

这套房间我找人将外屋墙面喷成淡青色底深玉兰花，里屋是粉色底深牡丹花。

"喷了喷，花了四十元，住着舒服，还有这家具，假红木的，也是我自己买的。"

"又不常住。"

"我是想，我看着舒服，谁住也都舒服，就来了他一家伙。孙兰亭看见了说：'官不修衙，客不修店，来上海的老板们，像您这样的少有。您也是我们黄金大戏院常约的角儿，得，您来了就住这儿，您走了，我锁上。这儿就作为您在上海的自住房吧！'这叫歪打正着。"

"有意思！真有您的，三哥。对了，这次盛麟、玉兰都和您在一起，盛麟兄的戏大见长进啊！"少春转了话题。他和高盛麟都曾师从丁永利先生学戏。

"要说盛麟的艺术，确是没的说，好！可惜他也沾上了芙蓉膏（鸦片烟），这对他太不利了。我劝过他及早戒掉，效果不大。"我遗憾地说。

"是呀，这可不是好事，我见到他也得给他提个醒，早戒早好。我听说，你们哥儿俩的《连环套》和啸伯兄、侯玉兰的《四郎探母》挺叫座，每演必满哪！"

"嗯，咱们这对台打得还不错，这叫大家好！"

"这次侯玉兰怎么样？"少春关心地问我。

"侯玉兰的扮相、嗓子都不错，要不，怎么会说她是继新艳秋之后，最好的一位学程的昆旦哪！《武家坡·进窑》真有程先生的特点。"

侯玉兰毕业于中华戏曲专科学校，曾得程砚秋先生亲传，与李玉茹、白玉薇、李玉芝同称"四块玉"。

"我在天津约她合演过一期，不错，台上挺有人缘。这位'布衣女郎'算得上是一块玉。"侯玉兰素日爱穿一件蓝布大褂，有"布衣女郎"之称。

我们畅谈到很晚。临行前他又去看望了一下盛麟。

此后，少春虽在天蟾演出，晚间散戏后，经常来老公馆与我、盛麟、侯玉兰聊天。这样的聚会可能是少春和玉兰结合的前奏曲吧。

就在我们演出比较顺利的时候，太平洋战争爆发了。日本帝国主义偷袭了美国在太平洋的海军基地珍珠港和太平洋各岛、东南亚广大地区。急剧变化的局势迅速波及上海英、法租界，使一直貌似平静的租界地实行了灯火管制。每晚八点，全市停电，通宵明亮、五彩变幻的霓虹灯消踪灭迹，铺面被迫关张。就是路灯也一律用黑布围罩，点点惨淡的小光圈投影在地，无济于事。往日灯火辉煌的夜上海变成一片漆黑。黑水一潭的黄浦江边远洋轮上的汽笛时而发出阵阵啸鸣，更增添了上海的恐怖气氛。

随之而来的是蜡烛畅销，价格暴涨，脱销。人们恐慌，埋怨，"马路上和妻子面对面碰上也会谁也不认识谁"等怨言满天飞。

面对这种混乱局面，我们被迫停演三天。过后，戏院经理想方设法恢复演出，为了适应这变化了的局势，又能力争好的收入，让我们从中午两点开戏，演到晚八点前结束。这样既避免了戏散得太晚，观众有恐慌心理，又考虑到有钱看戏的人们大多有午休的习惯，即便下午四五点才到戏园子，也可以看上几出好戏。这样一半在白天、一半在晚上的演出，我们称之为演"阴阳戏"。

纵然这样，我们的上座率也因时局而大受影响，只好格外卖力，多演观众欢迎的《连环套》《四郎探母》。少春也同样多演《战太平》和一、二、三、四本《金钱豹》，也就是《金钱豹》加《盗魂铃》。他前饰金钱豹、后饰猪八戒，用宽厚的嗓音串唱老生名唱段以招徕观众。为维持营业，也顾不得余叔岩先生的反对了。

时局略有缓和，这期演出也结束了。

孙兰亭讲，趁正月是上座率最高的日子口，要翻翻本，上期天时不利，没办法，这回约老牌（对周信芳先生的尊称）演一期，旦角请黄桂秋、王熙春、芙蓉草，小生请俞振飞，武生请高盛麟。他问我："您看阵容怎么样？"

"够齐整的。"

"可是缺花脸,周先生最需要架子花脸,所以,老牌特别提出要挽留你。"

这是使我高兴的消息。能与周先生合作,与他同台演出,是我盼望已久的。

"好哇!"我答应得很痛快。

"只是……"孙兰亭还有下文,欲言又止。

"只是什么?"我喜欢直截了当。

"只是为了取齐一致,您也不好再挣准备票,随大家一起挣储备票,否则不太好办。黄桂秋月包银一万五千,俞五爷(振飞)和您是一万元,您看……"

"你甭为难,就这么办吧!"

"太好啦!"孙兰亭笑逐颜开。

什么是储备票呢?它是汪精卫在南京建立伪国民政府开设的中央储备银行发行的票子,称储备券,流通于华南一带。我在北平以及随奚啸伯来上海、南京,所挣的钱是日本帝国主义开设的准备银行发行的准备票,每月两千四百元。现挣储备票一万元,只相当于两千元的准备票,无形中比以前少挣四百元准备票。按照一般常规,包银只准增不准减,减包银意味着演员走了下坡路,大家比较忌讳。我略一权衡,孙兰亭这么做也有他的难处,更主要的是能与周先生同台合作,可以提高自己的艺术水平,所以爽快地答应了。

可是,从现在到正月还有近一个月的时间。恰好,奚四哥又约我去南京大戏院演出半月,正好补这空当。

南京的情况还不如上海,时局乱,人心浮动。

头天的打炮戏是《王宝钏》,上座率不高。两天后换上王牌戏《连环套》《四郎探母》,观众也未见增加,而且一天不如一天。奚四哥与南京戏院的合同是分账形式，我们的包银是奚四哥与戏院分账后付给。如果卖座，奚四哥支付大家戏份钱后可多得一点；若上座率不高，前台经理有做手脚的可能，明明卖出五百张票，说只卖了四百张，你无从查起，更要吃亏。现在，眼看连戏院的开支都付不出，更不消说我们的包银了。奚四哥宽慰我们："大家不要着急，当地有位常二爷，很有面子，也是'在家里的'（指同入某帮会，黑话），论辈分还是我的师傅辈，找他托托人情，想他不会见徒弟有困难不管。"

奚四哥的这番话，大家听来略感安慰，一致催他快去找常二爷帮忙。

大家在旅店内，"眼观旌角起，耳听好消息"。

连日来，演出情况不好，手里只有可数的钱，没心情外出游玩。坐在旅馆里等消息，最腻人。秦淮河的臭水味时时从敞开的窗户蹿进来，闻着更加闷气，我站起身想去关上窗户，望着窗外一片绿树掩映中流淌着的黑绿的秦淮河水，不禁感慨万端：明清时期的金陵秦淮河畔商贾云集，夜夜笙歌。"清波荡漾柳围堤，菡萏娇柔媚眼迷"。京剧《李香君》《董小宛》描述的都是秦淮妓女的故事，说不定我们住的这旅馆就是当年的一座妓院。我看看这不算豪华的房间和地上铺设的地板，更觉得十有八九是。如今这繁华之地竟沦落成令人作呕的臭水河。我关上了窗子。

"还是开开吧，进点儿阳光，驱驱凉气。"遇仙走到我身旁说。

腊月的南京很冷，房内没有取暖设备，旅馆也曾送来个炭火盆，屋子没暖和，烟气很重，太呛嗓子，送回去不要了。全靠白天开开窗，让阳光射进来驱驱寒气。

"臭味太浓。"我说着还是把窗子打开了。

"咱们到外边走走吧，外边比屋里暖和。"

"我不太想去，你去吧。"近来她总觉得不太舒服，可能是又怀孕了。

我一个人出去散步。

回到旅馆，屋内没人。看看表，将近四点。想是她不耐房内的阴冷，去后门外了，那里正好是秦淮河汊，有一块河套地，是我们常去遛弯儿的地方。

后门开着，我听到吱吱的抖空竹的声音。快过年啦，是谁有此雅兴，抢先买了年货呀？

嗬，原来是遇仙和玉兰的侄女在抖空竹玩。遇仙手执两个小木棍，木棍上系着线绳，空竹在线绳上跳跃着发出阵阵响声。遇仙边抖边咯咯地笑。

玉兰的侄女拍手高叫："太好啦！太好啦！"

笑声、叫声、空竹声融在一起，她们玩得十分开心。

我站在旁边看着，没打扰她们。

一会儿，玉兰也来了。

"哟，三哥、三嫂，你们真好心气儿，全在这儿玩哪，我说屋里咋没人呢。"

遇仙闻声停了下来，玉兰紧跑几步，接过空竹，立在地上，用绳绕了几圈，拉起来，空竹不听她的，掉在地上了。她重新又来，还是不行。

"算了，算了，找不着范儿，有工夫再跟三嫂学吧！奚四哥回来了，在屋里等咱们呢。"说着她把空竹递给遇仙，遇仙又交给玉兰的侄女。

"走，咱们听听他的回音。"我们一起回去了。

奚四哥无精打采地坐在公用客厅的沙发上。一看他的神态，我预感不会有多大盼头了。

"长话短说，常二爷听完我的话，他也说了，南京大戏院经理也没钱，是借了几天的利息钱垫付的包银，想等着咱们'树上开花'（演出挣钱），眼下情形之糟，实在出人意料。他正为还不上借垫的利息着急呢，总不能看着他们大年底下的去当裤子还债吧?！给师傅点儿面子，再加演几场，帮他们把年关过了吧，说不定，你们也能再分点儿钱。"

"这位常二爷是向着戏院说话呀！"我插言道。

"唉！"奚四哥长叹一声又说，"事儿专往一块凑，戏院经理也是常二爷的徒弟！咱们待几天走了，哪像戏院经理久在此地呢，当然向着他们。我也没咒可念，只得同意加演五场。回来求大伙儿吧！大家帮一把，这几天的戏，戏码贴得狠狠的，我全演双出，累病也认了，如果赚了钱，全给大伙儿，回家好过年，唉！"

大家无话可说，小小剧团，人生、地生、无权、无势，奚四哥无能为力，大家只得一齐哑巴吃黄连，苦在肚里。

东北的一幕戏又在南京重演了。少春说得对，哪儿都一样，"挣不来钱就变成狗"，能帮奚四哥过了这关，不再节外生枝，就是万幸了。

最后，大家辛辛苦苦，演了近二十四场戏，只挣了五场戏的戏份钱。

伍拾玖 度新春 老牌献策

腊月二十三，我又回到上海。

孙兰亭等人到车站迎接，送我和盛麟回老公馆，嘱咐我们好好休息，明天下午五点来车接我们去红棉酒家，大家欢宴，定打炮剧目。

红棉酒家在法大马路，属上海一流的酒家。菜肴是纯正的广东风味，配以上海做法。

酒宴开始了。孙兰亭高举酒杯，朗声说道："今天，诸位老板赏光，我不胜荣幸。首先让我们为这次约请到老牌和诸位老板通力合作，演出必将旗开得胜，先干一杯！"接着，他清了清嗓子，继续又说："借此，我们也为刚从南京返沪的袁老板、高老板接风！老牌继前几年与袁老板合演了《战长沙》之后，这次对他特别挽留。袁老板不但慨然允诺，而且同意与在座诸位一样地挣储备票！"席间顿起掌声。

如此一来搞得我反而有些不好意思了。

"袁老板从不计较包银多少，这回又如此仗义，给我们很大方便。来，我们大家为此再干一杯!"

干过这杯酒,周先生看着我笑着说:"世海弟不斤斤计较,好极了,好极了!咱们这次得好好演几出戏,《连环套》《刘唐下书》《薛礼征东》……尤其是《四进士》,一般人演顾读太草率。当初,曾和你师傅演过,他演的顾读非常细致,托得严。可演的戏太多啦!"

"对!生净戏、生旦戏,草草一说就是多少出,只要老天爷帮忙,别打仗,别灯火管制,我们剧目扎足、戏票扎足,最少也能唱几个月!"孙兰亭是黄金大戏院的"五虎上将"之一,非常有说话的技巧。

酒过三巡,孙兰亭将话题转到定五天打炮戏上来。

"诸位老板都是难得碰在一起的,都演哪些剧目,请大家商量着定下来,咱们不必客气,边吃边谈,请自便,自便。"

"我说几句吧!"周先生放下筷子,拿起胸前的餐巾略略擦了擦嘴,用他那特有的苍劲有力的声音说,"多年来,我一直有个愿望,想和北方演员同台演一期,总是机会难寻。这次受黄金大戏院之约时,我提出了这个想法,出乎意料地受到在沪的各位兄弟的欢迎,给了我面子,我先谢谢大家!请为我们的合作干一杯!"

北方演员这一点,我还真没留意,经周先生如此一提,我左右环顾,果然,黄桂秋、芙蓉草、高盛麟,我们都算来自北方吧。俞振飞先生是昆曲名家,虽有"江南俞五"之称,但也时常在北平演出,算半个北方演员。

"老牌,咱们这次能够合作,我太高兴了。很久以来,我一直期待着咱们能在一起演几出许久未演的老戏,《桑园寄子》《南天门》啦,这些戏,都是我们先生的看家戏,咱们要是演演,太合适,太对路了。"大家干杯之后,黄桂秋先生兴致勃勃地插话了。

"我们的心气儿,真碰到一起啦!你的这些戏都是陈(德林)老夫子亲传,嗓音又甜,准够一句(准错不了)。"周先生点头说。黄桂秋是老一辈著名青衣陈德林老先生的寄名弟子,他的唱法与尚小云先生相似,完全宗陈老夫子高亮刚直的特色，曾与马连良先生合作多年。

"还有一出戏，咱们一定要演！"说到此处，周先生故意停下来笑着看黄桂秋。

"什么戏？"

"《别宫·祭江》！这是陈老夫子的看家戏，好哇！我想过，我和世海从前边的《皂白袍》演起，他的张飞，再合适不过……"

"我看不如从《走麦城》演起，《走麦城》《皂白袍》《伐东吴》《连营寨》《白帝城》《别宫·祭江》，将桃园三弟兄的归宿全表明了，戏更完整些。算来有六个小时，还不算太长。"孙兰亭说。过去每晚演出一般都长达五六个小时，有时长达七个小时，当然堂会可能会更长。

"好是好，关羽……"周先生有些犹豫。

"关羽让小三麻子来演呀！"孙兰亭说。小三麻子名叫李吉来，他在江南一带演关羽颇负盛名，我是知道的。可是，我不明白为什么周先生不演关羽呢？周先生演关羽是很有独到之处的呀！是怕饰演刘备、黄忠戏太重，还是……我忍不住脱口问道："当初您在北平总唱《困土山》《走麦城》，我在科班时可没少看。还记得，诸葛瑾劝降时您念'城在人在、城破人亡'的大段话白，慷慨激昂，多感人哪！今儿您为什么不演关羽了呢？"

"那是在北方。在南方，我不唱关羽。因为有（林）树森呢。他专唱红生，所以我在南方除在《华容道》中演关羽外，其他关羽戏一概不演。"前辈们若是同行，一般不乱演对方的拿手戏，以表尊重，这在当时是很盛行的风气。

"这出戏就算敲定。我看先将头三天的打炮戏定了吧！"孙兰亭又一次催促。还是周先生接着说："我提议，三天打炮戏，全由我陪着各位兄弟唱。"他这句话一出口，便引起在座各位的迷惘。我们都是受黄金戏院之约，请来傍着周先生演一期的。头三天打炮的重要，众所周知，理应由他主演他的拿手戏，怎么……就是要兼顾一下我们的情绪，也只能在中间适当穿插以别人为主的戏，为什么……大家不由得放下筷子，专注地听周先生的高见。

周先生没有解释什么，他只是按照自己的思路，一一安排了剧目和角色。他准备和我唱《战长沙》，再来一出《连环套》，他演黄天霸；和俞振飞演《双奇会》；和黄桂秋唱《玉堂春》，他饰刘秉义；和王熙春演《吕布与貂蝉》，他扮吕布。

别开生面的剧目就这样定下来了。

逆风转为顺风。我很高兴。能与周先生合作演戏，我夙愿得偿，特别是还能在台下看他的戏，将其表演学过来化为己用，更是难得的好机会。预付的包银已给家中寄去，积存起来。看看就要过年了，我和遇仙去新新、永安公司买了衣料，每人添了一件过年穿的丝绵袍，又买来蹄髈、鸡、肉、糖果、大蜡烛。为了买蜜供，还特意去了郑福斋。

北平人家过年的供桌上，最讲究按家庭的富裕程度供奉不同型号的蜜供。最高大的以十六块为底，码成二尺二高的塔形，名高大方；十四块底的二尺高，名大方；十二块底的名中大方；十块底的一尺二寸高，名中方；再小的八块底，一尺高，名为烘王供。每至腊月二十以后，就会在街上看到一些人挑着高高的圆笼，往各大主顾家送蜜供。

我家只摆过一尺二寸高的中方。高大方之类的蜜供只有官宦、富商人家才摆得起。

谁想到了郑福斋糕点店，从北方运来的蜜供均已破碎了，只好略略买了些意思意思。

三十晚上，我将福字剪纸倒贴在金老公馆的大门上、窗户上，布置妥当，准备辞旧迎新。

九点多钟，孙兰亭跟另外两位朋友陆续到我这个小天地来守岁。孙兰亭知道遇仙怀孕，怕她累着，特地带了一个女佣来帮忙。

我们在客厅内侃天侃地，有说有笑。

孙兰亭高兴地一抖袖子："今天我给诸位露一手，我会变戏法儿。"说着从衣袋里掏出一方干干净净的白手绢，展开平铺在手上。

"遇仙，先出来看看变戏法啦！"我向厨房喊了一声。

她们二人都出来了。

"借您的手表用用。"孙兰亭说。

"我这表可是好表，别给我变丢了。"我把表褪下来交给他。

他接过表放在铺平的手绢里，将手绢四角裹起。

"都看见了吧？表包在手绢里了，谁去把表扔到楼下，我还能给变回来。"

"我去扔！"我说。

"这不是您干的事。"

"我去。"我的一位照相馆的朋友说。

"不用，还是你去吧！"女佣接过手绢出去了。

"我这块表可是好表！"

"放心吧，变丢了，包赔！别紧张，您摸摸衣袋，多了点儿什么吧？"

我摸了一下衣袋，硬邦邦的，再一掏，手表在我的衣袋里，我拿出来向大家展示。

大家齐声为孙兰亭叫好。

"怎么变的？传授传授秘诀！"

"太奇怪了，什么时候放到他衣袋里的呢？"

"天机不可泄露。"孙兰亭笑着站起身，拉开门叫那位女佣进来。

"你们是串通好的？"我问。

"无可奉告！"大家又是一阵大笑。

十二点即将到了。

遇仙兴致勃勃地将一挂鞭系在木棍上，准备好火柴。没想到性格柔弱的遇仙却有放炮之胆。

十二点到了。

遇仙马上将鞭伸到窗外点着,我们在噼噼啪啪的鞭炮声中迎来新春。

我们围坐桌前,开始品尝饺子。猪肉白菜馅,白菜是几经周折才买来的天津白菜。

孙兰亭大夸天津白菜比南方白菜好吃,口感绵软柔和,一个接一个地往嘴里夹饺子。

"吃到铜钱了吗?"遇仙又端来两大盘刚煮好的饺子,问我们。

"什么铜钱?"孙兰亭不解地问道。

"我往饺子里面包了一个铜钱,谁能吃到,谁这一年就会有福气!"

"哎哟哟!那要慢慢吃了,真吃到铜钱,牙会硌掉的。"孙兰亭的话引得大家一阵大笑。

大家的话少了,一心盼望着能吃到铜钱。孙兰亭果然放慢速度,夹起饺子掂一掂、看一看,唯恐硌了牙,引得大家笑声不止。

几盘饺子快吃完了,铜钱还未吃到。大家的速度加快了,多吃一个,就多一分希望啊!

"哎嘿!福气来啦!在我这儿。"我把饺子咽下去,把铜钱嗍到手中,站起来向大家展示。

"论福气,谁也比不了袁老板!"

"定是得到了嫂夫人的指点!"

"今年您又是大吉大利,财运亨通!"

……

大家说说笑笑,不知不觉玩到了深夜两点。

孙兰亭说:"真不想走,还真是得告辞了。明天日夜两场重头戏,您得休息好,告辞,告辞!"

人们走了,我们简单收拾了一下就休息了,在异乡过年,竟毫无寂寞之感呀!

戏按预先安排好的顺序如期上演。当初定剧目时，我们还担心周先生饰配角观众不能接受，谁知他的表演仍得到了观众的好评，并让我们这些同行深深佩服。真正功力深厚、技艺精湛的演员，对任何角色都会全力以赴精心塑造，即使是最次要的角色，也会令其焕发出恰如其分的光彩，在观众的心目中留下长久不灭的印象。周先生的表演达到了这一艺术境界，无论是偶然一演的吕布、黄天霸，还是刘秉义、李奇等配角，都演得与众不同，以他独到的魅力吸引了观众。

一九四二年上海《申报》戏报（"42"两字是我自己更正的）

《玉堂春》中的刘秉义，唱很少，念也不多，一般由二路老生饰演，是承接王金龙、苏三表演的轴心人物。周先生的表演，使刘秉义充分起到了这一重要作用。他在苏三被带上堂后，很快就发现王金龙神色异常。为了进一步弄清王金龙与苏三的关系，他在说出"扯下去打"时，只见苏三在"顷仓"的锣鼓点儿中变跪而坐——用手扶地，抬起左腿以示害怕，口念"且慢责打"。他右手抄起火牌，递交左手，侧抬左腿，右手再先撩后捋髯口，指向苏三，眼睛却盯住王金龙。这一亮相，使舞台上形成一幅极有神采的画面。同时，刘秉义敏锐地洞察到王金龙惊慌地急切阻拦，又怕被人看出端倪，欲言又止，目光相对急忙回避的窘态。继而，随着苏三哭唱"大人哪"的甩腔，周先生二次假意欲扔火牌，进一步试探王金龙的反应，从而断定王金龙与苏三必有瓜葛，这个案子必有隐情。这些潜在的思想活动，周先生通过准确传神的目光向观众交代得一清二楚。后面的审讯都是沿着这条线索推进的，充分揭示了官场中的钩心斗角，使观众欣赏了一出明审苏三、暗审王金龙的双会审。这出旦角唱功戏收到温戏不温的良好效果。

周先生饰演的吕布就更具风采了。过去，他也曾饰演过《闻素臣》中的闻素臣、《孟丽君》中的皇甫少华、《董小宛》中的冒辟疆等小生行角色，改用大嗓唱、念。这种表演南方常见，可是如此表演吕布这个角色却极为罕见。

周先生饰演的吕布，从头场《人头会》开始，便塑造了一个气势威严、专横跋扈、为虎作伥的狂徒形象，而且这种情感、气势贯穿全场，无懈可击。吕布昂首挺胸快步上场后，杀气腾腾地在"冲头"中进后园，参见了相父董卓，又在"五击头"中掏翎子，横按宝剑，站在董卓身旁，双目射出冷峻的寒光，盯向坐在一旁饮酒的张温，大有将张温用目光击穿之势。直至向董卓递上他破获张温联络外臣谋杀董卓的密信，仍似鹰隼盯视猎物一样审视着张温。董卓一声"即刻在席前诛之"，吕布越发像见了仇人似的怒逼张温，将宝剑高高举起，狠狠劈下。

杀死张温，一般的表演是吕布陪着董卓同下，周先生却不，他奴才似的毕恭毕敬地将扮演董卓的我送下场，我回首见他返身狂妄地傲视着众文臣，王允向他作揖，他却视而不见，而是微撇嘴角、旁若无人地在"四击头"中双手掏翎子，踩泥背朝前台，金鸡独立，亮相。这时，听到众文臣说："送温侯！"吕布面不回转、目不回视地信口答了一句："免！"放开翎子，昂首阔步地走下场去。

"好！"我站在幕边，不禁为周先生的这段表演喝彩。

对于一般不太受重视的、仅是交代情节的过场戏，周先生同样十分重视，同样注意了人物情感的贯穿和情绪的一气呵成，为重点场次做好充分的铺垫。比如王允派人给吕布送紫金冠一场，周先生饰演的吕布收冠后表情十分淡漠。可是当来人多说了一句（周先生事先安排对方加的）"此冠乃王府小姐亲手制作"后，只见吕布两眼一眯，笑曰："噢，此乃王府小姐亲手制作，倒要谢谢司徒的美意，说我即刻就到。"将吕布好色的本性淋漓尽致地表现了出来，也为下面戏貂蝉做了情理上的铺垫。此处表演使我深受启发。所以当王允派人请我（董卓）到司徒府饮宴时，我也爱理不理地推却道："老夫这几日心中烦闷，改日再去。"还不耐烦地将请帖往后一扔，当听到来人说"我家大人言道，席前有美女歌舞陪伴"，我顿时来了精神："怎么，还有美女歌舞陪伴！"继而轻佻地念出："我随后就到！随后就到！"这样就向观众交代清楚两人都是好色之徒，所以才会发生后来为女色而火并的事情，也说明王允设下的美人计击中了二人的要害。

《奇双会》中的李奇，是位被继室轰走一双儿女，又遭她诬陷、受重刑入狱的不幸老者，本适合衰派老生（指善于扮演衰老的人物的老生）饰演，因此，就更便于发挥周先生之所长。他把握住李奇内心冤、怨、恨的情感，根据剧情的需要，妥帖地运用了甩髯口、跪蹉步等技巧，逼真地刻画了这个满身伤痕、连哭的权利都丧失了的老人的悲惨境遇，尤其团圆时见到儿女、女婿惊喜非常的面部表情，更使人难以忘怀。

周先生饰演《连环套》中的黄天霸，服饰不同，表演风格也迥异。尤其是见到御马的表演，非常丰富细腻，将情感变化交代得清清楚楚。比如当黄天霸假扮绿林好汉来到连环套探听御马的下落时，闻听窦尔墩已将御马盗来山寨，最初，黄并不相信，待他一眼辨认出确是御马无疑时，内心大为震惊，妙就妙在这一惊，惊在"五锤"最后一锣之前，却又恰恰落在末锣的节奏上，既与节奏严丝合缝，又夺得充裕时间向观众展示黄天霸的内在心理——由吃惊到想出新的对策。接下去念："呜呼呀！一见御马，如同见主，愿太御千岁千千岁！"观众们明显听出，黄之所言是在找辙搪塞，而心里仍在想对策,紧接"嘟仓"这一锣中所给的眼神,明确揭示黄又想出一计。于是黄假意向窦尔墩提出"此马生在富贵之家,受享清福,足下未必能快吧"的质疑。窦答:"足下有千里的脚程。"这时,黄故意放慢语调,慢条斯理地说:"噢,如此说来,此马能行。"脸是一直向着窦,身体、脚步却向御马身旁移动,欲伺机夺马而走。这一连串的表演生动地刻画了黄天霸夺马的心理,表现了周先生形于外、源于心的高超技艺。

在演出中更有几出戏,令我至今不能忘怀。

一出是《四郎探母》。说心里话,我是带着疑问充满好奇地来看周先生的这场演出的。无论如何,这出戏是唱功戏,尤其是名句"叫小番"的嘎调,周先生的嗓音如何能适应呢?可是,事实上,在演出中,杨四郎的唱腔一句不减。"叫小番"还没等周先生张口,观众的掌声已响彻剧场,周先生平安地渡过了这个难关。当然,全剧的唱腔都已化成麒味。但周先生并非想在唱腔上征服观众,而是着意于刻画杨四郎的内心活动。这一点恰是多数饰演杨四郎的演员们所忽略的。他们往往偏重唱腔如何动听,在公主猜四郎掉泪原因的【慢板】时,缺乏贯穿性的情感表达。周先生是自始至终地随着公主的猜测产生应有的反应,层次分明,很自然地将四郎和公主二人的情感紧密糅合在一起,为公主的演唱起到良好的衬托作用。过去我看高庆奎先生演出此戏,认为在表演上比王又宸先生已有提升,而周先生更胜一筹。

我和周先生合演的《皂白袍》,就更值得回味了。

这场演出,按照在红棉酒家商定的,由小三麻子演《走麦城》,讲关羽升天。我们接演《皂白袍》,讲张飞被刺。然后是《伐东吴》,黄忠沙场遇难。接下去演《连营寨》《白帝城》,刘备哭张飞、关羽及托孤病逝。最后,黄桂秋演《别宫·祭江》,孙尚香跳江殉节。整个演出交代了桃园三兄弟最终的结局。周先生在其中先演刘备,后演黄忠,再演刘备。由于他表演手段丰富,又善于刻画人物,所以,尽管这两个人物都是挂白胡子,但是各有特点,互不冲突。演刘备,就是帝王之相,即便在哭灵牌时前仆后跌、摔僵尸，仍是文质彬彬。《白帝城》托孤还妥帖地借用了《洪洋洞》中的表演，表现了刘备病入膏肓，四肢无力，摇摇晃晃的病态。扮演白髯飘飘久驰疆场的老将黄忠时，却又精神矍铄，老当益壮，令我敬佩。

我很喜欢《皂白袍》这出戏，读完剧本，觉得情节很感人，就是有些地方的艺术处理比较简单。如桃园结义的三弟兄情同手足，张飞闻听关羽麦城身亡的噩耗本是悲痛欲绝，剧本中只让张飞闻报后打一个"哇呀呀"就气椅（昏厥仰倒在椅子上），悲痛之情未能充分表达，张飞勇猛、暴躁的性格也未充分体现。下一场到汉中找刘备质问为何秋后才发兵为关羽报仇的戏也随之不好演了。想来想去，我试着连打三个"哇呀"，先向左打，后向右打，转身正中再打，然后再紧接着跌躺在椅子上唱【导板】，增强悲愤的气氛，同时表现张飞有血性、重义气，效果尚可。

我和周先生同场演的是张飞到汉中质问刘备为何秋后才发兵替关羽报仇一场戏。这场戏，周先生表演得感人至深。

当刘备沉浸于关羽去世的悲痛之中时，闻报三弟来到，马上想到二弟再不会来了，难以名状的悲痛涌上心头，此时，周先生悲痛难抑地叫出"快……快快……请请……请"，听之不禁令人心酸。二人见面泪眼相看，互相凄厉地呼唤大哥、三弟，抱头痛哭。接着，周先生用他那独特的麒味唱出"见兄弟不由孤珠泪难忍，你二哥麦城丧了命……"四句哀情切切的悲腔。张飞接唱，悲中带怒，节奏转快："二哥麦城丧了命，大哥因何就不发兵？"质问刘备，直刺刘备的痛处。刘备含悲忍泪进一步向张飞说明隐情："你二哥麦城丧了命，愚兄即刻要发兵，怎奈那孔明先生对我论，他、他、他……他言说今春不利呀，要等来春"，突出了"他……言说"和"今春不利"的卍字廊式的百转千回、肝肠寸断的长悲腔，表明刘备的悲怨，使听者感到刘备已痛彻肺腑。此时，我清楚地意识到，这场戏的情感升华到了最高潮，我应该用我的表演将戏托住，保持住高潮不落，才能更强有力地感染观众，这场戏才算完美。事实上，周先生的表演和演唱，像给我接通了灵感的电源，我在唱到"咱兄弟结拜人三个，如今只剩……"时不由得停顿下来，加用两个抽泣，后面的"两个人"也是哭音、颤音、抽泣音混合相糅的演唱。像张飞这样一位人所共知的铁骨铮铮的硬汉能如此动情，的确很令人感动。这段即兴表演，一方面是周先生充满感情的表演激发出来的，另一方面也是受郝老师艺术熏陶所致。我在科班曾看过郝老师演的《专诸别母》。专诸在其母自缢后，决心去刺杀王僚，临行前，哭别妻儿时就有这样的抽泣。我看后深受感动，将此场景牢牢刻进脑海，这一次还真用上了。

　　四十几年过去了，不但是我，而且有些观众也没忘记我与周先生这次的合作演出。一九八四年春节，我赴港演出，一位来自台湾的同胞，专程赴港看我们的演出，他携带着录音机来访问我，谈及当年曾在上海看过这期演出，尤其对周先生和我演的《皂白袍》印象更深，恳切要求我将刘备见张飞这几段唱腔全部录下来。我满足了他的要求。几天后，再次聚会，我还听了他又麒又马的演唱。

　　回忆这次与周先生长达一个半月的合作演出，无论是观看周先生的表演，还是与周先生同台合作，郝老师向我讲授的走台步要走出人物的性格，表演要注重情感的贯穿、情感的铺垫、眼神的运用等，都不时地回响在耳旁。所以周先生的表演引起我强烈的共鸣。尽管他是生行，我是净行，表演程式各有特色，塑造的人物性格迥异，但是，情理相通，艺术相通，周先生精彩动人的表演将郝老师提到的我似理解又不甚理解的表演艺术理论形象化、具体化了。

陆拾 贺世芳 双喜临门

就在周先生这一期连连续演当中,我受黄金大戏院经理孙兰亭的委托,于三月三十一日(阴历二月二十五)乘飞机回北平约李世芳来上海接续周先生的演出。

到达北平后,我这个急性子在家中稍事休息,下午六点就赶至世芳家中。

开门的是世芳的一位亲戚,他平日在世芳家居住,顺便看看门和兼做一些杂事。

"哟!是您来啦!您怎么到家来啦?家里的人早就去啦!"

"去哪儿啦?"

"您不知道?噢,好一阵子没见您啦,您……从……"

"从上海来。"

"难怪,难怪,我先给您道喜吧!"

几句话,说得我真有点儿丈二和尚摸不着头脑。

"今儿晚上世芳定亲,大伙儿都去墨……墨……林……墨……"

"墨蝶林吧!"这是我比较熟悉的一家西餐馆。

"对、对、对!您快去墨……蝶林喝杯喜酒去吧。"

骤然听说世芳定亲,颇感意外。其实,世芳的婚事已经酝酿一段时间了。女方是姚玉芙先生的二女儿姚宝莲。姚先生是梅兰芳先生的寄名弟子,在承华社任二路旦角,后因年轻的二路旦角不断涌现,梅先生的声势也日渐壮大,需要有专门对外联系演出的人员,他就明时务改做大管事,与李春林先生共同负责承华社一切演出事宜,官称姚五爷。他和李八爷、齐二爷、冯六爷都是辅佐梅先生成名的左膀右臂。大媒是王少卿大哥。说起来,世芳和姚宝莲早就认识,世芳经常在冬季去中山公园溜冰,姚也去,二人在冰场见过几面,只是互相打个招呼,并无深交。但双方都有好感,因此一拍即合。世芳曾向我、盛利、世忠多次谈起这桩婚事,我们看法一致,都认为世芳此时年仅二十一岁,艺术上的成就来之不易,即便在北平的演出是几战几胜,再次赢得"小梅兰芳"的称谓,可是还未去过上海,这门亲事待上海打响,堪称红遍大江南北时再举行定婚仪式也不迟。难道我走了四五个月,事情就有了变化?转念一想,事已至此,应该顺水推舟。过后,慢慢劝他咬咬牙晚些结婚也就是了。定亲是世芳一生中的一件大喜事,应该赶去祝贺。我直奔墨蝶林。

推开墨蝶林餐厅的大门,一屋子的人喜气洋洋,正高举酒杯,互相祝贺。

"袁老板到——您往这里请!"我未及开口,一位伙计认出我,迎面向我打招呼。我是这里的常客,伙计们大都认识我。他这一声呼唤惊动了四座。

"世海?!你怎么也赶来啦?"李子健先生站起来和我打招呼。

"大哥!您什么时候回北平的?"

"三哥!您能来,太好了!"

众人又惊又喜,纷纷起座迎我入席。没想到,我的突然来临,给这充满喜庆的酒筵更增添了几分热闹的气氛。

沉不住气的世忠将我拉到他的身边，让出他的座椅，连耸几下鼻子，大叫着："三哥呀，三哥！真不是说的，您的口福的确是大大的。世芳老和我们哥儿几个念叨：'可惜大哥赶不回来，喝不上喜酒。'嘿！谁知您是不早不晚，巧不巧，刚举起头杯酒，还没喝，您就来啦！一杯酒也没落下。"

跑堂的伙计送来一副杯筷和一把座椅。

世芳端着酒壶，往我杯中斟满酒，站在我身旁。他，微红的脸颊，在灯光照耀下越发光闪闪、笑盈盈。他连连说："大哥今天能赶来，实在没想到，太好了！太好了，没想到，太好了！"显然，这位未来的新郎官兴奋至极，一反往常文绉绉的语气，有点儿语无伦次了。

我此时顾不上和他们多说，忙着向他们的父母贺喜，然后才转向未来的一对新人。

"我向未来的新郎官、新……"刚说至此，忽觉现在就称人家新娘未免过早，我与她虽也有几面之交，说话仍需有分寸，马上改口道，"……宝莲妹，祝贺你们定亲之喜，恕我来晚一步，来晚一步。"

"大家同喜，同喜。大哥……我没告诉您……您别见怪……"世芳既高兴又不好意思，结结巴巴地总算是说了两句。宝莲只红着脸略看我一眼，迅速低下头娇羞地微笑，竟一句话也未说出。

快言快语的王少卿大哥说成了这件喜事，格外振奋。他毕竟是跟着梅先生走南闯北，见多识广，猜出点儿意思，他问："你这时候来，我看是巧合吧！世芳定亲，今天的聚会，我们想来想去，还是没告诉你，知道你和周先生的这期演出连连往上续，正在'喷儿'上（即受观众欢迎的时刻），赶不回来，白白让你分心。嘿，偏偏你却回来了，还能赶到这儿来，其中定有原因。说说看，兴许又是件好事。"

"真让您猜着了，我是专程从上海飞回北平，告诉大家好事儿来的，没想到顺便还讨了杯喜酒喝。来，来，来，世芳、宝莲两人同敬我一杯酒，喝完喜酒再说。"我故意卖了个关子。"对！一人倒半杯，一人倒半杯！"大家你一言，我一语，哄了好一阵。世芳、宝莲连忙给我斟满酒，以热切探询的目光盯着我，席上也停止了一切议论，目光都集中在我的身上。

我端起酒杯，环视一遍在座的人们，站起身来故意庄重地向大家高声说道："让我们大家举起杯，为我们的'小梅兰芳'不久将在上海一炮打红而干杯！"只这一句话，大家就全明戏了，欢快地举杯畅饮。接着，我简明扼要地说了说黄金大戏院经理孙兰亭等人的想法。

"来家伙吧！我们的'小梅兰芳'会红遍上海滩的！我这个大媒也有功啊！说了门好亲，刚定亲，我们姑娘就给带喜事儿来啦！大吉大利！来，为我们姚姑娘干一杯！"王大哥边说边高举酒杯站了起来，他那挽着白袖口的长夹袍的袖子，早被他三捋两捋，捋到胳膊肘上边了。

一向颇为大方的姚宝莲被说得面红耳赤，虽也举了酒杯，可是再不敢抬头正视大家。

世芳的父母，此时此刻当然是满怀喜悦，却又都极力克制，偶尔露出微笑，即刻收敛。尤其是李先生，戴着一副黑边眼镜，更显出老公爹的严肃神情和长者身份。大家却是抑制不住地开怀大笑，举杯一饮而尽。

饭后，大家散去，我和世芳、"始终胜利"（指耿世忠和张盛利）、王大哥、李八爷详细研究，定妥去上海的人数、包银、剧目，特别是前几天的打炮剧目，只世芳的包银没定。李八爷和王大哥都考虑到承芳社成立时，黄金大戏院赠送了全副帷幕、桌围椅帔，人情尚在，如世芳的包银提多了，讨价还价的没意思，提少了吃亏，所以决定也将面子堆足，看黄金大戏院会怎么给吧。估计只要打响，包银不会少的。眼下周先生一个多月的演出仍是场场客满，恐怕不会马上结束，世芳暂留北平积极准备剧目和添置所需服装。何时动身，听候佳音。

事情安排就绪，我按约定好的三天行程，如期乘霸王号飞机返回上海。飞机在上海虹桥机场降落，我走到机舱口就看见孙兰亭在下面急切地向我招手。

"守信，守信！我真担心，万一你今天不能按期回来，晚上的《连环套》就麻烦大啦！观众三天不见你的面，今天再见不着你，哪会答应呢！刚才飞机降落时，我眼睛紧盯着，直到在机舱口看见你，才把这颗提到嗓子眼儿的心放下。"孙兰亭像久别重逢似的热情地拍着我的肩膀，直向我伸大拇指。

这天的《连环套》演得火爆至极，我和周先生都铆足了劲儿啦！掌声不断，观众们非常满意。谁料周先生和我的嗓子都累哑了。第二天演全本《四进士》，我饰顾读，戏较轻，只要神气足，嗓音差些好遮掩。周先生饰演的宋士杰是唱、做、念兼重的，免不了大家都为他担心。孙兰亭也找周先生询问，是否需要改戏。周先生不以为然地说："不要紧。嗓子哑是昨天跟世海弟拼的。我还能凑合、对付。"戏院为了慎重起见，特意在上场门台口立了块写着"周先生受风寒嗓音失润，请诸君原谅"的牌子。观众一见此牌，马上鼓起掌来。演出中，周先生唱到"三杯酒下咽喉"一句，居然等不及唱完"把事误了"完整的一段，观众席就爆发出超过以往的热烈掌声。后来我曾问观众情由，他们说，声音越沙越哑麒味越浓。故而周先生嗓哑一周，坚持演出，不但未受影响，反而很合观众胃口，增色不少，难怪他对嗓哑不以为然。

几场重头戏演过，一天上午，我还未及洗脸，就听有人敲门。开门一看，哈，真巧！正是我今天要去看望的陈祖荫先生（是做棉纱生意的）来了。我高兴地将他请到屋内。他非常紧张地问我："前几天，您到哪儿去啦？我几次来找您，他们都说您去北平了，哎呀呀，急死我啦！"

"回北平了，去约李世芳来上海。怎么，找我有事？"

"我……哎！急死我啦！为什么偏偏这几天您离开上海，急死我……"陈祖荫先生欲言又止，吞吞吐吐，一副坐立不安的焦急之态，使我莫名其妙，不过，看到他如此一反常态，我有种不祥的预感。

陈先生急急地用左手去掏大衣左口袋，没拿出什么，又去翻大衣右口袋,还没拿出什么,就又慌乱地解开大衣扣,伸手向大衣的里兜里掏摸,取出了一张报纸。我迅速打开,原来是一张几天前的《新闻报》,顺着他手指的地方看去,啊!用不着看内文了,只这用一号宋体字印的醒目标题,就足以使我明戏了。

陈祖荫先生双手一摊:"唉,全完了!"

我倒吸了一口凉气,呆坐在椅子上。

慢慢地,我打开手提箱,从一叠叠衣物下面的箱角处,拿起装在信封中的钱包,找出那张几分钟之前还被视为珍宝的薄薄纸片。

哧——我把它撕了,向窗外扔去。

阴霾的天空,密布的浓云,碎屑只挣扎了几下,就落到地面。顿时,我似乎觉得心中空洞洞,怅怅然;忽而,又感到天上的乱云竟已沉重地压到我的心头,使我喘不过气来,欲喊不得,欲推不掉。

怪谁呢?陈先生?我?无可责怪。

世道,这就是世道!

对着满面尴尬的陈先生,我还是笑了,说:"一切都让它过去吧!"

事情是这样的:自从去年十一月,我和啸伯兄来上海演出至今,已挣得四个月的包银,除去生活费用,所余之钱如何妥善保管竟然成了一件难事。我原想存到上海银行,待演出结束回平再带走,好心的朋友们都说不妥。当时,大家对汪精卫伪政权的看法虽不敢明言,内心都深知长不了,所发行的储备票靠不住,说不定哪天,储备票、银行都会随政权的失败而作废、倒闭。何况,眼下物价上涨、货币贬值,大有可能戏还未演完,所挣的钱就已暴跌。就在这时,陈祖荫先生给我建议,用现钱从他的纱行中买些龙头细布保存,一旦用钱,将布卖了,布价会随着物价涨,绝不会吃亏的。我想,有理。许多同行挣了钱大都用来置办房产、金银首饰等实物,还有的不要现钱,包银是以实物折价。陈祖荫先生呢,虽也是在交易所有股份,但也有自己的纱行,不同于一般的买空卖空之人,再者说陈先生酷爱京剧,常常票唱，跟他交往的这段时间里，感到他对人也还诚恳，尽管无深交，也是个可信的朋友。再者，我付现钱，他交现货，只是放在他库里保存一段时间，料无闪失。于是，我同意了他的建议，就在我回北平的前两天，将买布匹的几万储备票交给他，他付给我一张购买二百匹龙头细布的单子，我将单子随身带回。哪里想到，我回北平的这四天里，报上登出汪伪政府决定将棉纱全部收归"国"有，我所买的棉布由于没有单据，也一并归了"公"。陈先生对我的损失过意不去，一年后送了我一两金子。

动荡的年代，动乱的日子。

陆拾壹 战上海 幸会大师

上海观众掀起了争看"小梅兰芳"的热潮。

固然，这其中倾注了上海观众对蓄须明志暂别舞台的梅兰芳先生的思念，但更主要的是想一睹"小梅兰芳"的英姿。而世芳苦练出硕果，不负众望，几天的打炮，一切均达到预期效果，甚至比预想的更好。兴奋、满意的神情，洋溢在每个人的脸上。

就在这时，不太愉快的事发生了。

一天清早，我接到专为世芳打把子、练出手的吴先生从戏院打到金老公馆的电话，询问世芳为何没按时去戏院练出手，这是世芳在演《金山寺》之前必做的功课。

我去敲世芳的房门，无人。隔了会儿又去敲，还是没人。吴先生又连来两次电话催问。

我心里十分纳闷儿，世芳究竟有什么要紧的事急着去办，连练出手都不顾了呢？晚上，是他第一次在沪上演《金山寺》，第一次显示自己的出手技巧，再有把握，也要练习，不怕一万，就怕万一。要知道，四大名旦都演《金山寺》，但都不带出手，所以，世芳今晚的出手对他来讲是至关重要的呀！我又多次到世芳的房间察看，都是失望而回。

快要吃中午饭了，我在房间里顺手拿起那张刊登着《金山寺》演出广告的报纸，百无聊赖地看着。我觉察到有人开门轻轻地走了进来，回头一看，是面带微笑的世芳。

"大哥，这场电影真好看，《出水芙蓉》，色彩真好，可惜片子太旧，老断片。"他欢喜地向我介绍，看到我不太高兴的样子，连忙收住了这个话题。

"今儿早上你去看电影啦？"我又低下头，两眼注视着报纸，问他。

"嗯，听说这个片子轮到恩派亚（电影院名）演，就是末轮了，我怕看不着，今儿早上就和我妈起了个早，去……"

"晚上演《金山寺》，吴先生等你去练出手，打了三四遍电话找你。吃过饭，早些到戏院，抓紧时间练几遍再化装吧。"听世芳说起大早去看电影，我心里十分恼火，为了不给他造成心理负担，一切都等演出后再谈，所以我只淡淡地提醒了他几句。

在《金山寺》中加出手，当初，是我建议的。那时，世芳为了锻炼身体，更为了不把科班的功底丢掉，每天请吴先生教练把子功。吴先生是朱桂芳（艺名"小四十"，常为梅兰芳先生配演，梅倚为左右手）的下手，精通出手，我建议，世芳既然练了出手，何不用在舞台上呢？如果《金山寺》带了出手，会增色不少。要争取做到前辈没做到的，岂不是更好？世芳在表演中加了出手以来，就因为练得勤，在舞台上稳稳当当，挺保险。不知怎的，对于今天的演出，我心里却没底。中轴子是世芳的《春秋配》（《捡柴》《砸涧》二折）。我饰侯上官，下场后，站在下场门看世芳演《金山寺》，暗暗祝愿他能平安无事。现实是无情的，往往不以人的主观意志为转移。世芳踢过吊鱼（出手的一种形式）后，枪掉在台上了。世芳还沉得住气，捡起枪重新踢，平安过关。观众原谅了，戏也还算圆满。

这一夜，我想了很多。回想世芳出科后师兄弟们同甘共苦的一幕一幕，我感到有些话应该与世芳谈，以尽我这个大哥之责。

第二天，我估计世芳已起床，就到他的房间去了。

这间房原是二牌演员们住的，因为房间朝阳，又是三大开间，十分敞亮，就安排给世芳母子居住了。为了方便，还特意在两个单人床中间立了一扇屏风。

世芳若有所思地坐在床边的椅子上。

"大哥。"他说话的音调挺低沉，没有往日的笑容，一双大眼睛只看了我一眼就垂下眼皮，看着地面。他发暗的眼泡，我却是看得清清楚楚。显然，他的心也被昨晚掉在台毯上的枪重重地扎了一下。是啊，踢出手掉枪是舞台上较为常见的现象，甭说对于像世芳这样偏重文戏的演员，就是有名气的武旦演员也在所难免，关键是为什么掉和用什么标准要求自己。

"唉！"坐在沙发椅上的世芳的母亲，看着我叹口气，摇摇头说，"都怪我，前天世芳和我商量要去看《出水芙蓉》，我不该答应。"

"世芳平日挺听您的话，您应该拦一句。"我们在一起相处得久了，我说话没有顾忌。

"起先，我也有点儿犹豫，怕他睡得晚、起得早，为看场电影缺觉影响嗓子，还耽误上午的练功。又一想，自从到了上海一直就没闲过，上午、下午、晚上不是拜客、应酬，就是唱戏。"

世芳母亲说得是。世芳在演出前一星期就到了上海。拜客是演员沉重的包袱，对第一次在上海登台的世芳来说，更是既烦琐又痛苦。

"好不容易，几天来的演出顺顺利利，我的心也总算踏实些了，世芳这阵子挺累，我想看场电影，好让他松口气，谁想……"世芳母亲说到这里，我接过话茬儿："问题就在松口气上。您想想，上海这一期演出，对世芳的舞台生涯有多重要，无论演多少场都应该提住一口气。为什么说能在上海的舞台上立住脚，就能在梨园行里有一号呢？可见这不是轻而易举可以做到的!"接着,我转向世芳:"咱们常听前辈们讲,打上海讲究的是一口气。马先生、尚先生,多少前辈们不管在上海是演一个月还是更长时间,都能憋住一口气,演出结束,再在上海住段时间,去各处游玩、休息。哪能刚演几场戏就松口气呢?伯母,您看见了吧,本来可以圆满中求得更圆满,现在只能是圆满中仍有不足了。"

"大哥,您说得在理,昨天的事,想来想去怪我自己松了口气。我是明明知道早上要和吴先生练出手的,看电影还是练功,必须二择一。都说这个电影片子值得一看,而且已轮到恩派亚这样的末轮影院演了,不看,也许以后没机会再看;练出手呢,少练一次,未必掉枪。于是,我……唉!"

"你就没想少看一场电影损失大,还是台上掉枪的损失大!当然,早上没看电影,练出手了,枪,也许照样掉,那是我们尽心了,现在是没有尽心,也没尽力!你想过没有,在《金山寺》的开打中加出手,是对观众很大的震动。梅先生,当今名震中外的四大名旦魁首演《金山寺》也没有带出手,而'小梅兰芳'却有出手,观众们都清楚这不仅是在学梅,还是在创新,有的人赞叹,有的人不太信任,抱着瞧瞧究竟的态度,还有的人根本不认可,认为梅先生没有的,'小梅'要有便是画蛇添足。结果呢,这口气没有完完全全地争过来,只能说明自己是贺仁杰的锤(舞台上贺使的锤,链子很短,此处比喻缺少锻炼),落到画蛇添足上了。我应负主要责任。"

"您不能这么说。昨天,枪一掉在台上,轰的一下,仿佛浑身的血全都涌到头上。唉,我呀,真是贺仁杰的锤,不但台上短练,台下也短练!"

"正是因为台下短练,台上必然短练。"我说着笑了,世芳的母亲笑了,世芳的嘴角也掠过一丝淡淡的、自嘲的笑。后悔、自责已在世芳心中掀起了十级大风,它将吹散阴云、迷雾,迎来丽日碧空。

此后,他再没耽误过按时练功。下一轮的《金山寺》,出手打得既娴熟又稳健,达到了预期效果。

演出进入中期。我和世芳演出《宇宙锋》。纪玉良主演的压轴戏《斩黄袍》已结束，激烈的锣鼓声渐渐放缓。我站在上场门候场，看着检场人紧张地往台上搬换桌椅并换上大红缎金线团字图案的桌椅帔。突然，从台下传来一阵雷鸣般的掌声，正在后台忙碌的人们几乎同时停止了手中的工作，我赶快放下手里端着的饮场用的小茶壶，轻撩大幕，借大幕与边幕的缝隙向台下张望：楼上楼下的观众大都站立起来热烈地鼓掌，意外而欣喜地注视着一个方向。我顺着他们的目光望去，只见通道上有一位身着灰色西装、温文尔雅的人向前走来。他，中等身材，面目端庄，留着黑色的短胡须，啊，梅先生！没错，是他！梅先生爱国留须罢演，从香港回沪后一直深居简出，观众们久不见他，甚是想念，没想到居然会在此时此地与他邂逅，怎能不鼓掌起立热情相迎啊！可见梅花之茂、扎根之深哪！世芳到沪之后，孙兰亭即带他拜望梅先生。梅先生曾说，要看世芳的演出，但头几场不来，免得在这几场最重要的演出中分散世芳的精力，增加他的负担。师心可鉴！梅先生看过《宇宙锋》后，又看了《霸王别姬》和《金山寺》，这三出戏能较全面地展示一个旦角演员在唱、做、念、舞、打方面的艺术水平。

演出结束后，世芳和我被梅先生约至家中。

梅先生当时住在上海马思南路的一幢楼房里。自抗战开始辞别舞台以来，他的生活开支已大为缩减了。

和梅先生一起接待我们的有梅夫人和曾红极一时的女老生李桂芬女士。李女士正在梅家暂住，她一眼就认出了我："当年，富连成放年假，到我家和盛泉弟玩牌的不就是你吗？那会儿还是个小青年呢，转眼间都出息得成角儿啦！"

她说得我真有点儿不好意思。

梅先生点点头感慨地说："时光如梭，岁月匆匆，我们怎能不老哇！如今就得看他们的了，这才是当世的英雄。那年，还是宋哲元时代呢，我从上海回北京，就听齐如山先生夸世芳演的《别姬》很像我，我就跟齐先生去了富连成。那时，他才这么高。"梅先生用手比着世芳的胸口说。

"收了他和世来几个学生后，我一直在南方，一晃好几年才在这儿见面。"梅先生又转脸对世芳说，"前次，你和黄金大戏院的孙经理一起来时，大概了解了前一段的情况，王大少（王少卿的官称）来这儿也说你肯钻、肯练，就想着你们准错不了。看了那几出戏，比我想的还好。不错，你们都是有心胸、肯下功夫的呀！"

梅夫人插言道："大爷看了《宇宙锋》回来夸你们，看了《霸王别姬》又夸，那股高兴劲儿呀，别提了！"

梅先生莞尔一笑，微微点了点头，又慢声细语地说道："看了你们的戏，我很是高兴，世芳这几年的功夫没白下。你拜了我这些年了，天南地北，也没得机会给你说说，但看来，你学得挺实授，基本功也还扎实。噢，《金山寺》还能扔几下出手，这点比老师强。掉枪嘛，也能理解，不掉枪太难了。不过，你还是应该多侧重于唱，多和少卿学学唱法、气口，这方面他很精通。你嗓子虽不够宽亮，但也还够用，要多吊嗓。请大少多指教，功到自然成。我很多戏的唱腔都是他和徐（兰元）大爷帮助我研究的。"世芳瞪着大大的眼睛，专心地听着，不时地点点头，听到老师的夸奖，不好意思地低头一笑。

"昆曲戏会些什么呀？"梅先生问。

"《惊梦》《闹学》《思凡》……"

"应该多学几出昆曲戏，它载歌载舞，身段、动作、眼神都有准地方，见功夫，还能借鉴过来丰富我们的表演。喝茶，喝吧，不然就要凉了。"

我们俩都端起了茶杯，轻轻地呷了一口。

"想起来了，'富贵穷通一刹那'一句的舞剑动作，世芳你用的是五梅花吧，我用的是四个角。"

"这是在科里学《霸王别姬》时，征求了张彩林先生的意见改的，一直就没动，以后还是改成四个角吧。"这里的改动，当初是我出的馊主意，听梅先生提出这个问题，生怕他对此有看法，或对世芳产生不够尊重老师的某些误解，我连忙接过话茬儿加以解释。

梅先生连连摇头摇手，微笑着对我说："不，不，五梅花改得挺别致，舞台中心加个动作，看着也比较丰满。为什么要把你们的否了，非照我的来呢？"他又转脸向世芳强调："你已经做得很好的东西，别按照我的改。学我，千万别死学。每个人都各有所长，学也要学人之长，避人之短嘛。"

一席话，梅先生说得诚恳，也很简练，我和世芳听后非常激动。哪能想到呢，艺术造诣如此之深、国内外颇负盛名、获博士称誉的梅先生，在看到后辈青年改动他首创的驰名中外的艺术精品时，他能抛弃所谓"我的艺术"之陈旧观念，而从追求艺术的纯正角度来衡量，热情地给予鼓励，这种虚怀若谷的品质和对艺术求真务实的态度，给了我极大的力量和勇气。二十世纪八十年代，我之所以敢于对《霸王别姬》一剧进行改动，丰富韩信布阵，提高刘邦地位，加强霸王、虞姬之间的情感表演，其动力正是源自梅先生当年这番真诚的鼓励。

"世海！"我正在感慨，梅先生一声招呼打断了我的思绪，"你演的赵高和霸王，我也很满意。赵高对赵艳容的装疯由不信到相信的层次清楚，和世芳配合得挺好。别小看它，这个角色并不好演，不容易出戏，可夺戏也不成，你和赵艳容这段【反二黄】配合得很好，分寸拿捏得到位。如果让赵高坐在那里听戏就沉闷了。霸王是跟谁学的呀？还真有点杨老板的味道呢。"

"主要是博采众长。我从小爱看戏，您的戏也看了不少，所以杨老板演的霸王在我的脑子里还多少留了点儿印象，还有张彩林先生的教授和听您与杨老板在长城公司录制的《霸王别姬》的唱片。全是抄学，不实授。"

"抄得不错嘛！也是有心劲儿的，怪不得常听人说郝先生极喜欢你这个高徒呢。回北平代我问他好！当年，演《西施》《孽海波澜》没少在一起合作。他的身体还是那么硬朗吧？"

"是的，老师虽退出舞台了，可练功一直没停，身板很硬朗。"

"你们老师会演戏，你也有你老师的艺术风格，将来有机会，我还能上舞台的话,《霸王别姬》呀,《宇宙锋》呀,我都要和你演的。"

最后,我和世芳一起在梅先生家吃了午饭才回金老公馆。自此,世芳有时间就去向梅先生登门求教。

一九八四年,在梅兰芳先生诞辰九十周年纪念会上,放映了反映梅先生舞台生活的一部纪录片,其中有梅先生在马思南路的家中教授世芳舞剑的镜头,我仿佛又看到了当年的旧景,万千感慨化成了巨浪,撞击着我,仿佛要将我推进银幕,与梅先生再次促膝长谈。

李世芳在梅宅练剑

登攀

DENGPAN

我在勾张飞的脸谱

陆拾贰 迎暑热 五科会演

北平三伏天似火的骄阳,威力真不小,简直将房间变成了闷罐。我想午睡,可是闷热的空气令人窒息。全身汗涔涔、黏卤卤的,还要听着那伏天儿无休止的聒噪,不堪忍受,只好起床吧。我用温水擦擦身,使劲儿地扑上满脖子的痱子粉,换件白纺绸中式圆领带袖的汗衫和咖啡色细格纺半长肥绸裤,顺手抄起那把芭蕉扇,边扇边走出街门。嗬,迎面一股热浪扑来,街上比家里还热,我稍一犹豫,还是向东边库堆胡同——盛藻哥家走去。

哈,在这灼热的行人稀少的街上,我一眼就看见前边不远处一家房檐下阴凉地里放着一副金鱼挑子,卖金鱼的人靠着墙边,拿着顶旧草帽无精打采地扇着。

我紧走几步,问道:"有蛤蟆骨朵(蝌蚪)吗?"

"有,有有,您要多少?"卖金鱼的人精神一下子就振作起来,迅速拿起一个用纱布做的小笊篱,在身边一个木盆里转了转。

"三十个吧。我先回家取碗来。"为了讲究点儿卫生,我没用他的碗和水。

经过凉水冲洗后，我又往装着蛤蟆骨朵的蓝花大碗里倒了满满一碗凉开水。看着黑黝黝的蛤蟆骨朵摆着小尾巴在清水中悠然往来，穿梭戏水，我似乎觉察到了一丝凉意，我一口气把它们和水一同吞咽入肚，心里顿时觉得清爽了一些。请别笑话，在那科学不发达、没有电冰箱、缺少各种冷饮的年月，喝蛤蟆骨朵被认为是又清凉又败火又解暑的良方，也算得上是我们老北京的一种"传统风味"吧。

我趁着这点儿凉快劲儿，赶紧抄起大芭蕉扇，再次出门往盛藻哥家走去。

盛藻哥家的小四合院同样难逃暑热。

盛藻哥、盛荫、盛昌兄三位只穿件夏布汗衫，无聊地坐在那儿扇扇子，就连一向用斯文的黑折扇的盛藻哥，也换了大芭蕉扇，忽嗒忽嗒扇个不停。

他们见我来了，都说来得正好，三缺一，正好来四圈。

盛荫扔下扇子，又铺桌布又拿牌。

盛暑中，谁还会听戏呢，个把月的时间，不能演出，闲待在家中，只有借打麻将牌消磨时间。

盛荫兄打出一张"发"字的牌，口里嘟囔着："发财！老天爷，这样闷热不下雨，我们不热死，也得饿死，还发财呢！"

可不是，不唱戏，多憋得慌，还不挣钱，花那点儿有数的存饷，谁不着急呢？

盛藻哥更是无精打采，哈欠连连，他懒洋洋地抓起一张牌，翻过来一看，不假思索就将这张"中"扔了出去。

"现在就属老三的膛里舒服。"盛荫又说。

"对。临来时，我一口气喝了三十条蛤蟆骨朵，凉劲儿尚存。"我打趣地边说边从头上捋下一把汗。

"什么呀，我说的是，你在上海一连气儿唱了八个月，挣足了钱才回家歇伏避暑。"

我咧嘴笑了笑，不好分辩什么。

盛昌兄抓过一张牌，看了看，又在手里掂了掂说："不是说啦，谁敢在这样热死牛的天气里演出，还能来个满堂，我就服谁。"牌随着话音打出。

我听了盛昌这句话，似有触动，便急急地思索起来：来一场什么样的演出才能压倒天气炎热对上座率的影响呢？这样百无聊赖地在家中坐着，太难熬日子了。

"我有办法来他两场，保不齐会好的。"没等打过两圈牌，我就已想出了眉目。

"愿闻其详。"盛荫顺口用了句戏词回答。

"咱们来个'喜''连''富''盛''世'五科学生大会演！准成！"我自信满满地说。

"演什么？"盛荫、盛昌，就连盛藻也把目光从牌上转向我。

"《群英会》《借东风》《华容道》，如果怕不保险，咱们从《激权激瑜》《临江会》演起。"

"老三说得有点儿意思。"盛藻哥笑着将他面前的十三张牌往桌上一扣。这个举动通常是表示暂停的意思。

"你接着说。"

"没什么啦，信我，咱们试着来两场；不信，咱们接着打牌。"

"你怎么会想到这儿呢？"

"我想起当年庆祝富连成社成立三十周年时，请侯大师兄回科班和咱们演《群英会》，不就是盛况空前嘛。现在咱们全出科多年，分散到各个班社，难得凑在一起，而老戏迷们哪，哪个不看咱们科班的戏呀！咱们凑齐人给他们演几场，尤其是'喜''连'字的大师哥们，有的已不常在台上露面，把他们请出来和咱们一起演，不怕观众不争着来忆当年哪！嘿，这叫难得一凑，过了这个村，没这个店。"

他们的心全动了。我们没再继续打牌，盛昌兄拿出他当管事的本事，拿出笔、纸和我们定人。最后决定：请雷喜福大师兄饰《激权激瑜》中的诸葛亮，茹富兰饰周瑜，孙盛文饰孙权。盛藻哥从《群英会》开始接，侯喜瑞、茹富惠、叶盛兰几位师兄分饰黄盖、蒋干、周瑜。《华容道》中的关羽由谁演呢？争论了好一阵，盛藻哥才听从我的建议，扮演关羽。这是他第一次饰演关羽。此后，盛藻哥经常在《群英会》中一赶三角儿（即鲁肃、诸葛亮、关羽）。

几天后，三庆园上演两场"喜""连""富""盛""世"五科学生大会演，戏迷们不顾炎热，纷纷来到剧场，使我这献策人格外兴奋。

师兄弟又相聚在后台了。恍如当年，胜似当年。如今，都不是孩童了，均已娶妻生子，成家立业，而且许多人在京剧界已负盛名，再一起同台合作，亲切之余别有一番感慨。师兄弟们三五成群地问好、谈天、说笑，回忆坐科时的趣事，笑声遍布整个后台。

我见到了侯喜瑞大师兄，向他问候。他拍着我的肩头，热情地说："贤弟，不得了，当初师傅就夸你是块料，这几年闯练得更见起色啦。架子花这行得瞧你们的喽！想学点儿什么只管说，师哥抓工夫给你说几出。"侯大师哥对我十分热情，遗憾的是这个机会始终未能得到，但我追着看了他的很多戏，《坐寨》《战宛城》《马踏青苗》……不计其数。他功架漂亮，出场的马趟子干净利落，使我深深佩服，受益匪浅。

尽管后台气氛空前热烈，但是三伏天演戏的确辛苦，前后台通风差，又无冷风设备，前台坐满了人，观众们忍耐着闷热、憋气的滋味，扇子不停地扇。最受罪的当属演员，脸上涂着一层一层的彩粉，身上穿着一层一层的戏衣，就是坐着不动，服装也会被汗水浸湿。我演曹操，脸谱是用水白粉勾画的，哪禁得住汗水冲流呢？我必须随时用笔补画水粉。虽然苦了点儿，但看到热情的观众，苦中也透着甜，人人精神饱满，在舞台上各显其能。

不料，戏演至《蒋干盗书》一折，舞台上顶灯、面灯出了故障，演出不得不在昏暗中进行。《蒋干盗书》结束了，"长锤"的锣鼓点儿锵锵响起，我放下再次弥补脸上汗印的水笔去候场。四对龙套一一走上舞台，巧极了，我即将迈步上场的刹那间，唰地眼前一片光明，修复后的顶灯、面灯通明透亮伴我走上舞台。场内气氛更热烈了。真是舞台上灯光灼热，观众们看戏心情炽热，演员们表演情绪火热。

这两场演出是值得纪念的。谁能想到，富连成各科学生再次大合作演出竟跨越了四十多年的时间。一九八五年二月初，叶龙章大哥提议举办富连成科班成立八十周年纪念演出。在中国剧协、中国文联的支持下，演出了《群·借·烧·华》，可惜的是演员中"喜""连""富"字科的师兄都已去世，"盛"字科师兄存者寥寥，难登舞台，高盛麟师兄患半身不遂，只能拄杖谢幕。竟由以"世"字为首的我和高世寿师弟带领"元""韵"科的隔辈叔侄们参演祝贺。皓首再忆儿时事，格外思念叶春善师傅、萧长华先生、孙盛文师兄及所有教授过我们的先生、师兄，格外思念离去的师兄、师弟……

陆拾叁 济南归 恩师探病

五科同台演出两场后不久,我和世芳到天津去演出。

这是世芳首次在天津亮相。承芳社在天津的十八场演出,场场火爆,观众对世芳极为推崇。

在天津,我们结识了一位名票近云馆主,可说是天津票友界研究梅派的专家。他经常演出《廉锦枫》乃至《霸王别姬》等戏。

他看过《宇宙锋》后,请我和世芳吃夜宵。他赞过世芳后,又表示对我的表演很感兴趣。他说我饰演的赵高能随着装疯的赵艳容的表演来配合着做戏,能托戏而又不搅戏。他特别关切地询问梅先生在上海亲去戏院看我们演出后给予怎样的评价。当他听世芳介绍梅先生对我们的表演予以肯定之后,十分感动。他说:"我见你们无论是对《宇宙锋》还是《霸王别姬》都有所改动,虽说也很好,但还是有点儿顾虑:梅先生看过你们的演出后,会不会有不同的看法呢?你这个'小梅兰芳'没有完全按老师的脚印走哇!如此说来,他不愧是梅先生,他就是在陈德霖、王瑶卿各位先师的基础上创出来的梅派嘛！"

此后，近云馆主时常和世芳在一起切磋学习梅派的心得。

这期间，在北平，遇仙住进妇婴医院又生一子，孩子没出满月便不幸夭亡。我恐母亲为此不悦，将她接至天津。我的姨母早年迁居天津，老姐妹俩在异地重逢，欣喜不已。每日听戏之余，同坐在天津中国大戏院附近的三益公鲜果庄叙离别之情，惬意自在。看着母亲日见丰润的面庞，眉舒目展，心情悠闲，我甚感欣慰。

济南北洋戏院的经理张保全闻讯赶至天津约承芳社去济南演出。我们在天津演完，直奔济南。母亲回了北平。遇仙的哥哥志秋有意回北平接上爱人同往济南。志秋去年初与尚小云先生的大女儿尚秀琴完婚，生了一个女孩。我趁他去接秀琴的机会，请他顺便将坐完月子的遇仙一同接来，散散连失二子的郁闷心情。

当年梅兰芳先生曾到济南演出，观众基础极好，"小梅兰芳"来演出的消息立刻轰动泉城。我们刚到济南，十天的戏票就已卖光。济南天气炎热，剧场内观众非但满坑满谷，就连楼上包厢后面都有人扒着包厢沿儿、两脚悬空地看戏，真乃不辞劳苦。记得有段相声，称这情景叫"挂票"，倒很恰如其分。好在这个戏院的坐椅都是藤椅，观众们尚可觉得舒适一些。

演出盛况非同一般，我们自然成了"神仙"。

我们受到了在济南开办卷烟公司的武啸庵和银号界、商界诸位朋友（也是京剧爱好者们）的款待，特别是银号界，大都是山西人，亲不亲，故乡人，对山西老乡世芳格外热情，三日一小宴，五日一大宴，演出之余，我们忙得不亦乐乎。

世芳演完戏很累，加之生活上自律甚严，往往找个借口提前告退。我不善饮酒，见此阵势也常悄悄退场。志秋经验不足，又喜热闹，常常被灌得酩酊大醉。

误会发生了。秀琴抱着将近一岁的大娟哭哭啼啼地来找我们告状,指责志秋时常喝得醉醺醺的,深夜方归。我和遇仙又说又劝,她破涕为笑。

为了进一步使他们夫妇和好,我们约他们一起,在京剧爱好者们的陪同下,畅游了济南府。

我们首先去了泉城最大的名泉——趵突泉,泉水平地喷涌,十分壮观。然后又到碧波荡漾的大名湖摇荡双桨,上岸后,在沧浪亭上合影留念。遇仙非常喜欢她的小侄女大娟,单独抱着她照相。

遇仙看见了转伞,她孩子似的跑过去,将转伞上垂下来的绳套套在腿上,紧跑几步,她双脚离地,伞转起,她的身子也随转伞飘飘而转,转呀转呀,她欢快的笑声像那喷涌的泉水一样泠泠作响。忽然,她大意地把双腿放下来,碰着了地上的沙土,随着哎呀一声,转伞停了,我们跑过去一看,她的丝袜划破,腿也擦破,流血了。她连连安慰我们说:"没事,没事!"笑在脸上,美在心里。

晋德会随时代的前进衰落、消失。大观园出现了,它类似天桥,各类小吃、穿的、用的都卖。里面还有大观园戏院,我们几次在这里观看孟丽君演出的《对金瓶》《花木兰》等。她的嗓子不太冲,武功极好。演《花木兰》一剧,花木兰不织布,而是外出打雁,给母亲补养身体。装扮是穿短裤、打裹腿,宗"小杨月楼"(京剧花旦杨慧侬)一派。

听完戏,我们就坐在露天地上吃烤肉。其味鲜美可口,百吃不厌。

在这里,我们也看到有几处用破席棚搭起的土台子,前后台只用一块破布隔开。他们演唱山东土戏,口音关系,听不大懂。但看服装之破旧,围观者之少,甚是艰难,不知他们如何能维持生活?!如果这就是解放后的山东吕剧,真可谓天壤之别了。

从济南回到北平的第二天下午,程砚秋先生派管事陈信琴先生来我家了。

我非常高兴——他给我带来了好消息:程先生下周去天津演出,约我同去，希望我能与程先生合演《红拂传》。二话没说，我就应了下来。陈信琴给我留下了《红拂传》的剧本。

《红拂传》是四大名旦的"四红"剧目之一（还有梅派的《红线盗盒》、尚派的《红绡》即《昆仑剑侠传》、荀派的《红娘》），也是程派独有的代表剧目。我曾与宗程的章遏云大姐、新艳秋演过此剧，饰演剧中风尘三侠之一的虬髯公，深知这一角色在剧中举足轻重，特别是郝、侯二位塑造的虬髯公这一大侠形象非常丰满，令我倾倒。我决定明天即去郝老师家请教，这场戏的演出要令程先生满意。

晚上，我在灯下将本子通看了一遍，背好我的戏词，我感到四肢酸痛，头昏昏沉沉。

第二天早晨起来，头更晕了。一直到中午我都没有起床，母亲和遇仙特意为我做了碗馄饨，想让我吃过发点儿汗。

"你不要到郝老师家去了，发发汗，明天好了再去吧。"遇仙已是第二次对我说了。

"不行，下周去天津，时间挺紧，今天去跟老师说说这事，早点儿回来，你给我熬点红糖姜水，晚上发点儿汗。没事儿，又不发烧，只是感冒初起。"

遇仙无奈地点点头："要不你找大夫看看吃剂中药。"

"没事！"我说。

两点半，我坐车去郝老师家。

听说程先生约我，郝老师很高兴。

"好哇！玉霜（程先生的号）为人正直，做人规规矩矩，是咱们戏班里屈指可数的忠正人。搭他的班尽可放心，公事（指给合作演员们的报酬待遇）极公道，从不欺负人。也甭担心座卖得如何，即便卖座不好，他宁可自己吃亏，也不给大家伙儿'打厘'（打折扣）。"

不单是这次，以往只要谈到程先生，老师都是赞不绝口。

"嘿，他吃这碗戏饭可是不易！苦哇！小时候写给荣蝶仙，立字据，拜师，学了很多刀马旦的戏，武功底子扎实。刚起班时，王瑶卿出面捧他。他十八岁那年搭上庆奎的庆兴社时，我们同过台，演过八本《雁门关》，那时候他的名字还用'艳丽'的'艳'呢，什么戏都唱。《马上缘》《穆柯寨》《虹霓关》，这都是荣蝶仙的戏呀，就是《刺巴杰》《巴骆和》中的九奶奶也唱。现在，一提起程派，以为他就演《锁麟囊》《荒山泪》和《碧玉簪》几出戏。我老认这个理，别看他现在是大青衣，若是没有那些年很好的刀马旦、花旦的底子，他不可能自成一派。后来，他奋发自强，又得罗瘿公先生鼎力相助，找准了自己的特点。嗓子不是发闷吗？却有一种幽咽婉转、跌宕起伏的特点。脑后音的运用更是得心应手，从唱《贺后骂殿》开始，嘿嘿，他创出一个程派。我对他台上、台下都有好感，别看我长他十几岁，我们俩倒是有点忘年交的缘分。"这是实在话，从我拜师后，在与郝老师二十多年的师徒相处中，深感郝老师和程先生交谊深厚，他们互相信任，志同道合。

提到程先生约我去天津演出《红拂传》，郝老师更是兴致勃勃，滔滔不绝。

"这出戏提起来话长了，那是民国……十……十年前后吧，罗瘿公给他写了《红拂传》的本子，我看他台上演戏认真，台下没有梨园行的旧习气，待人挺诚恳，对他有好感，曾让他到家来看我保存的一幅《风尘三侠》的画。三侠就是红拂女、李靖、虬髯公，让他借着画上的形象琢磨行头的样式。畹华的《天女散花》《黛玉葬花》的新式扮相，不都是从画上仿下来的嘛！虬髯公穿蓝素褶子，头上戴蓝风帽，还有揉红脸，打两道黑烟子的重眉毛，戴紫色的虬髯，也都是从这张画上脱出来的。可好，没等这出戏排好，朱琴心、马连良的和胜社非约我加入，所以砚秋首演《红拂传》是喜瑞饰虬髯公，听说也挺成功。直到民国二十几年，砚秋大红了，自己挑班，才特约我来演。"

"对，我还记得，那是在中和园，我们科班排大队去广和楼演出，看见前门大街挂着程先生特约您合演《红拂传》的两块红纸金字的戏牌，第二天就打出客满的牌子。我们照方抓一剂，溜出来看了这场戏。可惜那时只看着好，好在哪里还不太懂。"

"当然啦，那时要懂就不用再找我学啦！"老师说罢，哈哈大笑。

我坐在茶几旁的椅子上浑身发冷，头痛得厉害。郝老师似乎有所察觉。

"你脸色不太好哇，是不是不舒服？"

"没有，没什么。"我用手搓了几下前额，挺挺胸说。

"你总在外边连轴转，回家歇息的时间少。切记，要注意饮食起居。干我们这一行，要紧的是身子骨结实、气力足。"老师叮嘱我几句，又接着刚才的话茬儿讲下去。

"我演的虬髯公和别人演的不太一样。像最后《饯行》一场，一般都唱【散板】，我唱【导板·原板】转【快板】，全用铜锤腔。我是想，观众看了我的表演之后，再听段解渴的唱才会觉得过瘾，同时这段唱还能把戏托起来，压住阵脚，红拂女再舞剑，就会将戏一步步推向高潮，在高潮中结束。不过，切记，演这个人物要把握住分寸，虬髯公虽说也是闯荡江湖的，但要有大侠风度，不可演得像大盗或山大王。今儿个你精神不太好，早些回家休息，明天来，我再从头给你说，顺便把脸谱也给你画下来。"

黄昏，我拖着灌了铅似的沉重的双腿，顶着昏昏沉沉的头回到家中，一头倒在床上，身上觉得特别的冷。按节令这时刚刚进入初秋，我破例盖上两床棉被，仍是出奇的冷。我蜷曲成一团，不住地打寒战。遇仙给我端来家中惯用的治感冒的偏方——红糖姜水。

"趁热快喝！喝完盖上棉被发发汗就好了！"母亲在旁急急地催促。

我顾不得烫嘴，顾不得辣味冲鼻，大口大口地喝了下去。心中的冰块到底消融了，胸腔内却又似被点燃熊熊烈火，灼热的火苗纷纷从我的口、鼻内喷射而出，我又干又渴又燥又热，任凭怎样地喝水，彻夜未见半点儿汗丝。

第二天清晨，请来一位姓边的大夫看了，吃了他的药，烧不见退，三天来，我都是在高热中度过。

母亲见这样烧下去不行，就到离我家很近的麻线胡同请来一位名叫李景泉的大夫。他给我号脉后说："您的内热太盛，如果不用大剂量的生石膏、紫血，是不易退烧的。"

母亲连忙将先前那位边大夫开的药方拿来。

李大夫看后摇头说："剂量太小，尤其是大凉之药剂量小，压不下去您的内热，所以吃了不退烧。"

母亲在旁听了，连连称是。她将我儿时的一段往事向李大夫讲了。

那是在我父亲病重之际，才一岁多的我，忽然高烧不退，几乎抽风。家中经济已很困难，无力给我治病，母亲焦急无奈，将我放在地上，据说借地上的凉气可以退烧。有位好心的邻居见状劝母亲抱我去椿树二条，请曾给孙中山先生看过病的国医陆仲安大夫医治。并说，陆大夫怜惜贫苦人，家境寒苦的可以少收或不收门墨钱（即号脉钱）。母亲无计可施，真的抱我去找陆大夫，受到优待。陆大夫号脉后，说："这小孩内热太盛啦！我用大凉跟他对一对，压得住，就能好！您甭发愁，会享福的，这孩子虎头虎脑的，将来是个有出息的！"又嘱咐一天之内将两煎药都喂了。如果第二天天亮，头上有汗，说明还有救，再抱来看看。如果仍然干烧无汗，就不用再来看了。母亲到药店去抓药，店员见此方不敢给抓，说一岁多的孩子，用这么大剂量的凉药，受得了吗？谁给开的？他又一看说："哟，是陆仲安，国医呀，没错，我甭瞎担心了。"母亲按照陆大夫的话精心地给我喂药，夜间，抱我在地上走遛，一小匙一小匙地将二煎药喂下。天快亮了，母亲疲倦地抱着我坐着睡了，怀中的我也安稳地睡了。天大亮，母亲猛然醒来，急忙摸我的额头，有了潮溽溽的微汗。母亲清楚地记得抓药的师傅讲，这服药中有一两的生石膏和几钱紫血，剂量之大，是一般小孩承受不了的。于是，母亲推测说，怀我时，她天天为父亲的病着急，我是胎里就有毒热。因此对李大夫的说法非常信服。

李大夫听了母亲的介绍，笑着说："巧了，我就是陆大夫的学生，以前就在陆大夫手下开方子。"名医们都是口念方子，由学生代写。

母亲也高兴地说："看看，不知道哇，早知道，早请您去了，您多受累吧！"

李大夫开过方子走了。

我吃过头煎药就躺下睡了。

我昏昏入睡，蒙眬间，好像从远方传来轻微的呼唤："世海——"似梦非梦，我本能地想寻找是谁叫我，极力想睁开双眼，眼，困涩无力。我还是看见了，我的面前，不，像在很远的地方，有一位头戴小帽、身穿长袍的人在向我笑，是谁？好像……好像……好像是母亲请人按照父亲早年相片画的那张一尺多大的画像，熟悉的面孔，慈祥可亲。再努力睁眼细看看吧，咦，他的嘴在动，像是一张一合地在对我说着什么。是谁？我终于睁开了双眼，刹那间，周身的血液顿时沸腾起来。

"世海，怎么样？好些了吗？"郝老师轻声问。

"好点儿了。您，怎么把您也给惊动来啦！"我赶紧用手撑床要坐起来。

"别动，躺着！"我被两只温暖有力的手按着躺在床上。那手又轻轻地贴在我的前额上。

"这是怎么话儿说的，头还是挺烫的！唉，我等了几天，不见你来，我不放心，这些年了，你从没有说来不来的时候哇！打了电话，才知你高烧不退，我挺不放心，索性来看看你，反而踏实。"

"这点儿小病，过两天就好了，劳您大老远地跑一趟，真……"

"快甭这么说！"郝老师左手高举过头顶，连连摆手。

望着老师严肃而和蔼的面庞，真挚、诚恳的目光，我火辣辣的周身清爽多了，四肢的酸疼也随之缓解。

"你病得不轻，需要多休息几天，天津的演出不要去了，给玉霜去送个信儿。"

"我让哥哥给程四爷打电话说了我的情况,他也嘱咐我好好休息,下次,一定再来约我。"

"成啦!踏踏实实地把身体养好。干咱们这一行,尤其是架子花,没有好身体,没有足够的气力绝对不行。病好了,也得想想,怎么得的这么重的一场病。"

"嗐,在济南,有好多银号都是山西人开的,世芳不也是山西人吗?同乡相见,全力捧他,三日一小宴,五日一大宴,宴会多,我们又爱吃那里的烤肉,想是食重了,又受了点儿风寒,所以,从济南回来就病了,上您那儿去时又着了点儿凉,于是更重了。世芳也病了,和我一样,高烧不退。"

"年轻人哪,总是不能节制自己,看来你是食重、火盛、外感风寒。老人们常说,清食养气,人少得病,不无道理,你可得把这吃饭的根本看护好了。请哪位大夫看的?"

"先请了一位边大夫,他的药量小,我内热太盛不退烧。早上又请了一位李大夫。且看吧。"

"病不是一天得的,不会刚吃了药就好,少安毋躁,安心养病,过几天就好了,我来得挺匆忙,也不知你想吃点儿什么,顺便带来些点心,随便尝尝吧。"

遇仙端来下午该吃的汤药,放在床头。

老师看我吃过药,重又躺下,盖好被子。

"睡一会儿吧,出点儿汗,好得会更快的。"老师站起身走出南屋,又在母亲的陪同下到各屋看了看,风趣地对母亲说,"可好,他学我,连同房子的样式也学了去。"

虽然老师为照顾我休息,探访的时间并不长,但是,老师寄留在我心里的关怀、爱护和诚意却是永远的。

郝老师走后,我安安稳稳地又睡了,睡得很香。再度被唤醒时,母亲、遇仙、岳母任老太,还有一个不认识的中年人站在我的床前。

"姑爷，快醒醒，我给你请来一位瞧香的，包治包好，可灵呢！"岳母说。

我一听"瞧香"两字，给大姐看病的巫婆形象就闪现出来，一种无名的反感涌上心头，碍于岳母的面子不好说什么。

"我看您面赤，嗜睡，属热症，实症，给您放点儿血，马上就退热……"

放血？血是人体中最宝贵的，为什么要放出来！"我不放。"我不耐烦而又很果断地说完，用被子将头蒙上，再不理会。

"瑞麟，瑞麟！"母亲叫了我两声，往下拉被子，我紧抓着不放。母亲知道我一旦主意已定，九头牛也拉不回，只好说，"不看就不看，没别的，烧不退你多受点儿罪，亲家太太甭理他。走，到我那屋去，我老爱头痛，给我治治。"

一觉醒来，屋内已点上灯，又停电了。

遇仙给我端来面片汤，我随吃随出汗，几天了没什么汗，这一出汗顿时觉得好受多了。饭后靠着床背坐了一会儿，灯光下见遇仙面色苍白，精神倦怠，心想这几天我发烧，她很辛苦，就说："今晚上我好多了，这几天你也没睡好，晚上早些睡吧！你的脸色不好。"

"我没什么，刚才那个瞧香的给妈放了一碗血，说治头痛。他又说我脸色不好，将来有可能得痨病，我让他给治一治，他给我也放了血。"

"放血？放多少血？"

"大蓝花碗一碗。"

"唉，你太糊涂，怎能信这些！"

"我怕得痨病，我爸爸和妹妹都是得痨病去世的。"

"那也不该放。忘啦，你生完孩子还不满一百天啊！"我真有些发急，汗出得更多了。

我的病好了，她的身体却每况愈下了。

陆拾肆 颂程派 菊傲寒秋

我喜爱程派艺术。可以说，我已经是位程迷了。

我因生病，没去天津，《红拂传》没能演成，很是遗憾。但是很快，十月底，机会来了，我首次与程先生在北平新新大戏院同台演出。

剧目是《宝莲灯》带《打堂》，我饰秦灿。这个角色不好演，秦灿《打堂》是全剧的最后一场。刘彦昌、王桂英夫妇二堂定计放走了沉香。刘彦昌绑着儿子秋儿来到公堂，让秋儿替沉香抵罪，秦灿为替儿子报仇，打死秋儿。当时没有谢幕的习惯，主演的戏演完有些观众就起座离开了，所以，《打堂》如果不够味道，将会使全剧虎头蛇尾，造成观众提前退场的局面。为此，我专门到老师家去加工提高，决心使出浑身解数，吸引观众善始善终。

这天我早早化好装，在一旁酝酿情绪，放子一结束，我便到上场门候场。见程先生走进下场门后，跟包人递过来皮斗篷给程先生披上。程先生本应回化装室卸装，然而他竟站在那儿未动，向跟包人伸手要过湿毛巾，沾了沾脸上的汗，转身便撩开下场门台帘，半露身体，侧立于旁，这一切都被站在上场门候场的我看得一清二楚，程先生是要看我的戏，也是特别示意前台观众，帮我压住阵脚。

深秋夜，后台没有取暖设备，当然不暖和。程先生对后辈青年关心、提携的诚意，旋即使几米见方的小天地春云舒卷，春意盎然。

精神的力量是无穷的。这场戏我演得特别投入，无论是秦灿满怀仇恨、愤怒的"急急风"上场后的蹉步，还是念中体现老来亡子的悲痛而带的哭音，以及见到刘彦昌时分外眼红、怒扔堂桌等，只要是体现郝老师艺术风格、艺术特点的地方，都受到观众的追捧，从台下不断响起的掌声和无人提前退场的效果来看，观众们还是满意的。

戏结束了，我走进下场门，程先生仍站在那里。他轻轻地拍了两下手说："好，好！你跟老师学得真挺地道！"

程先生说对了，郝老师把这场戏的表演说得细致极了，出场的台步走法、念白的语气，及至扔桌子时一下子将桌子正好翻个个儿，使桌面落在台面上的巧劲儿在哪里，都给我交代清楚了。老师教我教得地道！我心里暗暗感谢老师。

"《红拂传》，咱们一定要演。你抓工夫找老师学学吧。你老师演的虬髯公豪爽有侠气，就按那样演！辛苦，辛苦！快卸装去吧。"

"辛苦！您辛苦！您辛苦！"程先生向在后台遇到的各位演员、检场人一一道着辛苦，走进他的化装室。

我们互相都留下了好印象。

紧接着十一月初，我随程先生到上海黄金大戏院演出。

我们还排演了《女儿心》（即《赠剑联姻》，又称《百花赠剑》）。俞振飞先生饰海俊，芙蓉草饰丫鬟，我饰巴拉铁图，程先生饰演百花公主。《赠剑联姻》要用花旦表演，在点将时需要扎大靠，这本是刀马旦的应工戏，难怪有些对程先生不太了解的演员和观众们暗中议论，怕程先生演这出戏不对工,为他担心。演《百花公主点将》一场时,看到百花公主犹如水上漂浮的圆场,几掏雉尾翎遮掩娇羞,顾盼之间百媚俱生的神态,大家才顿悟程先生不单擅长唱青衣、演悲剧,而且还博学广识、多才多艺。程派的艺术基础广博而深厚,绝不是靠几出戏而成就的。

当然,这一期中,演出场次最多的还是脍炙人口的《锁麟囊》,还有《春闺梦》《碧玉簪》《青霜剑》《朱痕记》等。值得一提的是《荒山泪》,这出戏写的是明朝末年,崇祯帝昏庸,苛政似虎,民不聊生,啼饥号寒,高良敏一家人被苛捐杂税所逼,死于非命的一段故事。当时中国深受日本军国主义铁蹄蹂躏,政府横征暴敛,苛捐杂税多如牛毛,通货膨胀,百姓受尽了坑害。因此,这出戏引发观众强烈的共鸣,极有进步意义。特别是在大演特演《大劈棺》《纺棉花》等庸俗低级剧目的上海租界地,更显得是秋菊傲霜,正气浩然。

每演《荒山泪》,前边都要演一出《群英会·借东风》,逢我演《回书》一场,正在化装的程先生准会停下来到侧幕边观看;我下场时,他总是对我微笑点头,或高兴地评论评论,给予鼓励。

我呢,做了程先生的忠实观众。除去和程先生有几出合作戏外,大都是我在前边唱单折戏或与老生唱压轴戏,没戏的时候,必看、必学程先生的表演。真的,别看我这个粗莽的架子花脸,却对低回婉转、如珠走盘的程派唱腔十分喜爱,利用这些同台合作的机会,着实学会了一些程派唱段。二十世纪六十年代初期的一次春节联欢会上,斗胆学唱了程派《汾河湾》中的一段【西皮原板】唱段。

万万想不到的是,八十年代初期,我整理《李逵探母》一剧,在李逵背母逃至荒山为母寻水回来,发现母亲已被猛虎吞吃,有一段【西皮散板】,其中,"指望接娘富贵享,又谁知中途遭祸殃,我哭、哭一声高堂母",过去花脸唱垛句只十个字而已,我唱这个长垛句一气呵成,借鉴了程先生在《朱痕记》中"(赵锦堂跪席棚泪流满)面,遵一声二差官你细听我言,可怜我……"的垛字唱法。这样的演唱能充分体现李逵此时心如刀绞又悔恨万分的心情。

回顾几十年来艺海行舟，与前辈名家的合作演出，受他们的关怀提携，每每都是行舟所凭借的东风，这股强劲的风力促使我加快了前进的速度。

在上海演出时，一天午饭之后，志秋和娄振奎到老公馆来找我聊天。

闲谈中，振奎说："今儿我看报上登了一条消息，有三家大赌台子，绿宝，还有……忘了名儿啦，都限一周关张。都说赌台子可阔呢，你们去过吗？"

"没有。"别看我爱玩麻将，对赌台子没什么兴趣。

"听说大赌场里不光能赌，而且什么都有！中餐西餐随便吃，铁筒装的'三炮台'任意抽。"志秋撇着嘴说得津津有味。三炮台牌香烟是当时最高级的香烟。

"是吗？真有那么高级？"我好奇地问。

"我也没去过，真假难辨，都是听说。"志秋说着撇撇嘴拱拱鼻。他和世忠有相似的毛病，怪了，他只要一化装，贴上旦角的片子，这习惯就无影无踪了。

"那种地方，好人不敢去，也不应该去！假设咱们去开开眼，不去赌呢？"道理明白，好奇心挺强，使我说出这样自相矛盾的话。

"别去。听说一进去，就由不得自己了。我看不去为上策。"志秋劝阻我。

"去看看嘛，我们谁都不准带钱，赌什么？"

"不带钱？噢，不买票就能放你进赌台子，吃、抽不要钱哪？"

"咱们就带十元钱，成不？"

"还是别去吧！"遇仙在一旁也插话了。

已经想定的事，我一定会去做的。这是我的优点，也是我的缺点。

我到底和志秋、振奎一起去了赌台子。

拐进赌场这条街，立即使我有一种异样的感觉，举目皆是白色的招牌，上面写着大小不同的黑黑的"押"字，高挂在一家家店铺门前。这一带几乎全是小押店，甭问，这是为在赌场赌输了的人开的，你可将一些随身物品，无论值钱或不太值钱的拿到小押店抵押换钱，再去接着赌。

进了赌场，里面的确装饰得十分豪华，令我叹为观止。我们三人楼上楼下来回转，有麻将桌、扑克桌、牌九桌，可以随便玩。桌上摆着三炮台的烟，可惜我们三人都不抽烟。许多地方都摆着考究的烟床，一些人躺在上面抽大烟。转着转着，来到了一个赌台子，四周围着很多人，我们好奇地挤了进去。只见一位浓妆艳抹的女郎坐在桌后，手里拿着一个漂亮的色子盒。桌子挺宽大，桌面中间以红线为界，一边写着一一二，一一三……另一边写着五五六四四三……两边都放了许多筹码。

女郎起劲儿地摇着色子匣，停下后，拉长声音说："开——了。"把盒放在桌子上，打开，又拉长声音念："要——你——死。"这是什么意思？要你死！我拉拉身旁的志秋，问："听懂了吗？"志秋摇摇头。我又问一位不认识的人，他用手指向我比画一、二、四，又指指色子。我伸头一看，明白了，她是报色子点数是一二四，上海口音听上去像"要你死"。只见女郎把大点数那边的筹码搂到桌里，再将小点数那边的每一个筹码付两个筹码。

"请问这叫什么？"我回头又问那位。

"赌大小。"他说。

又看了一阵，我们全明白了，三个色子点数超过九为大，九以下为小，摇出的色子点数大，押大的就赢；摇出的色子点数小，押小的就赢。

玩的人很多，输赢全靠运气。跃跃欲试的心理在作祟了，我悄悄和志秋商量，就换一元钱的一个筹码，就玩一次碰碰运气如何。他和振奎何尝没有玩一次的想法呢？他俩完全同意。我去换来一个筹码，不知押在哪儿更好，就趁人们都在往上押的时候，我大声问："请问，押在哪儿赢钱最多？"

还真有热心人，七嘴八舌地指着桌子一角说压"豹子"。"什么叫豹子?"我问。

"三个色子点数一样就叫豹子。赢了得一万七千元!"

我顺着他们手指的方向看，桌子里角写着一豹子、二豹子……直到六豹子。好，就押豹子，站在这里看了多时，还没见有人押。我顺势将筹码往里一扔，落在三豹子格内。就它了，我又不想赌，只不过是来寻个开心，碰碰运气!

女郎还在等，等有更多的人来押。

志秋、振奎都说我白扔钱，劝我拿回来押大小，我没听。

大家等得不耐烦，再三催促，女郎开摇了，摇，摇，停了，开盒，"三搭三——"

啊，三个三，三豹子! 有这么巧的事吗?

站在周围的人们岂止是议论纷纷，完全是炸了锅!

立即有人在赌台子上烧纸，驱除晦气。

有两个人从里面走出来，很礼貌地请我和他们去领了一万七千元，又极热情地问我要不要吃饭，要不要抽大烟。我晕晕乎乎的，不敢相信地收起这些钱，谢了他们，志秋对我小声说："快走，快走!"我说："我们要回去了。"他们又叫来一辆祥生出租汽车，两位女郎把我搀上车，送我们回老公馆。

半路，我让汽车开至新新公司，我买了许多珍贵的前辈的唱片。这是我久想得到、梦寐以求的，只因为太贵所以没舍得买，这一下可如愿以偿了。我又给遇仙、母亲、哥姐们买了一些衣料，使劲儿地花，花去一千五百元。

不费吹灰之力，刹那间就赢了那么多钱，不流一滴汗水，就拿回了那么多钱。

来得太容易啦! 自认为多年来坚定的心，被"易得"两字诱惑得动摇了。我跃跃欲试，已经无法自制了。

这一天的欢天喜地,换来了第二天再去一次的决心。

早晨,我数出一千元,不顾遇仙婉言劝阻,又去了赌场。

第三天,我带了五千元又去了。

天天我都去押豹子,到了第七天,赌场该关张了,我呢?一万七千元全部输掉,还赔进去找孙兰亭预支的两个月包银和遇仙的一副首饰。这时我才醒悟,这就是裹着蜜糖的毒药——赌。《普球山》中有这样一句戏词:"久赌无胜家。"这次的教训是惨痛的,也是值得我深思的。古谚说"从善如登,从恶如崩",萧先生讲的"洁身自爱"是丝毫不能放松的。

陆拾伍　展雄风　盖老出山

我和遇仙正在吃早点，孙兰亭来了。我一边给他让座，一边猜测着准又有事，不然戏院会见，何必一大早到这儿找我？盛藻师兄的戏已演至中期，戏院正在筹划下期邀角儿之事。看来母亲盼我们回北平过年的希望有可能要落空了。

孙兰亭开门见山地说："盖五爷已经答应在黄金演一个月，他提出要挽留你和叶（盛章）老板。"

奇怪，盖先生要挽留我？急性子的我没等孙兰亭把话说完就插话道："盖五爷的艺术、为人，我佩服！"我伸出大拇指，接着说："留我是看得起我，可是，我这个架子花脸和擅长短打的盖老板有多少戏可演呢？"

"你听我说呀！盛章和盖五爷是武丑对武生，正对工，留得合适。留你，我也觉得奇怪，当然要问清楚，知道你没什么戏唱准辞谢。你猜盖五爷怎么说？"

"怎么说？"

"他说，看你的刀枪架很好，不仅舞台上下很像乃师郝老板，而且是坐科出身，有一定的武功基础。盖五爷的腿自摔伤以来，很长时间没演出，这次演出一期又赶上过年，所以这三十六天的剧目必须丰富，不仅想和你演些'八大拿'的武戏，还想演演《连环套》《落马湖》，还特别想要唱唱《赵家楼》，这些剧目都是他在上海很久未演过的。他摔伤腿后，也有意侧重些文戏。嘿，盖五爷反倒问我，不留你，留谁？"

"八大拿"是京剧清代英雄戏中以黄天霸为主角的八出武打戏，指《河间府》（《拿侯七》）、《独虎营》（《拿罗四虎》）、《黑海坞》（《拿郎如豹》）、《东昌府》（《拿郝士洪》）、《殷家堡》（《拿殷洪》）、《霸王庄》（《拿黄龙基》）、《淮安府》（《拿蔡天化》）、《八蜡庙》（《拿费德功》）。另外，《赵家楼》是《济公传》中的一折。

这个胖胖的孙兰亭，性格爽朗，最大的特点是善于琢磨每个演员的心思。几年的接触，我的脾气爱好早被他摸透了。这一席话虽出自盖老板之口，也说明孙兰亭会办事。他的话的确是触动了我，我既感谢盖五爷对我的器重，又想到"八大拿"的武打各有特色，与其他剧目开打路数不同，盖五爷饰黄天霸更不是一般的路数。我演《淮安府》里的蔡天化、《落马湖》里的李佩都使双锏，演《独虎营》里的罗四虎还要和盖五爷饰演的黄天霸对刀，可以说是出出不同，套套有别，这是多好的学习机会呀，岂能放过？二话没说，我满口应承。

几天后，新雅楼宴前，盖老和我一见面就双手抱拳微笑地说："老弟，多谢慨然应允！"盖老身着长袍，外罩马褂，翻露雪白袖口，头戴一顶美式礼帽，摘去帽子，头上留着平头短发，胡子刮得干干净净，五十开外的人了，看上去神清气爽。

对于这位久负盛名的江南第一武生，我早就听说过他生活、艺术上的许多可敬之事。

刚出科，我搭尚小云先生的班社时，常去华乐园和云溪一起练功。云溪的父亲张德俊先生在给云溪看功的同时，往往也拿把顶，打打把子，活动活动筋骨。休息时，我很爱和张德俊先生聊天，曾问起他是如何获得"江南第二武生"之美誉的。张先生介绍说，当年，上海流行"十十《铁公鸡》"或"八八《四杰村》"等，即十位或八位武生同演剧中一个角色，不重要的场子，由一人演，重点场子（或片段）十位武生轮流演一遍。这样，各位武生都要使出浑身解数，力争使自己的表演花样翻新、技艺超群。实际上，这就暗含着武生荟萃、现场比高低之意。

有一次，江南武生们就这样聚集起来"比武"。在《铁公鸡》一剧中，张嘉祥给向荣备马赴铁金翅的宴会时，舞台上平放两张桌子代替马圈（约两米宽），每位"张嘉祥"必须翻跟头越两张桌子进后台将马牵出（平时舞台上也这么演，称之为翻马圈，只是摆一张桌子还是两张桌子由主演自定），参比的武生们有的翻出场，有的翻虎跳漫子，各显其能。张德俊先生翻虎跳前扑，动作敏捷、轻巧，尤其落地的刹那踹腿越桌的难度较大，被评为"江南第二武生"。盖叫天先生竟以一个飞脚越过马圈，摘取桂冠。若论飞脚，在平地做是很简单的，不论男女演员，也不分生、旦、净、丑各行，都应掌握这个基本功。打飞脚越过一张桌子并不算太难，张德俊先生说这个动作他也可以完成。然而想练成过两张桌子，就不是一般人能做到的了。因为，达到提腰、拧腿，在空中转体一周的高度要近乎一人高，才能在落地时越过两张桌子之宽，这种范儿太难找。因此，众武生心悦诚服地推举盖五爷为"江南第一武生"。张先生还介绍，盖五爷的另一绝活儿是在《安天会》中饰演孙悟空时，可以右脚金鸡独立，左脚套转乾坤圈，双手抱弹琵琶曲《夜深沉》。

后来，我与少春合作，少春的父亲李桂春先生很佩服盖五爷，时常夸赞盖老豪侠仗义，好打抱不平。李桂春先生曾讲，早年，上海有张小报登了篇有辱一位演员名声的文章，引起公愤，年仅二十多岁的盖老疾恶如仇，拔刀相助，召集了当时上海伶界联合会百余人的敢死队，盖老将演《武松打店》中用的两把匕首往腿带上一插，带头把报馆围了。报馆害怕了，做出让步，出资买了五十封香同意惩罚写文章的记者到伶界联合会去跪香谢罪，这是梨园中常用的一种惩罚手段。记者点起一炷香敬在祖师爷像前，自己在旁罚跪，一炷香燃完才许起来。正义得到伸张，大快人心。盖老的侠义之名就此传开了。

关于盖老苦练的故事更是耳闻甚多。他每日午夜练功，从不间断。为了练好鞭，打伤了牙齿；为观察雄鹰的动作，他买了只鹰系在庭柱上，自己与它厮打，甚至将自己吊起来体会其中的滋味，创出雄鹰展翅的动作……这类事情不胜枚举。

最使我钦佩的是盖老不屈不挠、永不放弃的精神。盖老四十多岁时，在共舞台演唱全本《武松》。共舞台擅演连台本戏，注重机关布景，所以在《狮子楼》一折中真的架起木景狮子楼，改变了原来用一张桌子代替的表现手法。这次演西门庆的是文武老生陈鹤峰。他给盖老提议：我是文的为主，只能从狮子楼上蹦下去，五叔，您最好翻下去。盖老一听言之有理，准备台漫翻下。不料，在翻下来时折断了小腿骨，这已是很不幸了，哪承想，接骨不正，静养许久未见恢复，这对以武功见长的盖五爷，无疑是沉重的打击！最后找到一位外国的骨科医生检查，谁知外国医生摇头叹息：无法再治，除非折断重接！盖五爷为了深爱的艺术，为了重登舞台，承受住打击，承受住痛苦，咬牙自己将腿骨再次折断……

这些年我来上海演出，盖五爷始终在疗养腿疾。去年夏天，上海伶界联合会发起募捐义演，恰好周信芳先生在卡尔登戏院演出中间休息，就由周先生牵头定剧目。因闻盖老腿疾恢复，想请盖五爷出台合演全本《大名府》，连演《英雄义》，否则，天气炎热，戏若不硬影响上座。于是，周先生、林树森先生、上海伶界联合会梁一鸣会长、孙兰亭、天蟾舞台经理顾乃赓同行，我巧遇他们，也好奇地同往盖五爷家。

盖五爷的家不算太大，却极有特色，院中有个小花园是盖五爷练功的地方。一走进房间如同进了古玩店，多宝橱里琳琅满目的大瓶瓶小罐罐，古香古色，令我目不暇接，然而，我还是一眼就看见了晾在椅子上的靠。

大家齐声向盖老致以热情的问候。盖老兴奋地说，腿已恢复。周先生讲明约请盖老参加义演的来意，盖老满口应承："这是善事，应该参加，可是信芳你得捧捧我，将卢俊义演到底，不然《大名府》演完，观众要是起堂（提前离开剧场），我不栽了吗？哈哈……"大家全笑了。

周先生笑着说："好！您肯出山，我就借机会跟您学学枪架子！"

这两位名震大江南北的名家诚意合作，又是那样谦虚，我非常感动。事情商定，大家的话题转入闲谈。我无意中摸了摸那件靠，潮乎乎的，立时心头一热，侧首再看门外窗台上放着的那双比舞台上穿的还要厚的厚底靴，我仿佛看到在那幽静的小花园中，盖老咬牙丢开拐杖，学练行走，汗水湿透衣衫；盖老身披大靠，足蹬厚底靴在练功，一个矫健的鹞子翻身，汗水四散抡出……是对艺术的痴迷，是坚韧不拔的毅力，使盖老重登舞台。

一年后的现在，盖老终于可以演出营业戏了。

正月初一，我们头场打炮《恶虎村》。

盖派艺术以武戏文打取胜，静如处子，动如脱兔，不是单纯追求冲、猛，矫健敏捷的每一招每一式，都随着锣鼓点儿交代得清清楚楚，手到、眼到、神到，有一种独特的韵律感，在站如松坐如钟的神态里透着稳重、从容和磅礴的气势，真可谓动中融静、张中带弛、抑中展扬、虚实结合。一举一动，一个亮相，都耐人寻味。

《霸王庄》《独虎营》《殷家堡》《落马湖》《赵家楼》等戏全都上演了，演出场次最多、最受欢迎的是《三岔口》和《武松》，报上登出"连夜狂满""夜夜狂满"的消息。真可谓"英名盖世三岔口，杰作惊天十字坡"，名不虚传。

我几次到盖老家说双锏对单刀、单刀对朴刀的开打，得以学习了盖老的神领情至亮相的造型美，特别是对打的步伐。比如，二人交手时一磕后的过河，要求磕后即撤右步、向左侧身单刀花过河。这样，即便双方都扎大靠，也会避免以往互相碰撞的现象，看着清楚、干净、利落。

盖老曾感慨地对我说，他养腿伤时，常常想，万一腿不能恢复怎么办？就琢磨了几个角色：孙膑、李铁拐，很想侧重文戏。可是演了《落马湖》以后，体会到这出戏里的黄天霸不能与《恶虎村》等一些武戏里的黄天霸相比。《连环套》只能以后再演，表示抱歉。并提议我们可以演一出好戏——《镖打窦尔墩》，这是一出多年没人演的戏。他演黄三太，我演年轻的窦尔墩。盖老说我在上海演《连环套》很红，如果再演年轻的窦尔墩，将窦尔墩和黄三太怎样比武结仇的事情交代清楚，观众会更欢迎的。戏里有一套单刀对双钩，他满喜欢的，答应抽时间给我说说。

由于演出繁忙，盖老一直没能抽出空儿来给我说戏。想来他老人家必有绝活儿，无缘受教，真是件憾事。

陆拾陆 相"对捧" 人和事兴

小时候，我听过这样一个传说：乾隆皇帝有一天下朝回到后宫，忽听窗外云中传来一阵哗啦哗啦的声音，像是铁甲上的铁片窸窣作响，乾隆闻之，仰首发问："何人在此保驾？"空中传来"二弟云长"的回答。乾隆爷欣喜万分，急忙问："三弟安在？""镇守辽阳。"于是，乾隆爷立即降旨：火速调辽阳县令进京朝见。哪里想到辽阳县令一见圣旨以为大祸临头，吓得魂飞魄散，当即悬梁自尽。

民间曾盛传乾隆是刘备转世，桃园三结义只有一世之谊，不能再有二世。因此自清以来，更加尊崇关羽，称之为关圣、关帝。

回顾京剧二百年来的发展历史，关公戏占有一定的位置。据闻最早扮演关公的是四大徽班中春台班的汉调生角米喜子（米应先）老前辈。代代沿袭相传，塑造出京剧舞台上万寿亭侯威武肃穆、令人敬畏的艺术形象，并逐渐将饰演关公的专门角色称为红生。花脸兼工演关羽称为红净，只有两出戏，一出是《临江会》,另一出是《单刀会》。为了体现对关老爷的尊重,梨园中对扮演关羽的演员设立了许多规约,如扮演关公之前须洗澡净身,甚至夫妇分居。传至我这辈人,规约已简化,科班条件又有限,即便如此,我饰演《临江会》中的关羽时,仍是化装后要封嘴(用笔在嘴上画X),再不许随意言笑。勒头前,从祖师爷供桌上取张关老爷的石印像,称之为老爷码,叠好顶在盔头里。演毕,摘下盔头,在祖师爷像前烧上一炷香,磕头之后将老爷码焚化。而且严禁旦角在后台动朱笔,因为这是关公专用。

此时,京剧界已有"八大老爷"的称谓,并根据每位不同的艺术特点赠以美誉,我只根据我的所见所闻,略谈自己的一点看法。这"八大老爷"是:

"真老爷"——京剧须生(老生)创始鼻祖程长庚老前辈,人称"程大老板"。传闻程老板演关公不用勾脸,酒后凝神运气脸即红润。演出的剧目有《战长沙》《汉津口》《华容道》等。

"活老爷"——三麻子老先生,本名王鸿寿。据闻,他不仅丰富了红生剧目(改编了《走麦城》《古城会》等多出剧目),而且改进了关公的舞台形象,创制了前有杏黄绒球、后缀"寿"字披风(后兜),两耳垂白飘带和黄丝穗的绿夫子巾,代替了原来的包巾,又改揉红脸为勾重红色的脸。将过去木板刀头画一条龙的黑杆青龙刀,改成金杆金刀头镂空塑龙的新式青龙刀。并在舞台上创出关公特有的亮相、马趟子、刀趟子的表演,为今天京剧舞台上的关公形象定了型。

这两位"关老爷"我都没有赶上。

"八旗老爷"——夏月润先生。他主要在上海演关公戏,曾在演关羽时改穿大靠,扎上八面靠旗,故有此称。记得我在科时,他在北平第一舞台演出,我没有看过,只见过剧照。耳闻他曾在上海伶界联合会任会长,有很高威望。

"泥塑老爷"——程永龙先生。对于程先生我是久闻大名,富连成科班里陈富瑞、韩盛秀师兄演《九江口》是他亲授的。我曾在天津与他合演过一场《古城会》。程永龙先生身材较胖，台帘一打，他扮演的关公膀阔腰圆，使用的青龙偃月刀刀头、刀杆、刀钻的长度相等，从台下望去，气魄惊人。他勾关公的卧蚕眉、凤眼，笔道格外细。夜读《春秋》的姿势，是一手持书，一手捋髯，宛如关帝庙的关圣塑像，所以被称为"泥塑老爷"。我饰张飞在古城下与关羽见面，提枪向关羽刺去，关羽突然换念京白："三弟，你就不念咱们结拜之情了吗？"京白是有较强节奏感、四声吐字、以北京方言为准的一种念白，身份卑微的人或太监大都念京白，有时为了插科打诨也可在某一句中改说京白。关将军在舞台上威风凛凛，神态庄重，怎么忽然念起京白呢？台下哗然，我几乎愣住。后来才知程先生有念京白的癖好。

"海老爷"——周信芳先生。周先生曾跟我讲，他给老三麻子王鸿寿先生在《走麦城》里配演关平、廖化，看会一些东西，又曾受老三麻子指点，深得其神韵，眼神最到位。若论饰演关羽神韵之佳，我以为，在我所见过的"关老爷"中非周先生莫属。由于周先生是海派老牌，遂冠以"海"字。

"武老爷"——李洪春先生。他是最常在北平演出的"关老爷"。

我刚刚出科时，搭尚先生的重庆社，债务压身，生活困难。住我对门的华乐园经理万子和先生，推荐我到李洪春先生那里演出，每周一次。演出这天，我早八点来到大栅栏的一个鼻烟壶铺，等李先生之徒宋遇春老兄给我说说剧本，往往是《三国演义》中的一个情节，照着念一下，简单说说场子，我便回家吃午饭，十二点赶至华乐园扮戏。好在《三国演义》在科班早已熟读，略知一二，抓紧时间自己编编词，或借用书上的原词稍加改动，演来还不算吃力。在这将近一年的时间里，我们从关羽斩熊虎、桃园三结义，直演到关公走麦城，一段段连续演出。我经常扮演剧中的曹操、董卓、张飞等角色，受益匪浅。李洪爷（大家对他的尊称）拜王鸿寿先生为师，对红生戏苦心钻研，甚有建树，在北方颇负盛名，因其着力表现关老爷的勇武，故称"武老爷"。

"小老爷"——李万春。李兄成名甚早，被称为"童伶奇才"，演关羽时很年轻,个子又小,深受观众喜爱,有"小老爷"之称。

"文老爷"——林树森先生。曾用艺名小益芳,也曾与老三麻子同台,得其亲传。林先生演关羽,亮相时没有太强的节奏感和明显的停顿,像关公出场时的戳刀亮相等全是稳稳一搁,点到为止。威严中不失儒雅,获"文老爷"之称。

我曾在上海多次观看林先生的演出,没机会与他同台,我和周先生演了几期都是小三麻子(李吉来)饰关羽。

这次马先生在上海演出,特约林先生参加,我的感受更深一层。

这年,上海黄金大戏院、天蟾舞台已由新成立的大来公司统一管理。公司董事长是顾乾麟先生,也是上海怡和公司的经理,是位京剧爱好者,票戏多年,善演红生,曾向小三麻子学演红生戏。顾先生身材魁伟,嗓音高亮,技艺宗林树森先生,极有关帝风采。他和梅、尚、程、荀四大名旦,马连良、周信芳、盖叫天诸位名家皆为好友,所以才任大来公司董事长。

此次马连良先生在天蟾舞台演出,顾先生提议约请林树森先生、于连泉师兄——筱翠花老板参加,组成较强阵容,稳操胜券。马先生很是赞同。

顾先生在家设宴款待我们。他的家是很讲究的,我尤其对墙壁上画的大大小小的麒麟感兴趣,想是与他的名字"乾麟"相照应。

席间,顾先生建议请马先生头天打炮演《群英会·借东风》带《华容道》。

马先生喝了一口酒,微笑着点头:"有林三哥助演,我是求之不得。"在座的诸位鼓掌欢迎。林树森先生曾在喜连成科班搭班学艺,同出叶师傅名下。因为林先生长马先生四岁,所以他以兄相称。

林先生坐在那里只是微笑,未开口明确表态。看上去,他好像在思考什么。我觉得有些不解,暗想,马先生的《借东风》红遍大江南北,逢贴必满，若接演《华容道》，对保持剧情的完整性，对壮大林三爷的声势，都大有裨益，为什么他反而不满口应承，慎在那儿沉默不语呢？

识相的孙兰亭马上接着说："马老板谦虚合作，诸位也赞同董事长的提议，已鼓掌欢迎，可是也得听听林三爷的高见哪！"

大家一下子安静下来。林三爷顺手拿起搭在腿上的餐巾布擦了擦嘴和手，微微一笑，说："打炮戏《群·借·华》，显然是马老弟和在座诸位在捧我，我谢谢了！"说着他两手抱拳先向马先生又转圈向大家致谢。

"但是，恐怕我是有负众望了，兄弟我实在是不敢唱这场戏。"林三爷的这番话出乎大家意料，大家一时不知该说什么。还是孙兰亭从容发问："林三爷何出此言，说说其中缘故，我们倒长长见识。"

"明摆着，咱们马老弟的《借东风》红遍大江南北，久演不衰，尤其借风的【二黄】更是脍炙人口，蹬三轮的都会唱'望江北……'"

马先生摆着手站起来打断林三爷的话："林三哥，您要是再捧我，我这酒就不能喝了，给我捧晕了呀！"

"老弟，别着急，我说的是实话，还有下情回禀。"林三爷也站起来，让马先生坐下。

"这么热的一场戏，请诸位想想，我若接了《华容道》，观众听完《借东风》起堂，给我剩了半堂人，怎么办？"

"您太多虑了，还有世海的曹操呢！"马先生指着我说。

"世海弟的曹操没话说，老弟，你马连良毕竟是马连良啊！"

这番话很有道理，我心服口服。林三爷知己知彼虑事周全，营业戏总不比义务戏，《华容道》是不好演，又不是只演一两场。这出《借东风》是马先生所有剧目中上演率最高的，在黄金大戏院曾经一个月连演十七场。

大家的情绪有些冷，就连一向振振有词的孙兰亭也似乎要没词儿了。他想了一会儿，叹了口气说："不知林老板还有什么高见？"

林三爷口里嚼着菜，慢条斯理地说道："其实，这个事儿，照我看也好解决。"

"嘿！我说三爷，您竹筒倒豆，一气儿都说出来好不？多憋得慌呀！"

"请马老弟辛苦辛苦，咱们前带《讨令》，后加《交令》，托我一把，再有世海的曹操，还能起堂？"

对呀！大家又一齐把目光转到马先生身上，他能答应吗？

《讨令》是借东风后，赵云将诸葛亮接回。丁奉、徐盛见诸葛亮已走，不追着下场，而是留在场上报知周瑜。紧接着诸葛亮发兵派将，唯独不派关羽。关羽讨令，遂派他到华容道挡曹。戏并不重，但马先生演完《借东风》下场后要脱去道袍道盔，换穿八卦衣换戴八卦巾，必须在很短的时间（丁、徐向周瑜报告的几分钟）内赶场完毕，一口气不得歇息。

马先生能同意吗？

马先生略显难色，说："《讨令》《交令》只是当年和信芳五哥合作时演过，许多年没动，恐怕太生了……"

林三爷笑容可掬、语气肯定地抢过马先生的话说："别推啦，捧捧我，来，咱俩干了这杯！"

"好！我把这两场背背，咱们一言为定！我也有个要求，三哥，您也得捧捧我。"马三爷略一沉吟，说着，端起酒杯。

"你尽管说，需要我的地方没有二话！"

"痛快！《四进士》您来毛朋，《甘露寺》您来刘备，怎么样？"

"没的说！照你的话办！"林先生刚要碰杯，马先生把杯闪开，说："别忙，别忙，还有一件事。三哥，您就演一个关羽，观众把眼睛都盼直了，我看一事不烦二主，顾先生您听我这个想法如何？兰亭，在座诸位，咱们请三哥前孔明、后关羽，我前鲁肃、后孔明，大家看怎么样？"

"好哇！"顾先生拍手叫好。

"圆圆满满！"

大家异口同声赞好，我、孙兰亭还有其他几位还高兴得鼓起掌来。真是一台好戏呀!

林三爷哈哈大笑说:"瞧,我这一个招出仨来,这是一打仨呀!好!"

两只酒杯当啷相碰,马先生与林先生各自将杯中酒一饮而尽。

"行啦!二位三爷双对捧,观众大饱眼福!"孙兰亭甯提多兴奋了,在座诸位也深为这期演出有良好开端而高兴。

演出正如大家所料,从头至尾精彩纷呈。追忆起来,回味无穷。

所谓对捧很好解释,你捧我,我捧你。用今天的话说,团结合作,愉快演出。林三爷连《十老安刘》《盗宗卷》中的二路老生陈平也破例饰演了。林先生演的关羽很有特色,而且他的嗓子又高又亮,底气十足。这次演出,他得以施展才华,壮大了声势。马先生得到更强的舞台群体效果,满台生辉。这是他从艺以来一直追求的。而且,我们大家共同赢得了两个月的大满堂。真是人和事兴!

写到这里,我想,如果当初马先生认为,我演《借东风》赢得这么多满堂,何须加《华容道》?!凭我,天蟾舞台也能满!或许就没有这次的盛况了。恰恰相反,马先生不是这样,因此也就会有后来马、谭、张、裘四人多年的合作。

我进而深思,在这京剧振兴迫在眉睫的时候,多么需要这样的合作精神啊!

还应一谈的是顾乾麟先生。这位经商犹怀报国心的企业家,秉承父亲叔苹公"得诸社会,还诸社会"的遗训,一九三九年,设立大中学生叔苹奖学金。每学期公开招考并资助家境贫寒、品学兼优的学生,设立了图

顾乾麟先生饰演的关公剧照

书馆，聘请医生为得奖学生免费医疗，成绩优秀者还可获得宿膳费。并设立大学奖学金，资助优秀大学生出国深造。一九四一年，太平洋战争爆发，日寇占领上海租界，他的怡和公司资产被接管，顾先生的资产被查封。顾先生和夫人刘世明女士靠抵押家产、变卖首饰，坚持设立叔苹奖学金，直到一九四九年，共办二十期，一千一百多名学生获得奖学金。一九四九年后，他们中许多人成为干部、大学校长、教授、总工程师、总经理等国家栋梁之材。

一九四五年抗战胜利后，上海街头出现大批流离失所的难童，儿童教育家吴祖望先生在漕河泾建立了一所难童收容所。由于资金匮乏，房屋破旧潮湿，顾先生出面邀请梅先生、周先生、俞振飞先生等前往参观，并倡议演一台义务戏，筹款建校。在大光明戏院，梅先生演了《奇双会》，顾先生和夫人合演《斩黄袍》。

一九八五年我赴香港演出与顾乾麟先生合影。左起：我、顾乾麟、袁小海

一九四九年，他全家迁至香港。三十多年后，一九八四年我去香港演出，老友相见，备感亲切，畅叙别情。一九八五年二次赴港，顾先生看了我们父子合演的《古城会》，见小海饰演关羽很高兴，又见他身量较高，与自己相近，慨然将保存多年的珍贵的关羽戏衣、青龙刀、关旗、大幕、桌椅帔等道具赠予小海，鼓励他为关公戏增光，希望京剧永放光芒。挚友情深，谢语均在不言中，我们父子当不负顾兄一片苦心。值得向他祝贺的是，自一九八六年起，顾兄又开始在大陆继续设立叔苹奖学金二十一期。他立好遗嘱，将一部分资产作为奖学基金，希望叔苹奖学金一代一代设立下去。顾兄

赤诚的爱国之心，为祖国、为社会所做贡献，令人敬佩。他已被列入《中国历代名人录》和《世界名人录》。愿顾兄名留青史。

一九四三年农历九月二十四日是梅兰芳先生的寿日，几天前我就到飞达咖啡馆定好一盒生日蛋糕，准备届时去马思南路给梅先生祝贺生日。

这天早晨，我尚在睡意蒙眬中，就听外边有人喊："袁老板，电话！"我一下子清醒过来，拿过表一看，将将九点，是不是遇仙生了？我赶快披上睡衣就去接电话。金老公馆的楼下有电话，我通常住二楼。果然，是志秋兄打来的，他告诉我今儿早晨遇仙生了一个女孩，一切顺利，母女平安。我放下电话，默默祝愿大人、孩子无恙。岳母曾讲，遇仙前生二子夭亡，生第三胎如果换胎才好活，而且生时最好离开北平，所以遇仙临产前没有回到北平，我们一直住在金老公馆，恰好，结识了医院的两位护士，她们常来找遇仙聊天，逐渐结为好友。记得，我爱吃萝卜，在冬季常让遇仙买些天津青萝卜切丝，用花椒、盐腌了，吃时洒些麻油、醋，那是又爽口又败火又清音。她们见了说："袁夫人，您可真会调剂饭菜呀！萝卜营养价值高，有大量维他命。"那时，听这些话十分生疏新鲜。甭管她们如何讲，萝卜赛人参，我至今仍喜欢在冬季吃腌萝卜丝，几乎成了冬日不可少的菜肴。

二位护士朋友早早就跟我约定：遇仙到她们医院去生产。我当然愿意，于是我们订了君子协定。

几个月来，我演出任务较重，马先生在天蟾演出时，黄金大戏院杨宝森、李玉茹、高盛麟和我的演出还未结束，所以我经常在天蟾、黄金两戏院赶包。幸好志秋也在上海演出，遇仙去医院，就拜托舅兄照顾。

我应该去医院呢，还是去梅家呢？

回到房间，一边洗漱，一边考虑，主意不定。世芳推门而进。

"嘿，你来得正好，你大嫂在医院生了。"

"大嫂生啦，男孩？女孩？"

"女孩。"

"换胎好,这回准平平安安。宝莲也快生了,也不知会怎样……"

"她也会平平安安,你不用担心。哎,你说我应该去医院,还是去梅家?帮我拿个主意。"

世芳想了一想说:"大哥,前两天我去老师家,老师说,世道这么乱,不能演出,生活上吃紧,心情也不舒畅,不想过生日。师娘也说不准备办生日,只是借老师生日的机会,让老师高兴高兴罢了。依我说,我替您把生日蛋糕送去,把礼带到,说明情况,您的心意也算尽了,老师不会挑礼的。您应该去医院看大嫂,也替我向大嫂问个好!"

于是,我和世芳同去飞达,世芳将蛋糕带去梅家。我又特地买了一盒栗子蛋糕,去医院看望遇仙。

经向医生了解,遇仙生产顺利,孩子也白白胖胖的,一切都很好。遇仙却有些不太高兴。

"是不是哪儿不舒服?"我问。她摇摇头。

"不放心孩子?我看孩子人家护理得挺好的。"

"两个男孩子都没留下,现在换女孩了。"

我这才明白,她之所以不太高兴,是因为生了女孩。

"换胎好,谁都说换胎准能立住。这叫先开花,后结籽,日子长着呢,这有什么不好?你瞎想什么?我买了栗子蛋糕,吃一块吗?"

遇仙摇了摇头。此时护士刚好进来给她送来一碗鸡蛋羹,我看着她吃了。护士转过身来对我说:"大人孩子都平安,得了个胖千金,可得请我们吃喜酒!"

"一定,一定,到时候由你们点,愿意到哪儿吃就去哪儿。"

"给千金起个什么名字呀?"

"还没来得及想呢。你二位有文化,帮着起个名字吧。"

"好,我们也想想。刚才我都跟他们说好了,给千金种牛痘时,种在大腿上,不种在胳膊上,不然,长大穿旗袍,胳膊上露个大疤不好看。"

"谢谢。想得真周到！遇仙和孩子，就拜托你们照顾啦！"

"您放心吧！护士、大夫，我们都托付到了。"

后来，孩子的牛痘真的种在腿上。她们还给孩子起名叫中英。以后几个孩子随此名往下排。我们给她起了个小名叫小蓉。

陆拾柒 叹郝师 遭灾百日

桃花盛开了，绚丽多姿，娇艳动人。

我和遇仙带着女儿小蓉回到北平。近一年的上海演出，又往往是黄金、天蟾两处赶包，钱挣得不少。遇仙平安生了小蓉，在遇仙的精心喂养下，七个多月的小蓉长得白白胖胖。这两大收获足以使我们心满意足。

回到家中，就像我们预想的那样，母亲抱着小蓉爱不释手，全家人沉浸在欢乐之中。

第二天下午，家里来了一位陌生人，我不认识他，可是从打一见面，他就自来熟，像是我的老相识似的。

"袁老板，您可回来啦！我一直打听着，说您在上海呢。"他站在院里向迎过去的我热情地招呼着，接着就站在院里东张西望，口里连连念叨着，"合适！合适！再合适不过了！这件好事非给您不可！"

"您找我什么事呢？"我被他搞得莫名其妙。

"您东隔壁的油盐店，已迁到您西隔壁的米粮店。东隔壁的房空下来了。我想，您是财旺人旺，您这几间房未必能住得开！您把隔壁的几间房买过来和这个院连起来是再合适不过了。"

"油盐店的那三间房太破，没法子住呀！"

"袁老板，您怎么还不明白呀？那三间房虽然破旧，可是卖价也便宜呀！您要的是地皮，凭您，还没能力盖起几间可心的新房和这院连通？不是又划算又合适嘛！"

原来，他是拉房纤的。那时住房可以随便买卖，专有一些人，给买房人找卖主，给卖房人找买主，靠从中获利生活。这些人我本不太信任，但他的话却提醒了我。

随着生活的改善、人口的增多，我已经觉得这所宅子太小、太挤了。三间南房我和遇仙住，两间北房母亲和哥哥住，东屋是厨房，西屋住保姆，一旦哥哥结亲，无处可住。几次和母亲谈及此事，母亲表露出"人熟是一宝"，乡里乡亲多年相处甚好，不愿意搬出这条街。如果买下东邻房，按照自己的意愿盖几间新房，倒真是两全其美。

送走拉房纤的，和母亲一商量，母亲拍手称好："你生在这条街上，我孀居守寡在这里吃了多少年的苦。你立住了，房子修了，如今再套过东边房，重新翻盖，你可是增光耀祖了啊！"

在母亲的催促下，第二天一早，我就去李铁拐斜街木场子，请来建筑公司的经理看地皮。他说这块地方可以盖三间北房，半间过道（开街门的门道），还能贴西墙连建一间浴室卫生间。他愿包工包料全权负责。

没想到三言两语，事情搞定。母亲高兴地说："老人们常说，人要走运，心里想什么就有什么！咱们现在就是这样！"

满怀喜悦和思念的心情，去往奋章大院看望郝老师。在上海演出时间长，很久没见面了，猜测着老师的身体定是康健如常，很想把演出的心得向老师讲讲。我没坐人力车，而是悠然自得地信步前往，一路上东瞧瞧西看看，仿佛对阔别许久的北平城颇感新鲜。信步走至前门大街，到月盛斋买了些酱羊肉，到聚庆斋买了些油糕，还没拐进鲜鱼口，风沙突起，黄土扑面，大煞光景。我加快脚步，几乎是一溜小跑，来至奋章大院郝老师家高高的门楼前。按下门铃，等了一会儿，没人给我开门。老师午睡未起？我看看表三点半整，不会没起床。老师出去了？师娘和师嫂呢，也出去了？不会的！我连续地按了几下门铃，将耳朵贴在门上仔细聆听院子里有没有动静。成啦！我听到有人咳嗽的声音。我又按了两下门铃。

门开了，只开了个门缝，刚好露出一张黑黑瘦瘦的脸，脸上皱纹密布，望上去够五十来岁了。他瞪着不大的眼睛，上下打量了我一阵，很不耐烦地说："什么事呀？"问我有什么事？他是谁，这么眼生。再细看，哟，他头上戴着顶黑帽子，是个警察！老师家怎么会有巡警来开门？我预感到情况有些不妙！还是不招惹这些人为好。

"这是我老师的家，我去上海演出刚回来，特来看望老师的。"

"你趁早回去吧，他们家出事啦，亲朋好友一概不许见！"说着他就要将门关上。

我用胳膊顶住，急忙问："出了什么事？"

"不该你知道的，甭问！"

老师家出事了！这一惊非同小可。

"麻烦您啦！我叫袁世海，郝老师是我的师傅，我来看他。请问他家出了什么事？"

"噢，你是袁世海呀！我说没见你唱嘛，敢情去上海啦。"老警察脸色好看一些了，他继续说，"他家出什么事，我也不清楚。我就管把门，不许他们出去，不许外人进来。你呀，你还是走吧！"

我怎么也得见见老师才能走哇，既然他的口气有所缓和，我还得据理力争。

"求您帮帮忙，把我老师请出来，让我们爷儿俩说句话，我马上走，成不成？"

"那哪儿成啊，万一上边知道了，我吃不了兜着走！"

"您放心，这儿没人来，也不会有人知道，我既不带口信，也不传书信，只是见个面，您就站在这儿听着，我绝没别的意思。"

他没回答可以，也没明确拒绝，看来有门儿！我赶忙从衣袋中掏出五元钱，递给他，说："小意思，您多帮忙，求您了！"

他接过钱去，"好吧！要快点儿！你等着。"门关上了。

一会儿，门打开半扇，我见郝老师站在过道上，一眼看去暗自吃惊。拜师几年了，我从未见过老师这副模样。愁云密布的面容、紧蹙的眉峰，尤其是蓬蓬长发和久未整理的胡须，使老师苍老了许多，这就是仅几个月没见的郝老师。我的心惶惶不安，下意识地迈进门槛叫道："老师！"我不知该说什么好。

老师的脸上闪过旋即消失的一丝笑容。

"你从上海回来啦？"

"嗯，您这是……是谁？捅了什么娄子啦？怎么会这样？"这是我迫切想知道的。

"你师哥的事，一句话也说不清楚。"郝老师习惯性地高举右手摇了几摇。"反正我知道，你师哥他没做坏事，我更没做违反法律的事！"说着，老师目光中充满鄙夷的神情，狠狠地瞟了一下站在旁边的警察。

"你回去吧，老师心里很坦然，他们不限制我吃，也不限制我喝，就是不许我出去，没什么了不起，你甭担心！主会保佑我的！"

"什么时候他们撤出去？"

"没日子。"

"我给您买了点儿酱羊肉和点心，您留下吃吧！"我不知安慰几句什么话好，想起买的东西。

"这可得检查检查！"警察插言。

"不劳你们费神，我不需要。世海，带回去，快走吧！"老师又举起右手向我摆了摆。

老师宁折不弯的性格，我是极清楚的。我把东西带走了，也带走了满心的愤愤不平和无能为力的遗憾。

从这天开始，每隔一周左右，我就去郝老师家向警察询问情况，都是快快而回。六月下旬的一天，警察讲要撤走了。于是我接二连三去打听，总算盼来了这一天。

这天清晨，我起了个大早，直奔郝老师家。老师十分憔悴，我心里很难过。郝老师自嘲地说："我演了一辈子的李七（《审李七》中的李七），观众捧我是'活李七'，唉，老了老了，我才成实实在在的真李七啦！"李七是被关在死囚牢的江洋大盗，模样可想而知，郝老师平白遭陷害被警察围困百日，在这期间，没剃过头，没刮过脸，面貌也可想而知了。

我陪老师到鲜鱼口兴华园澡堂剃头、洗澡。回到家中，师娘包好饺子，老师满怀诚意地留我吃饭。

饺子端上桌。郝老师低首祈祷后，拿起筷子，让我趁热快吃。

"春天时你来看我，没想到家里会这样吧？"

"太意外了！到底为什么呢？"

"嗐，你师哥做了点儿好事，抗日。他们当你师哥是共产党，三月二十一日的夜里，我睡得正香，院里连喊带叫的把我惊醒了，就看见从房上跳下好多人来，我以为是土匪打家劫舍呢，真吓坏了。后来见他们追问你师哥去哪儿啦，这才看清他们穿着黑警服，都是些警察，抓你师哥来了。你师哥跑了好几天了，我才把心踏实下来。他们就把我家给看起来了。你来看我的时候，我正着急不知你师哥跑到哪儿去了。前些日子德元从重庆来了信，他找张伯苓教授去了，我才放了心。算到今天警察撤走，整整一百天。唉，百日之灾！这真是闭门家中坐，祸从天上来！做好事，抗日，也抗得家宅不安，什么世道！"郝老师刚说的时候还有意识地压低嗓音，越说声越大，最后狠狠地把筷子拍到桌上，一出心中怒气。

老师怒气不息我能理解，只能多加宽慰："事情都过去了，师哥有了着落，您应该高兴，多保重身体吧！"

此事直到后来我才知道，德元师兄在辅仁大学任教，参加了华北文化教育协会地下抗日组织，任总干事，负责输送文教口的优秀爱国师生逃出沦陷区去大后方，这才招致这场百日之灾。德元师兄逃走后，经介首等地到开封、西安，才辗转到重庆沙坪坝，找到南开大学校长张伯苓教授，留在当地教书，抗日战争胜利后才返回北平。

"对，事情总算过去了。这世道没地方讲理去，不谈啦，不谈啦！说说你吧，上海的演出怎样啊？"

"不错，主要是与马先生、周先生在一起，有时黄金、天蟾赶包，累是累些，收获不小。"

"噢，说说。"

"观众对咱们架子花脸这行真捧，喜欢看做、念，一旦再脆脆亮亮唱几句就更欢迎，像演《连环套》，全是按您的唱法，台下准'开花'（指掌声）。周先生和我唱这出戏，他说我学得地道，说跟我演这出戏觉得费力气。《连环套》到底是咱们的正工戏。您说，《法门寺》里的刘瑾，唱，就几句，可是张嘴唱得脆脆亮亮，观众照样也是那么欢迎。"

"对！这就是我为什么把铜锤的唱法加到架子里的缘故。话一说，就扯远了。当初，我刚刚'起眉'（艺术上见起色），跟孙菊仙先生同班唱《失·空·斩》，孙先生的调门儿高，比正宫调还高。《斩谡》一场，马谡上场就唱【垛板】，我得够上这个调门儿。我心里紧张，偷偷躲到后台烧水的大锅后头去试嗓子，亏得我有铜锤的底子，场上唱得满弓满调。散了戏，孙先生说，寿臣哪，好嘛，嗓子出来啦！别唱架子，架子横音毁嗓子！"郝老师忆起往事很兴奋，说着说着居然还仿效起孙菊仙先生的天津口音来。

"孙先生这句话给我提了个醒儿，越琢磨越有道理，架子花脸演的张飞、李逵、马武、窦尔墩……全靠横音、炸音来表现角色鲁莽、暴躁的性情。唱的时候照旧用这种横音唱，自然不能往高里走，只得往低处去，对付四句或六句就得，长久下来嗓子被横音毁了。观众呢，也只要求架子花脸的做、念有情，表演有神，对唱似不苛求。于是乎，有嗓子的都唱了铜锤。我能唱铜锤，观众偏爱看我演架子的戏，我自己也爱唱架子花脸的应工戏。怎么办呢，为了不把嗓子弄坏，就试着步用铜锤的圆音（即今天所指的鼻腔共鸣音。过去也称之为'印堂聚'、脑后音）、顺音，来代替架子念白中最毁嗓子的炸音，又将铜锤的腔移给架子唱，当然，要唱出架子的味儿。嘿！观众还真是认可！没想到，这么一来，我的戏路子也宽了，新戏一出接一出，地位也一步一步往上升。所以这些年来，我认准了这条路。现在，你也尝到甜头了，还有大的甜头哪！你切记：要想让架子花脸这功超越前辈，非得加用铜锤唱不可。这也是我郝寿臣能够闯出点儿名气的根本。其实，我说这些话也不是第一次了……"郝老师说得一字一板，显然，他已忘记了烦恼、气愤，又陶醉在艺术之中了。

郝老师的这番话，从我拜师学第一出戏《黄一刀》时就听他讲过。这是老师用毕生心血总结出来的艺术精华。随着我自己在演出中的体验，每每听来，总还是有新的感受。

师娘又端来一盘饺子，见桌子上的饺子还没吃几个，摇摇头将凉饺子端走了。

老师赶紧拿起筷子夹了个热饺子，说："先吃吧，饺子凉了就不好吃啦！"

我们连连吃了几个饺子，老师又问我："还出去吗？"这是指去不去外地演出。

"少春、世芳都在北平轮着唱呢，我正在两边演出。不准备出去，等天凉快些再好好向您学学。"

"那好，我给你说两出铜锤戏，一方面加强你的铜锤唱法，一方面用这些戏吊嗓子出功。等我稍缓两天，你就来。"

"天气热，您……"

"没关系，你演出忙，只能就你的工夫，热是热一点儿，好在咱们都是热不死的花脸。"

"冻不死的青衣，热不死的花脸"，是梨园中一句俗语。过去，戏院设备简陋，冬不暖，夏不凉，不论天气多冷，后台多凉，演青衣的演员只能是一件布水衣子做内衣，外穿薄薄的戏装，衣着单薄，往往冻得发抖。花脸行呢，甭管天气多么炎热，后台有多么闷、燥，演员也得内穿棉制的胖袄，外罩几层厚厚的服装，可想而知花脸演员得有多么抗热的体质。

老师的诚意，我深为感动。

几天后，隔壁油盐店的小伙计敲门传话——有我的电话。我赶快去接。是郝老师打来的，他要我明天请位琴师到他家中，招待由上海来的一位好朋友王筱籁先生。

哥哥已基本掌握胡琴的演奏技巧，他能给我吊嗓子，也能在台上拉些简单的唱段。我就让他同我一起去老师家。

老师兴奋地对我讲："当年在上海，我不拜客，他们排挤我，还串通小报记者写文章诽谤我，多亏这位王筱籁先生安慰我、帮助我，一直护送我上了火车。患难之交不能忘。今儿我要热情款待，让他满意才成。"老师当年应雪艳琴之约赴上海，受了当地人的欺负，李桂春先生早就向我讲过，我拜师后老师也曾多次愤愤地对我提起。但我对王筱籁先生只闻其名，未见过其人，这回是初次见面。

王筱籁先生身材比郝老师略高，生得宽宽四方脸，说话带着浓浓的上海口音。他竖起拇指对我说："阿拉最爱看侬老师的戏。侬老师没有（金）少山个子高，没有少山的嗓音冲，但很细腻，耐回味，做戏卖力。侬老师的戏邪其哉！"

他听说我哥哥会拉胡琴，顿时戏瘾大发，抢先唱了一段《草桥关》姚期的"皇恩浩"一段，算得上是上海口音的京剧。郝老师唱的是《审李七》中"他一家被我害"那一段。我特意选了这些年一直被南北观众认可的《连环套》中"坐寨"一段，正好作为向老师的汇报。

没想到老师竟冲着我，手举过头顶连连摇着："不成，不成！铜锤唱法上，你缺着功呢！"

我看了一眼坐在沙发上的王筱赖先生，很觉不好意思。

王先生忍不住惊讶地说："在上海，世海的《连环套》红得发紫呀！侬还说他缺功？"

"筱赖兄，我不是观众，我是他的老师！我这个老师能像观众似的捧他吗？我是专帮他找不足之处的！须知，艺无止境！"

听了老师这句话，我的心一下子豁亮了，脸上却霎时火辣辣的，是为那可怜的虚荣心而羞愧！艺无止境、艺海无涯不单是应当永记的名言，也是永远指导行动的准则！

王先生赞叹不已："侬真是严师啦！侬在舞台上认真，课徒也是这么一丝不苟。老弟呀！阿拉真真佩服侬！"

"哪儿的话呢，筱赖兄，你不知道，世海肯努力，我也指望他能把架子花脸的蠹旗打得牢，这是我们爷儿俩天凑的缘分！"说着二位哈哈大笑。

"世海，哪天咱们定好，借你不出外的这段时间，给你再说出戏。我想了想，想教你《御果园》，今天一听你的唱，学这出挺合适，这对你提高铜锤唱法挺相宜。抓工夫你就来吧。"

老师在鲜鱼口的便宜坊烤鸭店定的菜，伙计们都用大食盒送来了，立即在客厅摆下酒席：拌鸭掌、拌鸭肝、鸭四宝……最后是香喷喷的烤鸭、烧饼、薄饼。宾主尽欢而散。

我常常想：有这样一位严师伴我在艺海中寻觅，是我的幸运，是我的福气。我要努力向老师学习，即使有点儿小名气了，仍应该虚心向老师学习，这样才算得上是对艺术的不懈追求，才是对幸运和幸福的珍惜！

  隔壁的新房已经盖好，从街上看，比我的老宅要高出一大截，磨砖对缝，很不错的。房内我自行设计床前的五角隔扇，睡觉时垂下幔帐，颇有些味道，顶灯镶在墙内，卫生间安装了搪瓷澡盆、洗脸池、抽水马桶等全套卫生设备，很具备点儿现代西式味儿。我特意到东华门大街一家有名气的家具店，订购了一套浅棕色镶有深棕色古代车马人图案的家具，我一直很喜欢马连良先生那套点缀在大幕上的古代车马人的图案，所以一眼就选中了这套家具。经理介绍，言慧珠也在这里订了一套，他指给我看，那是白色的镶金鱼图案的，非常漂亮，比我的更时尚。

  房间里一切布置就绪，进得屋来，又宽敞又豁亮，古香古色，甚感惬意和满足。

  顺利中总不断出些枝杈。

  如意中也总不尽如人意。

  这些日子以来，遇仙奶水大大减少，不得不为小蓉找位奶妈。开始，她的奶水还好，没几周奶水不行了，孩子饿得老哭，亏得被母亲发现，给孩子添加辅食，开始喂饭，家里才算安定下来。可是，遇仙咳嗽不止，吃药也不见效，天亮时爱出虚汗，不知她得了什么病，大家都很担心。哥哥说："应该去看，咳嗽，出虚汗，说不定是肺有毛病。"大家一听更紧张了，我晚上有戏，白天去郝老师家学戏，就让遇仙赶快去找李景泉大夫。李大夫一号脉，说遇仙怀孕了。

  全家人一听都松了口气。岳母讲："姑爷，不要紧的，这是胎嗽。"母亲也讲："怀孕了，大小得闹点儿喜病。"一场虚惊算是结束。

陆拾捌 竞赛曲 青春似火

北平初秋的晌午,天高气爽。

几个年轻人骑着几辆自行车中速行驶在西郊路上,他们你追我赶,笑语喧哗。他们的面容有的白净,有的微黑,不尽相同,但他们都是英俊开朗的年轻人,焕发着青春的活力,眼睛里都跳动着欢快热情的火花。

从衣着上看,最引人注目的是三位穿西装、戴墨镜的。着一色雪白西装的是李世芳,他是我们这几个人中穿着最入时的,在这一点上,他也继承了梅先生的传统。穿银灰色西装的是少春,今天为了游玩,他特地脱去了那件蓝绸大褂。穿略深些的银灰色西装的是盛兰四哥。这三位站在一起可以说是美不胜收了。

另一位着长袖运动衫、短裤、长筒线袜的是叶(盛章)三哥。还有一位穿着汗衫、长裤的女士是"四块玉"之首李玉茹。依旧穿着传统长衫的是我和志秋。

我们这七位"三关上将"恰好都在北平演出。盛章是金声社,少春是起社，世芳是承芳社，盛兰是扶风社，我在这几个班社中赶包不用说，他们互相间也时有合作，生活中也常聚在一起玩麻将牌。我们有时也闹点儿小矛盾，但总的来说，友谊第一。何况还有富连成师兄弟的纽带相连呢，更是在班亲兄弟了。在这秋色胜春光的大好季节，都想改变一下演出、睡觉、吃饭、打麻将牌的程式化生活，几次商量着骑车郊游，可是几个班社轮换演出，难找同时休息的日子，最后就定为今天，不考虑晚上谁有演出。巧了，正好今晚世芳和我在中和园演《霸王别姬》，也没什么了不起。中午一点，我们聚齐直奔颐和园。

"大哥，大哥！"

我和盛章兄、志秋骑在最前面说笑，忽听得后面有人叫"大哥"，是世芳在叫我。我回头一看，世芳和少春并排骑在最后正冲我招手。我放慢速度等他俩骑过来。

"什么事？"我问。

"大哥，您看路两边庄稼一望无际，我想起一首诗来，再合适不过了。"

"哪壶不开专提哪壶。告诉你，马路上不兴转文，转不好就要掉进路边的沟里！再说，这诗呀词的，你和少春谈正好，非念给我听？"

"您评判水平高哇！"

"别捧了，说吧！"

"稻香秫熟暮秋天，阡陌纵横万亩连。"

"这两句勉强能听懂，'阡陌'没听说过，什么意思？"

"阡陌是指田间小路，您看，小路纵横万亩相连，一望无际。"

"这是清朝归庄写的《观田家收获》吧？"少春一本正经地问世芳。

"太对了，二哥！"少春行二，比他岁数小的多称他二哥。

"我说你们俩是棋逢对手！可惜我小时候不听我妈的话，只迷戏，不迷文化，四处听戏，不上学，现在甘拜下风！"

"三哥，您还不知道，我喝的这点儿墨水，全是老爷子给逼出来的。小时候,上午练功,下午念书。长大了,白天里练功、学戏,排戏到晚上九十点了,还得再念一个钟头的书,我是又累又困,上眼皮恨不能和下眼皮粘上了,也得强努着写字。不然,就过不了老爷子的关。"

"少春,你的文化有两下子,字又写得那么好,你应该练着写剧本,将来自编自演,有多好!世芳,你也在内,平时诗呀词呀,那么喜欢,所以应该用在该用的地方。"

"三哥,真让您说中了,我早有此念,可惜我这两下子,要写剧本又差几下子!"

"同感,同感!"世芳也点着头感叹。

"练哪!谁不是学而知之?找个戏保人的本子先练习改编,慢慢再写新编……""戏保人"的意思是指有些剧本的剧情曲折感人,即使演技不太高,也容易打动观众。

一提到戏,我们的车速自然放慢了。

骑在前边的玉茹见我们说得挺来劲儿,就将车速放缓,凑过来听。她接着我的话音说:"敢情今儿我跟一群书呆子出来了!我看甭上颐和园,打道进考场吧!"玉茹在舞台上演娇娇弱弱的青衣花旦,在生活中她是个性格开朗、活泼,说话无拘无束的姑娘。她在我们当中岁数最小。

"老三,老三!"走在最前面的盛章兄放慢车速等我们,待我们骑近,他又喊道,"快点儿骑,咱们早去早回,晚上你们还有戏哪!"

"哎!快!"我们答应着,加快了车速。

我们一行进了颐和园,直穿玉澜堂来到昆明湖边。

清澈的湖面上微波荡漾,数只游船在湖面漂荡,远处十七孔桥静静地将湖心的南湖岛与廓春亭连成一体。随万寿山山势建成的殿宇楼阁半隐在古柏苍松之中,展示着碧瓦飞檐的独特造型。

我们陶醉在美景之中,也许谁也不信,我这个生在北平、长在北平,成家多年的人,还是第一次来游览颐和园。

我们走上长廊，观看着一幅幅精美的彩绘图画，画中大都是我们演过的故事、塑造过的人物，透着熟悉和亲切。

我们登上石舫，它的华丽、精巧，又招来我们的连声赞叹。

四点钟，我们返回到佛香阁脚下的湖滨牌坊前，宽敞的层层阶梯向上延伸，直达颐和园的最高点佛香阁。

"咱们比赛，看谁先爬上佛香阁！"有人一声提议，激发起大家的热情。

"好哇！"

"赛一赛！"一片应战之声。

"到佛香阁，这么多层台阶，我能赛过你们吗？"只有女士抗议。

"试试看嘛，说不定你是穆桂英要统领三军哪！"

"好，听我一令！"叶三哥在我们之中岁数最大，颇有长者风范，我们是很尊重他的。

我们各自做好准备工作。

"上！"

叶三哥一声令下，我们不顾一切地快速攀登，在大家的鼓动下，女将也奋勇而上了。

我们有的一级一级快步跑上，有的两级两级往上登，盛章和少春在舞台上身子又轻又飘，在这里更是身手非凡，他们连蹿带跳，一步三层四层地跃上台阶，引得游人们驻足观看。我们不甘示弱，踊跃地往上冲。捷足先登的是盛章、少春，落在最后的果真是玉茹。

我们居高临下，迎风而立，尽情俯瞰园中美景，享受攀登后的欢乐。

出汗了，大家纷纷掏出手绢擦汗，汗水浸透了衬衣，醉人的欢乐也浸透了每一个人的心。

很少有笑容的少春，舒展一字眉，开心地笑着。

颇显高傲的盛兰四哥，摘下高度近视眼镜，边擦边发自内心地欣然而笑。

我和盛章、志秋、世芳畅怀大笑。

李玉茹的笑声像有旋律的歌，飘荡在我们的笑声中间。

大家都感到口渴。若能喝上一瓶冰镇汽水，来他个透心凉，该多么舒服！甭说那个年代汽水和冰棍尚属稀有之物，只有在繁华的市中心才偶尔可以见到，就是真的有人送给我们，我们也不敢享用，谁不怕大热之后吃冷饮会激哑嗓子呢！

"咱们该出园了，顺路找地方喝点热茶，早点儿回去，老三和世芳别误场。"盛章兄提议。

我们在颐和园门口选了一个略宽敞、干净的茶摊，团团围坐。要说这茶水和我们在自家沏的根本没法比，我们习惯于喝好茶。茶有利尿、败火、清音、解渴之功效。小摊上的茶水，用《铁弓缘》里的那句"乌涂水，乏茶叶"来形容一点儿也不为过，可是我们一口气喝光一碗，是那样的心满意足，争抢着要喝第二碗。我小声嘱咐世芳多喝点儿，晚上演出千万别不在家。

说笑间，盛兰兄笑意盈盈、神秘兮兮地说："我有好心当献！"

"什么？"

"快说！"

"回去的路上，咱们赛赛车，怎么样？"

四哥一句话，引起一阵骚乱。

我们跨上自行车，飞也似的驶上归途，我把身子几乎压在车把上，使劲儿地蹬。渐渐地我们拉开了距离，我回首去看，世芳、玉茹已经落在后面一大截了。

"快点儿，加油，追上来！"我冲他们喊了一句，继续努力往前蹬。

工夫不大，只听玉茹在后面扯着嗓门儿大声呼叫："快回来，了不得啦！世芳掉沟里啦！了不得啦！"

我们赶快停下来回首望去，玉茹正举着双手使劲向我们召唤。

我们赶紧往回骑。

世芳已从路边的沟里上来了。幸好没摔坏，世芳站在那里，摩挲着两只泥手憨笑。大家看着世芳的样子,不禁又是一阵大笑,世芳白白的西服上沾了许多泥点子,尤其是裤脚上更多。白皮鞋上沾满泥水,脸上抹着一道子泥,油光的头发也散搭到前额,十分狼狈。大家纷纷掏出自己的手绢帮他擦泥水。我把他的自行车立起,喷着笑说:"世芳啊,世芳!我以为你要唱杨四郎,在这儿练吊毛呢!吓着我了。"

"大哥,您喊加油,我使劲儿地蹬,可巧,对面来辆大车,我一躲,前轱辘就进沟里了,幸亏我手扶了地,没摔着。"

"没戳着手指吧?"

"没有。"

"成,世芳还算有点儿轻功!"

"可吓坏我啦!一眨眼的工夫,他就下去了,真怕摔坏哪儿,晚上的戏怎么演哪!"玉茹拍着胸口,后怕地说个不停。

"有你哪!怕什么?"世芳反问道。

"没错!今天咱们是生、旦、净、丑行当齐全,有的是戏唱。"盛章说。

我环视这几员"上将",还真是老生、武生、小生、青衣、花旦、小花脸、大花脸、武丑全齐。我们在舞台上合作表演过无数的故事,生活中也有着说不完的故事,今天这段故事是否精彩有趣呢?

车骑至西单,大家分手,各自回家。

我和世芳赶至中和戏院(中和园改造后,变倒座为正座,始称中和戏院),一眼瞧见戏院门口戳着一块"今晚全部客满"的牌子,会心地相视而笑,欢欢喜喜地走进后台。

见到李八爷,我问他:"什么时候满的?"

李八爷喜盈盈地介绍:"上午我往园子打电话问,票房就说已满,我就让他们赶紧戳牌。"说着,他见世芳洁白的西服上沾着许多干泥点,就问:"你们,你们这是干什么去啦?"

"去颐和园,回来赛车,掉进沟里了!"

"啊？！你们逛颐和园？！可真有本事，晚上有这么累的戏，嘿，年轻啊！"

年轻！风华正茂的年轻人有着旺盛、充沛的精力。

戏演完，世芳笑着对我说："大哥，今晚上我的嗓子特别痛快，是吧？"

"是！摔到沟里借来水汽了，以后遇到嗓子不痛快，就骑车出去玩！"

"嗯？"世芳不解其意。

"再往沟里摔个跟头，好借水汽啊！"

散戏了，我回到家中，拉开母亲的房门。这是多年来的习惯，只要在北平演出，甭管多晚，总要先到母亲房中看看，问问有什么事情，再回自己房里休息。

母亲没有睡，她默默地坐在桌前，似乎有心事。

"妈，您怎么没睡？"

"嗯，睡不着。"

"家里有事吗？"

"没事，你跑了一天，晚上又有戏，明天再说吧！"

"今儿玩得可痛快啦，不累，有事您就说吧。"

"你表哥长林又来了。"

"他怎么说？"我迫不及待地问。

这一年来，和尚四大爷身体不太好，已不能进城了，我又常在上海演出，只有每逢长林来看母亲时，让他给和尚四大爷多送些香火钱，我们叔侄很少见面了。两周前，长林报信说和尚四大爷病重。第二天，我们雇了辆马车到齐化门外（广渠门），又步行绕过一片庄田去到和尚四大爷的小庙内，禅房中只有一褥、一被、一枕。和尚四大爷病卧禅床，见我来了，微微一笑，点点头，合目静养。我特别想和和尚四大爷多说几句话，最终还是忍住了。一个三十岁左右的和尚师父，做手势引我们走出房门。他说："师父需要清心静养，去留都有定数，请回吧。"

我拿出钱，请师父收下，给和尚四大爷请大夫看病抓药。

上周，长林来说，和尚四大爷已见好转，我才把心放下，今天他来是带来好消息，还是……我不敢多想，急忙问："四大爷的病怎么样了？"

"圆寂了。"

"什么时候？"

"今天早上。"

"嗐，偏偏我不在家，明天我去……"

"甭去了，一切都按照佛门规矩，火焚了。"

和尚四大爷一生清净，不慕荣华，虔诚修行，善始善终。疼爱我的和尚四大爷走了，是他带给我童年的欢乐，是他带我闯进神奇的京剧殿堂，使绚丽的艺术光环照亮了我这个穷孩子的心！有他，才有我的爱好，才有我的今天。

我的泪水夺眶而出……

陆拾玖 山西行 "红""黑"献艺

世芳的父母都是山西人，又都是山西梆子演员。"小梅兰芳"的名气一打响，许多同乡觉得世芳给山西人争了光露了脸，极力促成世芳回太原省亲演出。这年夏季我们赴太原演出。在太原，演出之余，我们看了一场山西梆子《打金枝》。除剧中没有名家果子红饰演角色外，人员配搭得很齐整。演出结束后，世芳的父母带领我们一行人到后台参观。我万万没想到，像这样一个很有实力、很受观众欢迎的戏班，演员们竟然生活在如此恶劣、贫困的环境里。

我们刚刚跨进后台，一股怪味迎面扑来，刺激得我们相继干咳起来。阴暗、破旧的化装室内，四面墙壁完全熏成黑灰色，墙角浮吊着层层塔灰。因是白天散戏后，撤去了灯光的点缀，更显得昏暗。几张桌子贴墙而放，桌子上凌乱地摆放着一些化装用品和几面镜子。地下有几盆混有化装粉的红色洗脸水。四五位赤背的演员正弯腰洗脸卸装。角落里，有个面色灰黄、身体枯瘦、身穿破旧长衫的人，手提烟袋，懒洋洋地斜靠在衣箱上。旁边椅子上坐着位满面彩粉的女演员，正给怀中的婴儿喂奶。一股浓烟从窗外冲进来，我掏出手绢擦去呛出的泪水。顺着糊着黄旧报纸的破窗看去，窗外是个小院，一些破旧、脏乱的家什将小院填塞得满满的。窗对面是一间间小屋，屋前火炉上有的坐着锅，有的放着壶，滚滚浓烟是从一个放着豁嘴陶罐的炉内喷出来的。显而易见，这便是演员们的家了，这就是演员们日常生活的地方，除去还没有席地而卧外，与贫民窟又有多大的区别呢！我心里涌起一阵酸楚凄凉之感。他们发现了我们这些陌生人。李子健先生与他们是老相识了，经李先生一一介绍，我们互相热情地攀谈起来。

我不时注视着那位靠着衣箱的穿长衫的人。见他将一种面面撒在点燃的香烟上，仰脖猛吸，烟卷上起了个泡。我曾听人说，抽不起大烟的，抽"泡打灯"（白面），是否就是这玩意儿？过了一会儿，他精神振作，像换了个人似的走过来，加入我们的谈话。

"果子红，不常唱了。如果你们想约她，她一定会答应。"他听到我们询问果子红，表示没看到果子红演戏太遗憾时，热情地抢着答话。

第二天，我们拜访了鼎鼎大名的晋剧艺术家果子红（原名丁果仙）。对于她的艺术，我们并不陌生。当初我们在科时，她经常在北京大栅栏的广德楼演

丁果仙

出。我不止一次地去看过,这次与她见面,颇有一种亲切感。

果子红对我们的到来非常高兴。她听过李子健先生的介绍之后,仔细打量了一番世芳。

"像,台上像,台下也真像呢。昨天,我看得可高兴咧!虞姬演得好,霸王有火候噢!"她回头又对李子健先生说,"你有个这样的好儿子,我真羡慕哇!我也跟着沾了光彩,'小梅兰芳'是出自咱们山西的呀!"别看她是位梳着发髻、四十多岁的中年妇女,可说话爽朗,具有男子气概。几句话,说得世芳父母喜得合不拢嘴,我们也全都笑了。

闲谈一阵后,我的话匣子也打开了。

"昨天,我们去看《打金枝》,以为您演唐明皇呢。来到山西,没看到您的演出,太遗憾了。"

"可别这么讲,京剧是大哥,我们是小兄弟。"

"您过谦啦!京剧的形成,就是集中了各剧种之长嘛,真要排辈,京剧才是小兄弟哪!"

"哎,我从京剧中学来的东西可不少哇!你们是山西的贵客,想要别的,我不敢说有,想看戏,太容易了。你们哪天有空,我给你们唱一场。"

"太好了!可就是我们在这儿演出半个月,每天晚上都有戏,只能等我们临行之前……"

"不用,不用!半月演期结束,你们就要到别处去,哪能为看我一场戏,白白多增加开销呢!抓你们白天的空,我演个日场吧。"

"演《打金枝》?"这是她的拿手剧目之一,我高兴地询问。

"《打金枝》,你们看了。他们演得跟我演得一样。嗯……我演一场《四进士》吧!"山西梆子也有《四进士》?不待我多想,她就向我们解释道,"那年,我到北平演出,向马连良先生学了这出戏。京剧艺术高雅呀,相比之下,我们山西梆子显得土气,应该向京剧学习。这出戏,除唱腔念白外,完全按京剧的路子来,扮相也是仿照马先生的。我非常喜欢马先生那种飘逸、潇洒的神态。马先生对我热情哪。我演宋士杰穿的褶子的衣料、颜色、样式，都是马先生亲自给我挑选的，还特地送给我一把白骨金面扇在台上用。"

我原来只知道马先生和果子红在艺术上有交往，果子红送给马先生《灯棚换子》和《杀驿》的剧本，马先生改编成了《春秋笔》，不知果子红向马先生学了《四进士》，并移植成山西梆子。此时，我迫切地想看到这场戏，略略盘算一下，后天日场没戏，于是脱口而问："后天日场行吗？"话一出口，忽地想到来不及在报上登广告了！我赶忙补了一句："还得往后错错，后天演，报上登广告来不及。"她笑着摇摇头，满不在乎地说："不用，不用！就定后天吧。"我不好再说什么。不过，直到我们告辞，我心头总有些歉意，暗暗埋怨自己不该没考虑周全，就轻率地说出演期。

第二天午饭后，我到街上散步，无意中发现剧场附近电线杆上贴着一张一尺长、三四寸宽的黄字条，上面用墨笔写着不多的几个字："果子红明日日场，在大水巷戏院上演《四进士》。"这就是明天果子红的演出广告？这样的广告能有多少观众知道消息呢？倘或因此影响上座，她现在又不经常演出，该多么对不住她呀！

这天午饭后，我怀着忐忑不安的心情早在开戏前近半小时来到戏院。出乎意料，场内已是黑压压一片，观众早已坐满，我反而成了一位姗姗来迟者。我再次领教了什么是艺术的魅力。艺术魅力的能量之大往往是无法估计的。就演员的演出而言，宣传广告固然是必不可少的，但不是最重要的；演员本身的艺术魅力才是最有吸引力的广告。

这出《四进士》的的确确完全是按照马先生的路子、风格表演的。我对果子红的艺术十分钦佩。散戏后到后台致谢道辛苦时，见到了扮演顾读的狮子黑先生（原名乔国瑞），他年届花甲，穿着一件肥大的旧棉袄，双脚拖着一双旧毛窝，手提一杆烟袋，像一位生活比较困难的老农民。

"他的戏很有特色，改日我陪他唱一出《捉放曹》，还有他的《嫁妹》，有许多绝活儿。这些戏京剧都有，互相看看，大有好处！"果子红热情地说，狮子黑先生也欣然同意了。

狮子黑先生饰演《捉放曹》中的曹操，化装很有特点。京剧勾曹操脸谱齐前额发际，他是直勾脑顶，表演也极为细腻。如曹操与陈宫宿店安歇后，京剧的演法是曹操唱过"孟德生来疑心大……睡梦阳台到我家"四句，就入睡了。狮子黑先生却处理成陈宫睡后，起更鼓，曹操小声唤陈宫："公台，公台……"见陈宫毫无反应，确认他已入睡。之后，拿起宝剑，端起灯，疑心重重地屋内屋外搜索一遍，仍未发现异常情况，才将宝剑放在桌子上，以肘按剑而睡。看到此处，我深感佩服。老先生的表演妥帖、细腻、合情合理。曹操本性狡诈多疑，此时是他刺杀董卓未遂被追捕的途中。陈宫虽营救了曹操，但曹操正处在生死攸关的时刻，且二人一路上言语失和，曹操自然会对陈宫心存戒心，同时，对周围的一切更是疑字当头，哪里能很轻松地安然入睡呢？我将此段表演记在心中。以后我演此剧时，将狮子黑这一系列巡视动作按照郝老师演曹操的表演风格略加修改，深受观众好评。

我钦佩狮子黑先生的高超艺术，同情他们的贫困境遇，托世芳母亲给老先生送去五十元，以表同是天涯卖艺人的互相怜惜之情。老先生很感动，回赠我一本《草坡》剧本，并捎来口信："如果袁先生需要我说说，我尽力去做。"我没得时间向老先生请教，临别前，承芳社请他们吃饭，狮子黑先生借机向我大致介绍了《草坡》一剧的表演。此剧是描写金兀术兵败黄天荡后，如何有勇有谋地摆脱困境的一段故事。后来世芳恢复全本《梁红玉》时，我很想加上这折戏，但在旧班社内，以旦角为主的班社，不可能令其他行当压过主演。我和世芳交谊深厚，我提出此想法，他肯定会同意，然而我仍是不好这样提的。所以这出戏始终没能排演。剧本一直保存到"文化大革命"，被烧毁。

柒拾 有心人 君秋如愿

天津中国大戏院门前的戏牌上写着:"张君秋、袁世海演出《霸王别姬》。"

化装室内,我坐在镜前,往脸上抹匀白底色,用手轻轻扶正擦得锃亮的化妆镜,让桌灯的光亮更强地折射在镜上,使我的脸庞在镜中更清晰。我用中指蘸些豆油、锅烟子,和匀,从眉间到头顶抹一道"通天",从鼻窝两侧沿嘴角到下颏抹二道线,再用中指描出项羽的"鱼眼窝"。然后,从笔架上取下一支笔抿蘸用蜂蜜调匀蒸过的白粉开始勾轮廓线。项羽以勇武闻名,却又刚愎自用,前辈为他创出鱼形眼、寿字眉、毫无笑意的垂丧脸。我勾的脸谱基本上仿照杨小楼先生的霸王脸谱,又结合了自己的脸形,与金少山先生的项羽脸谱稍有不同。

我开始用灰笔勾寿字眉,一边勾一边深有感触地想,这次与君秋弟在天津中国大戏院合演这一期,他已将几年前我们在一起构建的目标、理想,通过努力都一步一步地实现……

从青岛开出的火车在田野上飞驰。马连良先生的扶风社在青岛演出结束，我们坐车返回北平。长时间的旅途实在是令人烦闷，尤其天气较热，车厢中空气闷得很，遇仙眯眼休息，好动的我坐不住，起身到车门处透透风。

君秋也站在门口，他正望着窗外无边无际的黄土地，我走过来，他并未发觉，看来他似乎是在想什么心事，不便打扰，我没和他打招呼，也望着窗外想着自己回到北平拜师的事情。

"大哥！"

"哎，"我答应一声，笑了笑，又问，"你看着窗外想什么呢？我没好打扰你。"

"瞎想！大哥，您说，我将来的前途会怎么样呢？"君秋腼腆地一笑，继而又很认真地问我。我望望他那浓浓的眉，有神的双眼，俊秀光润的面庞，不假思索，率直地对他说："还用说，你的扮相出众，嗓音高、亮、脆都占全了，而且已是四小名旦之一，大有发展前途！你为什么问我这个？"

"有时候我常常想，我的路应该怎么走？说实话，我有点儿迷茫。"

他的这个问题问得够坦诚的，也许是因为我们已相识多年，互相处得不错的缘故吧。

第一次相识，那还是我即将出科的时候，尚小云先生热心扶助富连成的阶段。世芳、世来、盛长、我经常去尚先生家学戏。尚先生总要给我们改善生活，那天吃过两宜轩送来的羊肉片涮锅子，正在东客厅看尚先生挥毫写字，管事赵砚奎先生说西草厂敞家坑的一位袁老先生来访，将尚先生请到大客厅。等尚先生会客回来，一进门就很高兴地对我们说："赶明儿，又给你们添一个小伙伴啦，他叫张君秋。"此后，尚先生因君秋已写给李凌枫先生为徒，所以不便再收为自己的徒弟，但认为君秋的扮相、嗓子都不错，仍很看重他，让君秋也参加我们的活动。像前面提到过的，尚先生带我们去北大照相馆拍的合影中就有君秋。当时，君秋只有十四岁，他随着世芳也叫我大哥，我长他四岁。初见面，他给我们留下的最深印象是说话的声音、神态很像女孩子。赵砚奎先生常喜爱地学他说话的语气和形象，逗得我们笑个不停。逐渐，我们彼此熟识了，知道君秋的母亲和世芳的母亲一样，也是演员，名叫张秀琴，唱河北梆子。他的家境贫苦，父亲被迫南下谋生，靠母亲抚养。他母亲不舍得送独子去富连成科班学艺，最后写给了李凌风先生。李先生是王瑶卿先生的弟子，教了君秋一些青衣戏。君秋在尚先生的班社算是借台演戏。

几年后，上海黄金大戏院由金廷荪接管，重新修整，增添了比较高级的设施，门口高悬"标准平剧"的大匾额，改为专演京剧的戏院。金廷荪邀请马连良先生来上海演出，举行黄金大戏院揭幕仪式。据马先生讲，此时扶风社的旦角黄桂秋已经离开，又觉得在上海发现的旦角林秋雯略显软了些，正在物色能与他唱对儿戏的旦角。一个偶然的机会，马先生去中和园看雷喜福

由左至右：我、耿少峰、刘四禄（小童）、李宝奎、刘砚芳、张君秋。摄于一九四四年前后

大师兄的《一捧雪》《审头刺汤》，发现了饰演程雪艳的张君秋，说他的扮相、嗓子无可挑剔，演唱也很规矩，身段表演虽略差些，但还年轻，尚可造就。于是马先生约君秋赴上海并挂二牌，在黄金大戏院演出《三娘教子》《苏武牧羊》等戏，一炮而红。这时，我正随尚先生第一次在上海中国大戏院演出。

后来，我也参加了扶风社，与君秋相处得颇融洽，所以君秋问得诚恳、直率，我也是直言相告："从你的前途来看，应该挑班！你看，四小名旦中，世芳甭说了，已经挑起'小梅兰芳'的头衔，毛世来、宋德珠也都挑班唱遍南北，凭你的嗓子、扮相，我不相信你挑不了班。"

君秋颔首微笑，眉宇间多了几分自信。他说："好，我努力！"

他是在对自己说，也是在对我说。

我的话鼓励了他，他的话带动了我。我也变得兴奋起来。我把胳膊肘支在车厢门框上，使自己站得牢些，不再随车摇晃，推心置腹地对他说："要想挑班，必须得多排戏，你得多活动活动腰腿，走走脚步，练练身段。挑班了，总唱《三娘教子》不成，演《白蛇传》光凭嗓子唱《祭塔》就吃亏了，总得在《金山寺》里打套快枪吧！四大名旦都是能唱、能打、能舞，你得练着能应付《别姬》的剑套子，戏路子宽了才好挑班。趁着年轻，练一点儿是一点儿……"

我正说着，车厢门被风兜上了，把我支在门框上的胳膊肘夹得生疼，亏得不是用手扶着门框，否则后果不堪设想。

想至此，我不由得用手抚了一下拿着勾脸用的毛笔的右臂肘，好像隔了几十年，那疼的感觉还在似的。

后来，赵砚奎先生将女儿许给君秋，鼎力相助君秋组成谦和社，聘请了许多名家合作扶助，各处演出，效果不错。

近年来，我在上海演出较多，始终没得机会，这次天津一期，君秋特约我合作，我慨然应允。今天上演《霸王别姬》，证实了君秋是有心之人。

我接到家中来信，只说遇仙已生产，别的没谈。我心中委实放心不下，我来天津前，她的身体状况越来越差，岳母和母亲不断安慰我别着急，生完孩子一切就会好了，所以我十分惦记她产后的情况。可恰恰信中又没说，我心里越发不安了。

这期间，君秋又给了我一出新戏《奇烈记》的剧本。这是根据清代一位颇有影响的戏曲家夏秉衡的《秋水堂传奇》中的《双翠圆》一剧改编的。主要情节是：明朝名妓王翠翘被总督胡宗宪买通，诱惑草莽英雄徐海（据说也是海盗）投降，最后将徐杀死。我饰徐海，君秋饰王翠翘。演出中，海战开打，我耍枪下场，提枪花上扔没接住，枪掉了，得了倒彩。

柒拾壹 妻病逝 离情萦怀

一期演完,我急速归平。

风风火火走进母亲的房中,放下随身的小行李包,问母亲:"遇仙怎么样?"

"生了个小子。"母亲一向性格爽快,喜怒都会明显地在脸上流露出来,按照常理,母亲抱上了孙子,应该是非常高兴地告诉我一切情况,然而母亲的脸上却看不到一丝喜悦,这使我有一种莫名的不安。已经到家,不必多问,我匆匆转身走出北屋,走进东屋穿到新院,三步并作两步走过去拉开北屋门。

岳母任老太太手里攥着白手绢,托着腮,坐在屋中央八仙桌前的弹簧椅上发呆。听到开门声,扭过脸,与我目光相对,她哭了,眼泡又红又肿。她小声说:"姑爷回来啦!"脸上一丝笑容也没有。不安之感忽地变成不祥之兆!我轻轻地走到床前,只望了遇仙一眼,我的心就像是被蝎子蜇了似的阵阵疼痛、阵阵发颤。这是她,是她吗?她,脸庞憔悴,双眼深陷,两颊消瘦，嘴唇干裂，卷发蓬乱地散在枕边。这就是才半个月没见面的遇仙吗？我简直不敢相信自己的眼睛，满怀忧伤地望了望窗外。日轮将午，四月明媚的阳光映照得粉刷洁白、窗明几净的新房间更加明亮，我清楚地看到她的脸色惨白如纸，气息奄奄。太惨了！

我轻轻将手放在她的额头上，滚烫滚烫。母亲拉着我的胳膊，小声说："她夜里高烧睡不好，让她多睡一会儿，先到那院里，听我跟你说。"

遇仙已是生第四胎了，大家的精神都比较松弛，新跨院条件很好，在那个年代到医院生，哪有在家生条件舒适？我去天津演出前就定好在家生。临产时，请来新华街一位挂牌护士接生，生的时候一切都很顺利。母亲和岳母抱起呱呱落地的婴儿，见他个子很小，用秤一约只四斤多重，但也是个大小子，二位老人家心里高兴极了，祝福着孩子能健康长大。护士给孩子洗了澡，一切收拾完毕。母亲请护士到北屋喝茶，休息。工夫不大，岳母来北屋说："遇仙肚子又痛了！"

"肚子疼是常事，她这是第四胎，产后都要肚子疼的。"护士说得很轻松。

只一杯茶的工夫，岳母上气不接下气地又来找护士："不好啦！遇仙说肚子下坠，疼得厉害，嚷着要去茅房！不对劲，太不对劲！"

母亲一听，也有些着急，请护士再去看看。

遇仙在床上打滚、呼叫。

护士、岳母扶她进了卫生间，护士突然发现又有一个婴儿的脚出现了。慌了！全都慌了！母亲、岳母急得手足无措，护士惊呆了，她一把拽住了婴儿的脚……

遇仙生了一对双胞胎，第二个男婴降临在卫生间。

三天后，第二个男婴夭折。遇仙的体温一天一天增高。

一周来的高热，折磨得她本来就虚弱的身体，眼见着变了模样。她有气无力地问岳母："我这是怎么了？生了孩子就该好了，为什么老发烧？"昨天，母亲忧心忡忡请来李景泉大夫。李大夫诊脉后，随母亲到老院北屋，摇了摇头，无可奈何地讲："我们中医无能为力，您快请西医照X光像吧！可能是肺的毛病。"

早晨，志秋兄和哥哥已经去医院了。

母亲讲完这些，长长地叹着气，像是自言自语，又像对我说："谁也没想到她生双胞胎，不然，也不会这样。真有个三长两短，扔下这么小的两个孩子，可怎么好哇！"

我们结婚五年，没有口角，夫妻恩爱，家庭和睦，为什么会这样，扔下我而去？不，我要用我的力量，拉她回来，哪怕只有一线希望！

遇仙醒了，睁开惺忪睡眼，看见我站在身边，她像看见了希望，迟滞的目光焕发出神采，深情地看着我，起了泡的嘴角露出甜甜的短暂的一丝笑意。

"你回来了！"声音是那么微弱。

"上午刚回来，跟每次一样，还是那趟车，到家十一点多。"我把语调尽量说得轻松些，不使她察觉到我的焦虑、难过。

"演了几场……《别姬》？累不累？"她对我的关心，像针扎在我的心上，我努力控制着感情。

"就演了一场《别姬》，不累。你的病不要紧，我给你请大夫治，很快就能治好，你放心！"我紧紧握住了她瘦弱的手。

这是鼓励她，也是给我自己打气。遇仙神志还清醒，我心中的希望和信心陡地增强了。她还有救，大夫的话不能不听，不能全听，我要尽最大的努力救她！

岳母在一旁哭出了声。

"妈，您甭难受……我，我这几年，福也享过了，吃得好……"她干咳了几声，停下来喘了口气，"穿得也……好，还坐了飞机……"

又是一阵干咳。

志秋兄和哥哥连去几家医院，人家都不肯带X光机出诊，最后，找到景山后街的清源医院，说了许多好话，总算同意出诊，不算出诊费，照一张片子八十元。

　　"不管多少钱，也得照！"我说。

　　下午，X光机拉来了。我指挥着从新院的大门拉进来，偏偏仪器太大，屋门太小，进不去。

　　"拆！"大家七手八脚，门卸了，还进不去。

　　"再拆！"门框也拆了。X光片拍了。

　　第二天，志秋和哥哥到医院取回X光片。全家人传看这一片白晃晃的片子，不知是吉是凶、是希望是绝望。

　　志秋兄说："我知道，片子上有黑影就是痨病，这哪儿有黑影呀？八成没太大毛病。"他的话，听来似有道理，这也是大家最愿听到的话。

　　大夫来了，他拿起X光片对着光亮左看右看，没有说话。我心里七上八下，急得忍不住，恨不能从医生的嘴里把那句"不要紧，有法子治"的话掏出来。我迫不及待地说："您看应该怎么治就怎么治，甭顾虑药费，钱不是问题，多演几场戏就全有了。求您想办法治治她……"

　　大夫将片子放在桌子上，摇摇头。

　　"袁老板，有句俗话说，大夫治得了病，治不了命。您夫人的病已入膏肓。从片子上看左肺已没有了，右肺只剩一部分，晚期肺结核，就是通常说的痨病晚期。得这种病本身就难治愈，哪能怀孕生小孩，又是双胞胎？太晚了，太晚了……"

　　临走，大夫又交代了一下："这病传染，孩子、大人都要隔离。"

　　事情突变成这种残酷的局面，我实实在在难以接受，可又无力回天！

　　遇仙昏迷了！几天后，她给我留下了还差三天才满月的儿子和一个一岁半的女儿。

　　我唯一能做的，就是去华乐园对面德寿棺材铺赊了一具二百多元的最好的棺木，送她上路。

有人说："给她使这么好的寿材，将来你母亲用什么样的？"

母亲哭着说："她来家里五年了，给袁家又留儿又留女，应该，应该的！"

无声的呼唤，无泪的哭泣，伴送她去了。

她去了。

返回南屋，这曾经充盈着柔情蜜意的房间空荡无依，凄凄凉凉。唉，"望庐思其人，入室想所历"，我久久难以入睡……

五年，我们只共同生活了五年，这在人生旅途中，犹如留在海滩上的脚印，转瞬即逝，十分短暂。在这短暂的时光里，她献给我青春之美、温柔之爱，留下一双儿女；她献给我温顺、贤良之德，孝敬母亲，礼让哥姐，任劳任怨。

她像一只载满温馨的小船，停泊在我的心之港湾，永远不会消逝。

天黑了，屋里什么也看不见，可我似乎看见了她，遇仙仿佛在对我笑，她又抖起空竹，空竹呜呜地响着，她开心地咯咯地笑着……

她又将转伞的绳圈套在腿上，跑着跑着双脚离地，身子随着伞一圈一圈不停地旋转，笑声在空中飘荡……

她怀孕"害口"，想吃怪味，我陪她在金老公馆门口吃鸡肠子，我们坐在一条长凳上，她吃，我看。

上海，夜静更深，卖热馄饨的敲着梆子，遇仙喜欢吃南方的馄饨，每每散戏归来，我都陪她静候那响亮的梆音……

忽然，巫师又来了，他举着一根长长的银针，猛地推开我，抓起遇仙那瘦弱的臂膀将针刺进她的血管，血往蓝花大碗内流淌，遇仙的脸色，瞬间变得蜡黄。

血，从蓝花大碗里溢出来，触目惊心地流……

我，猛然惊醒了！

我们只知她是"喜病"，竟让病魔暗暗吞噬掉她的左肺，又吞噬她的右肺，我们却全然不知！

由于我们的愚昧无知，使她在承受着极大病痛的同时，怀孕并生下双子，上演了惨不忍睹的一幕！

病魔夺走了遇仙年轻的生命，无情地将我们分到了两个世界，从此阴阳两隔！

我与任遇仙

柒拾贰 万民欢 日本投降

天气越来越热,市面越来越混乱,各班社的演出无法维持,全停演了。

烦躁、郁闷的情绪紧紧地缠绕着我。曹操诗曰:"何以解忧,唯有杜康。"我不会饮酒,对我来说,何以解忧,唯有麻将。

吃过午饭,少春来到我家,要我到万春兄家去聊天、解闷,以打发这百无聊赖的日子。

万春兄家住果子巷中大吉巷。他是少春的姐夫。我和万春兄舞台上下交往较少,舞台上没同过场,来他家也是最近这些日子。对于万春兄舞台上的技艺,我是从小就钦佩的。他长我四岁,我没入科听蹭戏时就看过十二岁的万春兄和师弟兰月春演的《两将军》,还见过一张他和国剧宗师杨小楼先生以及京剧众名家的合照。万春坐在杨先生腿上,身穿浅色衫,手拿一把小折扇,俨然一个小演员,让我羡慕不已。

走到他家门前,少春问我:"你知道这房子原来是谁的吗?"

我摇摇头。

"是我老师的。"

"余叔岩先生?"

"嗯,老师很喜欢我姐夫,给他住。后来亲爹(万春父李永利先生)坚持给老师钱,算是买下来了。"

万春开门将我们迎进去。

几人相聚,说一阵,聊一会儿,最有趣的还是搓麻将。

晚上,万春热情款待晚饭。家中厨师一手高技,做的饭菜堪称美味佳肴。他坚持要玩通宵,我们不怕熬夜,就怕早起。玩吧,不玩更闲得难受。

深夜三点多了,有人使劲儿敲门。我们都有些纳闷儿,谁会在三更半夜敲门呢?是不是万春兄又要"演戏"呢?此时,少春也问万春兄:"姐夫,你又捣鬼?"万春兄一脸认真地说:"没有,没有,不知是谁敲门!"我们还是将信将疑,一次当好上,第二次就难了。

不久前,也是少春找我来万春兄家玩麻将,志秋也在我家,便同来这里。坐在牌桌上,万春兄说:"这些日子,老听说有查夜的,隔壁一家就被日本人抓走了,关了好几天才放回来,咱们玩是玩,轻着点儿,省得找麻烦。"玩到夜里一点左右,就听外边一阵敲门声,万春兄所办的鸣春社科班学生气喘吁吁地跑进来,说:"师傅,不好了,日本兵查夜来啦!"说着四个人已经闯进门来,为首的是个日军,穿着一身黄军装,嘴上留着小胡子。紧跟着是当地的警察,穿一身黑警服,身后还有俩便衣。

日本人叫嚷:"你们的,什么的干活?"

万春咧着嘴皮笑肉不笑地说:"我们的,戏八义的干活,统统地,在玩牌。"

日本人仔细地看了看每个人,目光停在志秋身上:"你的什么的干活?"

志秋吓得说:"戏八义的干活,他们打牌,我在看。"

"看!什么的?"

"我看他们打牌,玩这个只能四个人,我们轮换,我先看……"志秋对日本兵的追问很害怕，脸也吓白了，说话语无伦次。

我、少春也很紧张，万春兄和其弟庆春也露出十分害怕的神色。

"你的，有嫌疑的！"日本兵指着志秋说完，向警察一招手，转身往外走，两个便衣上来就拉扯志秋。

志秋挣扎着喊："玩麻将的不抓，抓我这个站着看的，讲理吗？"

志秋将要被拽出门的时候，只见万春兄、庆春忍俊不禁，哈哈大笑，便衣也松开志秋的手，日本兵、警察返身进屋，笑成一团……

我和少春恍然大悟，原来这是万春兄在搞恶作剧！

志秋又好笑又好气地嚷着："我一猜你们就是假的，真的能抓我这个没玩牌的，不抓你们这些玩牌的？"

"别说了，别说了，你这两下子我们也领教了，再演下去，你会吓得哭出来！哆嗦得还不够瞧的。"大伙儿齐声反驳。

"得，兄弟们，到此为止，不玩玩，不乐呵！我准备夜宵，给大伙儿压惊！这都是我们鸣春社的学生帮着开开心。"万春兄说着，转向学生，"一起吃，辛苦！辛苦！"

"你哪儿弄来的这些'戏装'啊？"我指着日本兵服和警察服问。

"嘿！这年头弄点儿这个还不容易？说不定什么时候就派上用场。"

想到这儿，万春越是认真地说，我和少春越疑惑。

庆春已经出去开门了。万春兄紧张地站在院子里，我们也跟到院里看看究竟。

进来的人我们认识，是万春兄的得意高徒、鸣春社最出色的学生之一——吴鸣申，就是上次扮日本兵的那个。他喜气洋洋地举着几张黄色、粉色的传单，连蹦带跳，到了院里高喊："师傅，师傅！好消息！天大的好消息！"

少春拦住他："夜静更深，嚷什么！快说！"

万春也催他快说。我想，这万春兄又在耍什么新花招。

少春又说:"别卖关子了,快说我姐夫这次给你排的什么新闹剧?"少春和我想的一样。

"你们猜猜看!什么是最好的事,就猜什么!"看来这小伙子没说假话。急性子的我最怕这个,我实在忍不住,于是跑过去一把夺下鸣申手里花花绿绿的传单。我一看就跳了起来:"太好了,太好了!"说着把传单扔向空中。

"大半夜的,你们全得什么病啦?到底什么事,值得这么大惊小怪?"说着,少春从地上捡起飞落的传单。

"日本投降啦!噢——"少春也孩子气地把捡起的那张传单往天上扔。

于是,我们几个人高兴地跳跃着把传单捡起来,扔上去……

万春的家人全被吵起来了,听到这振奋人心的消息,全都喜笑颜开。打开电匣子(收音机),我们倾身而听。

天将亮,我和少春告辞回家。

一路上有的电线杆、树上、墙上已贴着"庆祝抗战胜利""日本帝国主义无条件投降"的标语,红红绿绿的。但是,街道上依然很平静。行人们三三两两交头接耳,小声传递着日本投降的喜讯。我和少春忍不住向相遇的行人点头微笑,不相识的人们也报以会心的微笑——日本人仍盘踞北平,尚不能大张旗鼓。

回到家中,叫开门,就听见屋里的电匣子被母亲调到最大声,播音员报告着抗战胜利的喜讯。母亲笑得合不住嘴,说:"天没亮,就听见孩子们一群群地在唱歌,没完没了。我以为又是捡煤核的孩子们哪,忍不住出去看了看,敢情日本投降啦!"

我知道,母亲童年生活艰苦,五六岁就到街上捡煤核,所以至今母亲仍对捡煤核的穷孩子有着一份特殊的感情,尤其是在冬日,当她看到街上一些孩子头上包块布,身穿破烂不堪的棉袄、棉裤,冻得像紫萝卜一样的小手拿把小铁铲,挎着个小破篮,母亲就会马上端出一盆还有许多未着透的煤球的炉灰倒给他们,并将一些零钱塞给年龄小的孩子。

"刚才我发上木耳、黄花、香菇,中午吃打卤面,庆贺庆贺!"通常,家中有人过生日才吃这种面,今天,是国家的再生日,应该吃!

"对,晚上咱们好好做几个菜,买点儿酒,把二姐、二姐夫都叫过来,一起喝几杯!"

傍晚街市上的店铺也早早关张了。和我们一样,大家都聚在家中,一起划拳、喝酒,庆祝日本投降,庆祝我们中国人挺直腰杆,再不做亡国奴。八年来,年年盼,天天想,"忽如一夜春风来,千树万树梨花开",这一天终于来了,怎能不尽兴欢庆呢!

几天后,电台广播了日本裕仁天皇的讲话,日本投降明朗化。

高兴、激动、振奋之情,像热浪一样,强烈地冲击着整个北平、整个神州大地!

几个月来忧闷、消沉的心绪,被这强烈的冲击波刺激得振作起来,我置身于全国人民欢庆抗战胜利的热潮中。

北平各行各业纷纷以各自的方式庆贺抗战胜利。

八月下旬,尚小云先生倡议为庆祝世界永久和平降低票价演出,他率领抗战时期维持下来的荣春社科班,在前门外三庆园演出全本《崔猛》,随后在三庆园登场连续演出《李三娘磨房产子》《新十三妹》《蟠桃盛会》。多年辍演的王凤卿先生也演出了《天降麒麟》。

少春和我合演的《文天祥》也经过两周紧张的改本、排练,公演了。

《文天祥》的剧本,原是上海张善琨的电影剧本,有一位曾一度在少春上海住所闲居的先生着手改写成京剧本,少春曾在天蟾舞台演过。这次我们重新做了修改,还由那位先生执笔,加强了各角色的做、念。我们大家商量,为了庆祝抗战胜利,将剧情改为:文天祥没死,他打败伯颜取得胜利,百姓们打着旗欢迎文天祥进入临安城……少春饰文天祥,李玉茹饰皇娘,我前饰贾似道、后饰伯颜。全剧紧紧结合形势,尤其是盛武兄饰演一位年长的老百姓,在欢迎文天祥进城时,自编了一大段念白,控诉受外邦侵略,百姓没吃少穿，靠混合面度日，吃后闹肚子、拉稀等悲惨遭遇，结合现实，借临安沦陷之事，哭诉日本帝国主义侵华八年的罪恶，道出了观众的心声。此剧在华乐园演了很长一段时间，场场客满。

柒拾叁 再说媒 观剧相亲

抗日战争胜利后的北平，迎来了四季中最美好的金秋。自从抹去那道令人深恶痛绝的亡国奴阴影后，我心扉敞亮，一直沉醉在欢欣鼓舞、企望从此国富民强的狂热之中。仰视天空，天高清如水；遥看枫叶，枫红撩人醉。

一天，我们又在华乐园演出《文天祥》。

我匆匆勾好贾似道的白脸，穿好服装，趁着离开演还有几分钟的时间，急急走到舞台，想撩开大幕和边幕的间隙，向观众席中看看。不想，盛武已站在那里向台下张望，他发觉我来了，回首说："嘿，老三你看，真奇怪！"

"奇怪什么？"

"你看第三排中间坐的，是谁来了。"

第三排中间位子上坐的是谁，我当然知道，只是不便明说，既然盛武已让开地方，我就半推半就地站过去看。

台下又是座无虚席的大满堂，观众席中一片嘈杂，热气腾腾。我迅速巡看到第三排正中，她坐在中间，左边是她的大姐迟温媛，右边是她的二姐迟淑媛。

"第三排上坐着的是世恭的大姐、二姐和四妹……"盛武在后面似有意似无意地自言自语。

我没听他念叨,直视第三排正中的她。可惜,观众席灯光偏暗,舞台上下相距只几米开外,就看不清了。然而,她白白净净的肌肤,端正的面庞,稳重娴雅的气质,一下子映入我的眼帘。

"啪!"一只有力的手拍在我的肩上,知是盛武,我没回头,盛武见我不理他,又凑过来一起往台下看。他贴在我耳边神秘地小声说:"你瞧,中间的那个是世恭的四妹,长得真不错,又是世家,你看着要是中意,四哥我给你提提去。早点续弦吧!"

"啊,噢,谢谢你……已经……正提着哪!"我不得不放下台帘,有些尴尬地说。

"哈哈!闹了半天,你……她们……这是相亲哪!快,你快多看看吧!我真是仨鼻子眼——多出一口气。"盛武说话一贯风趣,这可能也是跟他演小花脸有关系吧。

"走吧,该开戏了。"

"我说呢,传闻刘宗洋和世恭的大姐两口子感情非常好,自从刘宗洋去世后,世恭的大姐就再不到剧场看戏,连电匣子都不听,怎么会今儿来看戏呢?太奇怪了。原来如此!好事,好事。谁给提的?"

"云溪的母亲,张老太太。"

"张老太太,成,她和世恭是亲家,跟你是故交,我看这事儿成啦!等着喝你们的喜酒啦!越早越好哇!"我们边说边走至后台做各自的准备工作。

何止是盛武这样说。遇仙病逝后,孩子太小,尽管请了奶母,又有母亲帮忙照顾,二姐也时不时搭把手,仍需有料理家务之人。关心我的亲友们催着我早续弦,热心提亲的人也不少,可一直没碰到合适的。

前几天,云溪的父亲张德俊先生手提鸟笼子到家中来访,实际上是特来送个口信儿，让我抽空到他家去一下，张老太太找我有事。我追问了几次，张先生没正面回答，只是说："让她跟你说吧，好事！"我知道，张先生不过问家事，也就不再多问。我猜想可能是章遏云大姐托张老太太来约我演出的事。

下午两点，我来到云溪家。

"哎呀，世海呀，你可成我们家的稀客啦！不请不到哇！"张老太太五十多岁，仍不显老。两只大大的眼睛，依然明亮而有神韵，虽然她是高度近视，戴着眼镜看字还要放在最近的位置。她操着上海口音，爽朗热情地接待了我。难怪张老太太这么说，当年，我是她家的常客，正是张老太太的热情帮忙，推荐我随章遏云大姐去南京演出，使我渡过难关，寻到了转机。

"是呀，是呀，娘（戏班师兄弟之间当面称呼对方的母亲都叫娘），这不是您一叫，我就马上来看您来啦！您的新房子不错呀，给您贺乔迁之喜了！"这是一座四合院，两间东房，两间西房，三间北房。小院不大，但挺实用。

"这些年一直在东北转，回北平，落脚的地方都没有，租房住不是长久之计，就买了这座房子。进屋吧，进屋看看。"

我被引进正房。两明一暗的布局，里面是云溪夫妇的卧室，地上墁着洋灰地。当时北平住房大多是土地或长方砖地。

"好几年没见您了，您还是这么硬朗。听说你们买了房，我一天到晚瞎忙，没能来看您，短礼、短礼！"

"世海，我还真挺想你的哪，知道你忙，咱们没什么可客气的！"

"您找我什么事呀？"

张老太太刚要讲话，云溪的爱人给我端来一杯茶。

"三哥，您好！"

"这是迟家二姑娘，世恭的二姐，不是外人。"张老太太介绍。世恭我们当然熟，二姑娘没见过。她身材不高，娇小玲珑，和云溪是挺般配的一对儿。

"云溪在上海挺好吧？来信了吗？"我问。

"常来信，他这期和（张）春华在一起，演出挺受欢迎。"行，听她说话挺温和、开朗。

"您也该去上海玩玩呀！"

"准备去，得把孩子安顿好。"

正说着，屋里传出小孩的哭声，二姑娘转身进了里屋。

"这三个孩子，真是累人！大的小慧三岁，二的小懿两岁，三的是小子启明，才百天，吵得人头痛。"

"您儿孙满堂，这是求之不得的福气呀！"

话，我是这样说了，看到二姑娘身体健康，生儿百日，面色红润，不觉心中一阵酸楚，陷入沉默。

"趁这会儿清静，孩子都睡了，我们赶快言归正传。孩子们一醒，你哭他叫，哎呀呀，什么也办不成。我找你来，是想给你提门亲事。"

"哪一家的？"

"也不是外人，就是二姑娘的妹妹四姑娘福嫒。"

"嘿嘿，您提到后头了。"

"是吗？谁给你提的？"张老太太闻之一愣，问我。

"刘富溪师兄提的。这位四姑娘十八岁，是吧？我没答应。十八岁还是个孩子，我家里还有两个孩子，凑到一块儿，我怎么应付呀？不是驳您的面子……"

"你先别说，听我把话说完。"

我和张老太太一家关系密切，互相说话毫无顾忌。

"我是过来人，什么不懂？我正是替你着想。我说完你不愿意没关系，可也先听我把话说完。"

"好，好，您说。"

"我们去东北这些年，回北平房无一间，地无一垄，暂住西交民巷大来旅馆，让二姑娘到迟家住一阵子，她正怀着启明自顾不暇，我带着小慧，小懿没人管，只好请四姑娘帮忙。不久，我们租了西砖胡同的房子，云溪去了上海，我实在带不了两个孩子，就又把四姑娘接到我家。哎呀，她又有耐心又能干，每天给孩子洗澡、喂水喂饭、弄屎弄尿，一点儿不嫌脏，把孩子收拾得干干净净，极有耐心啦！小懿怎么磨她，她也不着急，想着花样哄她玩。后来，二姑娘生了启明，她又照顾启明。她十八岁呀，我看，能胜过二十八岁的！我说的这话，一点儿没有夸大，你的二姐全清楚，我们聊天时，你二姐就说：'将来谁家娶了这位四姑娘，谁是有福气的！'你回家问你二姐，看她怎么说。"张老太太一口气说下来，我没打断她的话，仔细地听着。张老太太略略一停又接着说："四姑娘个子比二姑娘高，长得俊，你没在西砖胡同见过她吗？"

"没有。"

"你不是为看孩子去过西砖胡同吗？"

张家在西砖胡同租房住时，恰与我二姐、二姐夫是同院街坊。因为母亲坐帆布椅把手指夹肿，无法照看小蓉，我二姐将小蓉接到西砖胡同照看，我曾去看望小蓉，来去匆匆，却未注意到这位四姑娘。

"奶奶！"三岁的小慧和两岁的小懿揉着眼睛从里屋走了出来。

"来，来，找奶奶抱。"张老太太抱起小懿，拉着小慧，还没坐下，"哇啊啊——哇哇啊……"从里屋又传来小孩的哭声。

"乱啦，又乱啦！我不留你了，你回去想想，找你二姐再问问，你再回我话。"

"好，我想想，改天我再来。"

回到家里，我对母亲和二姐将张老太太的好意说了一遍。

不想，二姐高兴地拍着手说："若真能成，那可太好了！真是件大喜的事。迟家四姑娘，人长得很秀气，模样俊且不说，照顾孩子的耐心法儿，没挑。别看岁数小,孩子的冷啊热呀,想得全着哪!更少有的是又不嫌脏,又不怕累,娶到咱家来再合适不过了。我可是没敢想,这么好的姑娘,迟家又是富户,姑娘岁数比你小一轮,给你续弦,进门就看两个孩子,迟家能同意吗?如果张老太太果真能促成,那再好不过了!"

二姐对福媛的称赞和对这门亲事的热心,比张老太太的话更能使我动心。果真这样,两个孩子就有依靠了。好机会不可错过。

次日,我告诉张老太太向迟家提亲。张老太太高兴极了,她拍着手说:"我担保迟家这头没问题,你听好消息吧!"

几天后,张先生手提鸟笼又来送信。

中午,我去到张家,张老太太一口气地说,她已向迟家提了亲,迟老太太提出先看看我的戏再说。

我满口应承:"后天我演《连环套》,请你们一起去看戏,明天我把票送来。"

张老太太陪迟老太太看戏后的第二天中午,我按约定又来到张家。

张老太太见到我的高兴劲儿就甭提了,很仔细地说了事情的经过。

"世海呀,事情有谱啦!昨天看你的《连环套》,观众多欢迎啊!这比我说什么都强。亲家母也喜欢你演的戏。散了戏,我留她在我这儿住了一夜,我们结为亲家这些年,还是头一回哟!她吃了午饭刚走,我们老姐妹该谈的都谈了。我把你的家世说了说,亲家母说你有心胸、有出息,外行人吃戏饭能让观众这么欢迎,不容易!看得出,亲家母挺喜欢你。我就试探着问她,是不是对续弦、前妻留下两个孩子有些那个,我担心的就这点儿事。没想到亲家母可比我还想得开,她说'这不是个事情',这是原话。'我们大姑娘给宗洋也是续弦,也是前妻留下两个孩子,宗洋活着时,他们过得多好哇!事在人为。'我又问,你是不是觉得世海的岁数大了点儿呀?她也只是重复了一句'大是大了点儿',我看她还没太嫌你岁数大,起码,岁数大小,亲家母看得不重。告诉你,这三件事过得去,亲事就有谱啦!"

"那么迟家有什么顾虑吗?"

"亲家母说啦,她原想着,四姑娘岁数还小,才将十八岁,觉得有合适的早些定下来,过两年再娶。现在,你这种情况,哪能等两年呢?家里急等人手哇!四姑娘是她最疼爱的老闺女(小女儿),早早地嫁出去有点儿舍不得。嘻,我说您可想差了,要说四姑娘结了婚,家里全是儿子没人照顾您,觉得寂寞,这是有的,要说舍不得就大可不必!舍不得,错过机会当了老姑娘,像她姑姑似的,四十多岁老死在家里,不就是父母疼之过甚的过吗?这样的结局就舍得啦?您这一想不是什么理由。最后,亲家母才透露出,早年曾听世恭说你母亲比较厉害,怕四姑娘岁数小,过了门,撑不起这个家来。"

"我母亲厉害?世恭他……"张老太太说话速度快,我想插话是很难的,听到此,我必须插话了,也只插上半句,又让张老太太抢了过去。

"先听我说,我都说清楚了,亲家母听我介绍了你家的情况,理解你母亲一人带五个孩子度日的艰难。我又说:在尚家我就见过他母亲,云溪结婚时也在一起聊过天,这个老太太是知情达理的痛快人,不是那种厉害人。真是您听世恭说的那样,我对得起四姑娘吗?我也对不住您哪!简单说吧,亲家母已经同意回家和她的几个儿子商量商量。我提出让四姑娘和你见见,亲家母也点了头。看,这不是有谱了嘛!"

"好,那就听您的安排吧!"

我们这才商定让二姑娘陪四姑娘看《文天祥》,才有了前面三姐妹看戏的那一幕。

看完《文天祥》的第二天,上午十一点多钟,张先生又来送信,说张老太太已将福媛接至家中,让我两点钟去见面。真佩服张老太太办事的魄力和效率。

张老太太、二姑娘迎我走进北屋,我仍坐在迎门的八仙桌左边的椅子上。

二姑娘用手指指里屋,示意四姑娘在里面。

孩子们都睡了，整个院落十分安静。张老太太、二姑娘、我都是健谈之人，今天却面面相觑，一时无话可说。难怪了，眼下的戏应是"定计相亲"一折，偏要演成"巧遇"，对演技的要求显然比较高喽！

我转着脑子找话题。猛然想起淑媛要去上海找云溪，这是个话题，对，就从这儿说起吧！

"二弟妹不是要去上海找云溪吗？"这话说得没头没脑。

"是啊！"

"坐火车，还是坐飞机去？"

"如果坐火车还得倒车，又带着孩子，路上不方便。倒是想坐飞机去，就是发愁飞机票不好买。"解放前去上海需要在浦口倒车，路上要走三天。

"飞机票我想想办法，航空局有几个戏迷朋友，估计没问题。"有了话题，说着说着也就松弛了些。

四姑娘不从里屋出来，我只好说下去："您去过上海吗？"

"没有，前一阵子云溪总在东北转，这回我是第一次去上海。"二姑娘说。

"上海十里洋场，繁华得很，闲时可以让云溪陪你逛公司，去上海大世界，照照哈哈镜……"为了延长时间，只得在这里给二姑娘做一通口头导游。

我们耗了近一个小时，仍不见四姑娘自然地走出来，还说什么呢？我又开始搜肠刮肚找话题了。谈戏，还是谈戏吧，这个话题是说不完的。于是我又讲起在华乐园演《文天祥》的情况。

我的话多似流水，时间过得快了，感觉完全进入了自然而然的状态。

终于，里屋门开了。算不得"千呼万唤始出来"，也是千等万等了。我急转脸看去，这比昨天在戏园里看得清楚多啦。四姑娘从里屋走出来，径直走出外屋去西厢房了。

"怎么样，看见了吧？"张老太太小声问。

我点点头:"您看的还有错?"

虽然她没看见我,我却看清了她。的确,她是个俊美的姑娘,圆圆的脸庞,尖尖的下颏,高鼻梁,两道与众不同的修长的眉,配上黑丝绒袍外罩玫红绣银丝花朵的坎肩,更衬托出她的清秀、文雅。

"那就过几天听信儿吧。"

"好,我走了,机票订好,我来告诉您。"

张老太太、二姑娘送我来到院里,我顺着她指的方向看去,福媛正在西厢房里低头看报。

"回见啊!"我有意识地高声说着,愉快地走出张家。

柒拾肆 谢媒宴 畅叙家常

一九四五年十一月二十五日，小雪纷纷。我请"始终胜利"（世忠和盛利）给迟家送去我准备好的大红锦匣，里面有两枚金戒指、两枚银戒指和红绒花。福媛手戴戒指，头插红绒花，然后给大媒磕头行礼。迟家留请世忠、盛利喝喜酒，这就算完成了"放定"仪式。看来，世忠、盛利不仅在我的艺术道路上，而且在我的生活中也扮演着"始终胜利"的角色。

第二天晚上，我邀请张老太太、二姑娘在王府井帅府园内东兴楼喝谢媒酒，福媛自当参加，由二姑娘接出来，我又请了世忠、盛利作陪。

东兴楼饭庄是一家老字号，东华门是总号，一个姓扎的绰号叫扎大少的是东家，扎大少弟兄们是中华戏曲专科学校的座上客。这家饭庄以支炉烤鸭著称。

我和盛利、世忠早早来到，招待们热情接待，将我们领到雅座。订好菜单，二姑娘、福媛来了，福媛自然地闪过我，和世忠、盛利微笑着点一点头。

"张大爷和娘怎么没来?"我问二姑娘。

"她实在出不来,三个孩子在家,我们娘儿俩都出来不成。老太太让我替她喝这喜酒,也好照顾一下福媛。"

张大爷和张老太太没到,虽名曰谢媒酒,也只是大家高兴聚聚。世忠、盛利和二姑娘把我和福媛推到上座相挨着坐下。

凉拌鸭掌、肉丝粉皮、拌鸭肝、拼盘,几道凉菜摆好,服务员端来热腾腾的还在开水里焐着的黄酒,刚要给斟酒,世忠用手一挡:"我们自斟、自斟。"招待退下去了。

"三哥,咱们今天喝的是谢媒酒对吧?那这第一杯应该是谁给谁斟呢?"

我立即端起酒壶给他们一一斟上,说:"来,端起这杯酒!谢谢张老太太做媒,二姑娘帮忙……"

"哎,三哥,又是你的不是了。以前从云溪那儿论,你叫她二姑娘,现在定了亲,从未来的三嫂这儿论,应该老老实实地称呼二姐呀!世恭和我也算世交,喂,我可是不偏不倚!"世忠说。

这一点我是无话可说:"好,二姐,谢谢您的帮忙,促成这件喜事。干了这杯,一定要干!"

"好,我干了这杯。"她和世忠、盛利、我都干了,偷眼一看福媛,她只抿了一小口。

为了不让世忠、盛利挑三拣四,我主动拿起酒壶给大家斟酒,世忠立即用手捂住,耸耸鼻子,似笑非笑地说:"三哥,您不过刚定亲而已,还没办喜事呢,就这么护着未来的三嫂,她给斟杯酒,您都怕累着?"

"世忠,真有你的!请你陪着我,怎么专对我来呀!"

"不是哟,三哥,我们喝喜酒可不光是喝您的,说白了,主要想喝未来三嫂的,不是吗?"

我只好坐下。福媛红红的脸,在红绒花的映衬下更加俊秀。她微笑着给大家斟酒,最后给我也斟满,但她还是不看我。

"这杯酒,咱们大家祝三哥和未来的三嫂幸福美满,白头到老。"

照样,我们都干了,而福媛又只抿了一小口。

"不行,四姑娘,这杯酒至关重要,您说什么也得干。来,端起杯,干了!"

"我不会……"福媛有些为难。

"您干吧,黄酒不醉人,干!"福媛只得干了。

三杯酒入肚,世忠的话更多了。

我的岳母王惠亭,摄于一九五六年

"三哥,您这门亲算是结对了,您真有福。我常去世恭家,四姑娘伺候老太太那个周到,帮二姑娘带孩子,我都亲眼看见过,将来准是您的贤内助,这是一;再有,老迟家在咱们梨园行算得上是棵根深的老树,听我家老爷子说,传到世恭这辈吃这碗饭都有七八代了。"

"七代。"二姑娘给他更正。

噢,我只知她的父亲迟景昆唱武生,早已故去;爷爷迟子俊工丑行,和萧先生同辈,后告别舞台,给马连良先生当管事,我曾经见过,前几年也去世了。

"老祖辈叫迟春祥,唱梆子,对不对?好像跟梅家还是挺近的亲戚。"

"对,我的姥姥姓梅,是梅先生的姑姑。"

"迟老太太是姓王吗?"

"是呀!"二姑娘说。

"那就对了,好像听我爸说,过去和梅先生一样红的王惠芳就是你的亲舅舅。王先生和梅大爷是表兄弟,二人被誉为'惠兰齐芳'。尚小云先生的夫人和姜妙香先生的夫人都是你们的姨母?"

"是的。"

"怎么样？还有哪！你们本姓尉迟，山东蓬莱人，老祖辈是高腔十三绝中的武生尉迟宝财，被称之为迟财官。对不对？"

"对！你还知道我们家什么事？"二姑娘问世忠。

"多啦！这位老祖宗好身手，据说演《蜈蚣岭》中的武松，在唱'替兄杀了嫂'一句时，朝天蹬不用手扶，腿一抬就在头顶停住。好腿功！如今传到世恭已经是第七代了。三哥，这棵树的根够深的吧？"

对于这些，我不太在意。

"你怎么知道得这么详细？"我问。

"我们是世交，我常去大外廊营串门，和迟爷爷一起聊天。说句没出息的话，他抽大烟我时不时还'扳个尖'（即抽几口的意思）呢。这是其一；其二呢，您一做亲，我跟我爸一说，他把对迟家所知都告诉我了。瞧，我给您打听得清清楚楚，您说这喜酒，我该不该多喝点儿？"

"酒，我管够，你尽情地喝，可是有一样，那'扳个尖'的小便宜可占不得，多少人就是这么……"

"三哥，您放心，我哪能上这个当呀！这是多少年前的事啦，迟爷爷都没了好几年了。"

"好，我信得过你。我还得告诉你，话说多了，可就吃不饱、喝不足啦！"

"您瞧，今儿不是好日子吗？平日我话多，好日子话更多。我正要跟您说，昨天'放定'，吃完饭回家的路上，我和张大哥越琢磨越觉得有些事让人预想不到。就说您和迟家结亲的事，我们怎么也没想到能成，就说在科班，您和世恭为了会钱……"

"在这儿说这个干吗？"盛利始终没太说话，忍不住制止世忠。

我扑哧一声笑了，说："现在想起这些孩子气的事，真觉得好笑。可当时，你们知道我多为难哪！姐姐要结婚，靠我妈做针线活挣的钱哪儿够？我的小戏份钱又不多，急得我没办法。起个会，我当会头找大家凑点儿钱用，解解燃眉之急。谁想，这个窟窿没能力填……"

二姑娘笑着抢过话茬儿说："世恭老找你要会钱，是不是？我们都知道世恭追到你们家，你不在家，他就生气，回家来跟我爷爷念叨，我爷爷劝他：'他们家挺艰难的，你又不缺钱花，追得那么紧干什么？你做行头用钱就从我这儿拿。'世恭才没话可讲。别说，我爷爷可是挺喜欢你的，他没少看你的戏，说你有出息，将来必成好角儿。"

"是吗？承蒙爷爷错爱！"我抱起拳向二姑娘一表谢意。

"这么说三哥，您和迟家早就有缘分，跟世恭却老有小疙瘩，还记得广和楼世恭误场吗？"世忠说着端起酒盅自饮一杯。

"当然记得。巧不巧那天广和楼演《霸王别姬》，前边世恭的《坐楼杀惜》，我和福媛都去看，结果出场的不是世恭，而是李……"二姑娘很开朗，也很爱说话。

"李世霖。"盛利补充说。

"世恭却演了《别姬》中的韩信，我们直纳闷儿是怎么回事。直到回家，三弟世德给世恭跟包，听他跟爷爷说：'大哥在家里谁也不敢惹他，可到了外边呢，哼！今天他误场，让袁世海一通狠训，什么不该为几块钱去小班赶包、亏得还是世家出身、正经的挂二牌的老生呢，最后让大哥扮韩信，他连哼都没敢哼一声。'"

"这件事，本来就是世恭没理，不然他能不哼吗？"我解释说。

"现在不是评是非，我是说早知如此，何必当初？世恭要能想到你是他未来的妹夫，他还能追着你要会钱？你要知道他是你的大舅子，你还不嘴下留情，何必招得他反对这门亲事呢？"

"不！世恭最初不同意可不是为这个，只是觉得岁数不相当，但是他做不了我娘的主。我娘说：'岁数大点儿怕什么，人有本事比什么都强！'最后还跟世恭说：'这不是给你娶媳妇，是给我闺女找婆家，你得听我的！'

这门亲就算定了！"二姑娘越说越激动，最后还用筷子点了两下桌子。

"嘿，这老太太，看上去温顺和气，说话慢条斯理，眼力这么准！敢做敢当，不愧出自名门，有见识！"世忠耸着鼻子连声夸赞。

"原来还有这些过节，张老太太没告诉我。世恭考虑的也有道理，可以理解。如果我的妹妹定亲，我也得多考虑考虑。"我毫无责怪世恭的意思，不过我没想到迟家岳母竟有这样的见识，心里暗暗佩服。

"来吧，为三哥这么好的、这么赏识他的未来老岳母寿比南山干一杯！"

"四姑娘，这一杯也是要干的哟，干了这一杯我有好词奉上。"

福媛只好又干一杯。

"好，我来念贺词。"世忠又耸了耸鼻子，还咳了咳嗓子，端起架势说，"是姻缘棒打不散，俊秀女巧配才郎。为三哥将来夫妻和美、白头偕老干杯！"

"干杯！"

小宴极为尽兴。

第二天清晨，我起床晚了，还没来得及洗脸，世芳就来约我去太原演出。

首场演出是腊月初七，我必须初四起程，只有几天了。不知怎的，我心里平添许多不安，左思右想总不踏实，当晚又是苦思半夜，家里情况比较复杂，她能处理好吗？我下决心要和她见面谈谈。次日早上，我就去找张老太太谈了我的想法，她很赞同，说今天下午让二姑娘把福媛接出来，明天早上她和我去北海连玩带谈。

柒拾伍 明心迹 雪地萌情

早晨，天将亮我就起床了，说心里话，虽然我已经是两个孩子的父亲了，但是婚前两人单独约会，心情仍是颇为激动。收拾完毕，推门而出，外面一片白茫茫。下雪了！感谢老天爷慨然助兴，我和福媛第一次去北海，竟能观赏雪景，真没敢有此奢望啊！

我们俩几乎是同时来到张家。

"快去吧，难得有机会去北海看雪景，真是天遂人愿。"张老太太说。

"今儿的大雪，是老天祝福你们俩白头到老啊！"二姐说。

于是，我们没进屋，就又满怀兴奋地迈出了张家的大门。

我们俩间隔一人的距离，默默地并排在雪地上走着。时光尚早，路上行人稀少，很安静，我不时侧目望她。她中等身材，和中等身高的我站在一起很般配。她身穿灰皮大衣，露出紫红色疙瘩呢过膝夹袍和一双长丝袜，脚上穿一双上海式紫色黑格翻腰拉锁棉鞋。她低着头，黑亮黑亮的卷曲的长发温顺地被紫发卡别在身后，又洒脱地分垂在前胸和后肩。她两眼始终凝视着脚下的皑皑白雪,步履轻缓,像是有些舍不得践踏晶莹洁白而又松软的白雪。

我们俩走出松树胡同,穿过和平门,快到六部口了,还是谁也没有说话。我不是不善谈,也不是无话可说,恰恰相反,是有一肚子的话。可此情此景,竟让我找不到突破口,被难住了。我扭脸看她,一副洁白的特大口罩,不但遮住了她的整张脸,也遮住了她和陌生的未婚夫同行同游的娇羞神态和复杂的心绪。她没有说话,是没话对我说吗?不,恐怕她要对我说的话并不比我少。我暗想,她的话大概是被那大口罩挡住了。

沉默是必然的。固然,社会风气已比较开放,但在当时,有几多人能像我们这样,进洞房之前就可以出来游玩呢?

我应主动打破这尴尬的沉默。

"雪后的空气真好,你喜欢雪吗?"

她轻轻点点头,没有看我。

"年轻的时候,遇到下雪,我会比往常更早去坛根儿喊嗓子,练的时间也比往日更长,萧先生说,就是名丑萧长华先生,你知道他吗?"她又轻轻地点了点头,没有看我。

"萧先生说,雪天喊嗓最出功。这几年演出多、事情多,加上嗓子已经定型了,很少喊嗓了,按说也是不应该的。世恭还喊嗓子吗?"

她轻轻点点头,又紧接着摇摇头。甭再问,和我差不多,以前喊,现在不喊。

就这样干干巴巴摇头不算点头算地边走边谈,已走到中央电影院门前。我

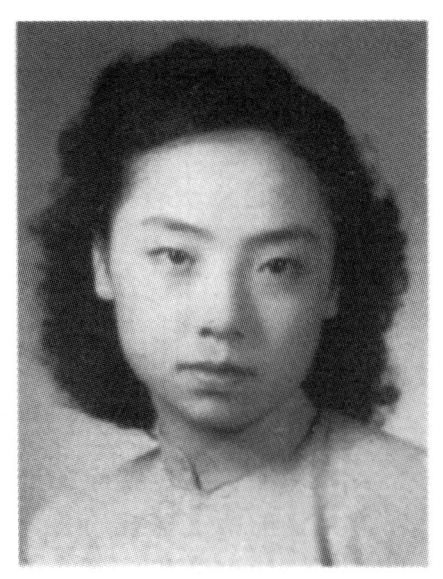

福嫒小照

看到泰隆·鲍华主演的《碧血黄沙》的广告牌，很感兴趣。

"你爱看电影吗？"

她又轻轻点点头。

"我也很喜欢看，尤其在上海演出时，有空常去看电影。《碧血黄沙》你看过吗？"

她摇摇头。

"今天不行了，我们先去北海，十二点到东安市场的东雅楼吃饭。饭后，我送你回张家，是我答应张老太太的。我要出去演出了，以后我约你去看《碧血黄沙》。"

"去哪儿演出？"她终于开口了。

"和世芳去山西太原演出，这已经是第二次去了。世芳祖籍山西，山西一些朋友很捧他，特别是银号界的，所以票卖得好，宴请也多。上次去演出时，我们还去看过当地的山西梆子班，那个苦……"我滔滔不绝地向她讲着见闻，发着感叹。

我们走进了北海公园的大门。这场雪使北海白茫茫一片，与高高的白塔浑然一体，白塔顶上铜铸镏金华盖越发巍然夺目。走过白石桥，正面一座牌坊，上写苍劲的"云堆"二字。

"你看这写着'云堆'二字的牌坊立在雪中，太恰当了！在飞机上看云跟白雪一样。你坐过飞机吗？"

她摇摇头。

"在飞机上看云和地上的白雪一样。嘿，今天我们好像在天上仙境游玩一样！"

她微微一笑，其实是我感到的，隔着白口罩看不着她的笑容。

"我常去上海演出，去时一定请你坐飞机，你就会有我今天的感受了。"

我们已走上桥西边的路。

"咱们先登白塔看雪景吧。"

她顺从地和我选择了一条山石叠垒的小路，沿着撷秀亭西侧外墙一口气登上白塔。

凭栏远眺，俯瞰北平的雪景，不禁豁然开朗。我做了个深呼吸，一股清风沁人心脾，说不出的舒畅。我不禁朗诵道："一夜北风寒，万里彤云厚。长空雪乱飘，改尽江山旧。"

"你还会作诗？"福媛惊讶地问道。

"作诗？这是《三顾茅庐》中二顾时诸葛亮的岳父黄承彦的念白。"我哈哈大笑，"我要有这么深的文化功底就不得了啦！唉，科班里不念书，小时候只爱唱戏，不爱念书，现在想起来真是后悔。"

起风了，也许是高处不胜寒，我不由得往下拉拉水獭皮帽，把我的宽额头遮盖得严实些，把大衣的水獭领立起来，别让风把嗓子吹哑。再看她，她没戴帽子，额头的卷发已被吹乱，耳朵冻得通红。

"怎么没戴顶帽子？我看许多女孩都戴毛线帽，又暖和又好看，你以后也戴一顶。看，耳朵都冻红了，把大衣领立起来吧，看我，多暖和。来，我帮你，别冻着。"

"我不觉得冷。"

我还是帮她把大衣领立起来，真觉得她不过是个大孩子，过门后将要做两个孩子的母亲，这副担子不知她挑得动挑不动。

"我们下去吧，这里风太大。"我说。

我们步出白塔正南灰砖墙的圆拱门，才下了几步台阶，我就停住脚步，转身回返。刚才我瞥见灰砖墙上刻了很多的字，大都是"某某到此一游"，我心血来潮，想，这次和福媛来北海是很有纪念意义的，何不也留个纪念？我站在石灰墙前选了一块空地，用指甲在上面写。我的指甲剪得很短，划上的痕迹很浅，反复多次才能划出一道笔画。一只紫红色的发卡递到我眼前。用发卡后面的铁丝别子，很快刻出我的名字和她的"迟"字。我想起《奇双会》中《写状》一折，赵宠为妻李桂枝写状问她的名字的趣事，便也明知故问地问她是哪个"福"字哪个"媛"字。

"'福气'的'福','暖'字改成'女'字旁的'媛'。"她说得大大方方。毕竟时代不同了,我想。

我按她所说,刻在墙上。

"知道吗?你的名字起得很有点儿意思。"我故意一本正经地说。

她睁大眼睛,用疑问的目光望着我。

"福媛,福媛,说明福在袁家,姓迟嘛,似乎是指姗姗来迟了。"说完,我笑了。

她扭了一下脸,眨了眨眼睛,大口罩遮掩了她似羞似嗔的神情。

"我大姐叫温媛,二姐叫淑媛,我生在伏天,就叫福媛了。"她认真地纠正我的话。

"袁世海迟福媛定婚一游"几个字刻好,我们就沿着石阶下山,来到山洞口。

"穿山洞吗?"我们站在洞口往里一望,我问。

"里面挺黑,不好走,还是从外面下山吧。"

转过交翠亭就是漪澜堂,到仿膳后侧门了。

"这就是仿膳,你来这里吃过饭吗?"

她摇摇头。

"这是仿膳饭庄,今天如果不是有少春和我们聚会,我就请你去尝尝慈禧吃过的栗子面小窝窝头。不过还是夏天来这里吃饭更相宜。等夏天,我们和妈,带着孩子一起来北海逛逛,到这里尝尝他们的肉末夹烧饼、小窝窝头、豌豆黄,别有风味。"

说到这儿,自然而然转入正题,我认真地对她说:"说实话,你到我家来,我会让你享福的。吃穿是不发愁的,你爱吃什么、爱穿什么,尽管吃、尽管穿。房子虽没有你们家大,却很实用。房顶有顶灯,三面安玻璃,又亮堂又不刺眼。茅房都是新式卫生设备。这是从郝老师那里学来的,住着很方便。我母亲也会疼爱你,你放心。定亲前,张老太太跟我说,你母亲有点儿顾虑,曾听说我母亲挺厉害,张老太太已经向你母亲解释清楚了。你也不要为此担心。我母亲通情达理,为人性情直爽、开朗,这些我都很随我母亲。而且她非常疼爱我们姐弟,对和我结婚五年的遇仙一直都很好,婆媳和睦,对你也一定会很好的。她喜欢玩麻将,大部分时间都花在这上了。唉,应该让老太太享享福,这一辈子太不容易了……"

我们走得很慢。我向她讲了童年之苦,青年时期在社会上挣扎之难,母亲如何支撑着这个家,想让她了解我的过去、我的家庭。

不觉已过了琼岛春阴,我低头看表,呀!十一点半已过。

"我们快走吧,少春和侯玉兰十二点在东雅楼等我们,咱们最好先到,免得他们拿咱们开心。"

我叫了两辆人力车,答应多付些钱,要求快点儿送我们到东安市场。紧赶慢赶,还是迟到了,少春已等在东雅楼雅座间。

少春笑眯眯地看看我,又看看福媛,用手一托眼镜,迎面就说:"您从哪儿来?"

"北海。"

"怪不得,三哥玩得尽兴了,把我们这儿的饭局怕是给忘了吧!"

我笑着看了一眼福媛,暗示她,我猜得怎么样?忙搪塞说:"哪儿能呢!因为有这儿的饭局,才顺便去北海看看雪景。咦,怎么就你一人呢?"

"我们早早恭候在此,见你们迟迟未到,玉兰去稻香村给孩子买点儿东西,马上就来。"

我们脱下外衣,福媛也摘掉了口罩,双双入座。

"恭喜!三哥能定下这样一位未来的三嫂,一句话:艳福不浅。真替您高兴。最让我嫉妒的是您的终身大事全由您自己做主。看看您,再想想我,唉!"

说着,满面笑容的少春又成了双眉颦蹙的老样子。少春的感慨事出有因，我理解他的无奈。何必呢？今天是高兴的聚会，为我的喜事，勾出他的满腹伤心事，赶快转舵吧，我把话题引开了。

"少春，今天是我的好日子，也是祝贺你和玉兰又得一子的好日子，咱们说点儿高兴的！"

"对、对、对，三哥，您瞧我，我也是心不由己，您别在意。瞧，玉兰来啦！"

侯玉兰走进东雅楼，见我们已到，三步两步来到桌前，上下打量福媛。

"呵！哟！啧啧，三哥真有福气，小姑娘又俊又雅，多好哇！"侯玉兰打量着福媛，不住地赞叹着对我说。

侯玉兰，这位毕业于中华戏曲专科学校、已在舞台上很有些名气的女演员，已和少春同居，刚生过小孩，虽有些发福，但依旧温婉可人，圆圆的脸，双眼皮，大大的眼睛，浓黑的弯眉，长长的睫毛。她一向穿着朴素，常穿蓝布大褂，典型的学生做派。今天，衬绒袍外仍然罩了件蓝布大褂。在上海演出，宣传刊物都称她是"布衣女郎"。她说话一向爽快，转脸瞪了一眼少春，又嗔又嗲地说："哼，瞧瞧人家，看着多高兴啊！"

"又来啦！你给我生了个大胖儿子，也看着高兴啊！快坐下吧，就等你啦！"

玉兰坐在与少春相邻的位子上。

说话间，凉菜已上，热黄酒也斟好了。

"来，三哥，未来的三嫂，祝贺您们定婚之喜，干杯！"

我们站起身，举起杯，少春祝完酒，我俩一饮而尽，玉兰干了半杯，福媛抿了一口。

"福媛，看，你的芳名我早知道了。吃点儿叉烧肉，这是广东馆的名菜。一回生，二回熟，少春和三哥老在一起合作，我们见面的时候多着呢，绝不是外人，甭客气。"她夹了些叉烧肉送到福媛的小碟里。

"电匣子里听你唱得挺好，可惜没看过你的戏。"

"唉，现在有了小孩，演不了喽！"她俩聊了起来。

"三哥，您去太原的日子定了吗？"少春问我。

"定了，后天起程，只演一期就回来。"

"这回我们排的《文天祥》能演一阵子，算是不含糊。等您回来，咱们哥儿俩得去天津、上海转一转，八年抗战总算胜利了，应该过几年太平日子了。"

"所见略同，咱们的心气儿老是碰得准，难得！"我一边和少春讲话，一边侧耳聆听福媛和侯玉兰的谈话。

"看你这么文雅，我想你是不是学生啊？是念女子高中，还是上大学？"

"不是的，家里是老式家庭，对我们管得严。平日里除了我大姐、二姐家，或是看看大哥的戏，哪里也不让去。学只上了四年，因为有病，也因为大了，就不让再上了。"

看得出，福媛对这种场合甚是生疏，又因为我的关系，仍是很害羞，讲话很少，却是有问必答，大大方方，毫无忸怩之态，使我很高兴。

"真是大家闺秀，三哥有福哇！"侯玉兰连连感叹。但愿如此，但愿家庭和美，我也在虔诚地祈祷。

"咱们还得再排几出当年杨、郝合作的戏……"

"对，比如《野猪林》和三、四本《连环套》。"

少春一直在说，我分神了，没听着，一说到排戏，我的心才收回来，马上抢着说出我一直想和他排的剧目。

"对，这几出戏，我们都排！三、四本《连环套》和《野猪林》都是理想剧目。只是这些年没人演，还得找找总讲本。"

"总讲本？我问问郝老师，他会有的。这个我包了。这几出戏咱们要排，还得好好改改本子。我已经有些想法，等看了总讲本，咱们再商量。"

"玉兰，照顾小姑娘吃饭，别光说不吃呀！要知道这是咱们未来的三嫂。"少春见她俩光说不吃，提醒玉兰。

小姑娘儿乎成了后来大家对福媛的习惯性称呼。尤其是上海邀角儿人、老朋友马志忠，直到一九八六年我们在香港见面，邀请我们夫妇到他家做客，马志忠还称已经六十多岁的福媛为小姑娘。

上汤了。少春喝了一匙汤，品味良久后，说："三哥，快喝吧，趁热，这碗审头刺真不赖。""审头刺"戏名原是《审头刺汤》，少春将剧名中的"汤"字免去，用免去之字来代替他要说的"汤"。再比如喝粥，少春会说来碗潞安，因为《潞安州》也是一出戏名，"州"与"粥"谐音。如说加些白糖，少春会说来点儿一捧雪（《一捧雪》为剧名），或是加点儿关东，即指关东糖的"糖"字。这是少春的发明。

少春接着又一匙一匙地喝汤，两眼看看我，又看看福媛。见此状，我心想少春又要找机会拿我们寻开心，得提防提防。果然，少春狡黠地眨一眨眼，下意识地用手托了托眼镜，说："玉兰，回到家里，我们赶紧把外屋的大床拆了吧，这回派不上用场了。"

玉兰睁着大眼睛，看着少春，显然不解其意。我也纳闷儿：这是什么意思？好一会儿玉兰才说："咱们在这儿吃饭，怎么想起这些七零八碎的事呢？大床拆它干吗？赶明儿三哥要……噢……好，好，拆！拆！拆！"

玉兰明白了。我当然也明白了。遇仙去世以后，很长一段时间，我情绪低落，又赶上日本投降前夕，市面很乱，不宜演出，唯有靠打麻将消磨时光。我经常在少春那里玩，玉兰、少春再加上玉兰的姑姑或母亲，正好一桌牌。玩困了，我就在少春、玉兰家外屋的大床上休息，有时几天不回家，所以少春以拆床来逗我。

"真木！以后再请三哥就难了，是不是三哥？"

我没有回答，仰天大笑。

饭后，因玉兰惦记家中小孩，要早些回家，与我们分手。少春介绍说东华门真光电影院正在上映电影《碧血黄沙》，他们来时路过看见的，我心一动，决定陪福媛去看电影。刚要走出东安市场，我一眼看到一家店门里挂着一顶方形带围巾的毛线帽，一道灰一道紫的图案，与福媛穿的灰皮大衣、紫色长袍相配，别提有多和谐。我走过去，让福媛试戴，挺合适，更像小姑娘了，我给她买下了这个并不太值钱却很实用的第一件礼品。

电影散场了，我们随着人流走出电影院，立刻被等候多时的人力车夫们蜂拥围住。

"先生，要车吗？"

"小姐，要车吗？我的车又干净跑得又快！"

"太太，上车吧。"

"先生，路滑，不好走，坐车回家吧！"

路是很滑，渐起的西风吹冻了白天已融化的雪水。可是我们都不想坐车，我陪着她没走南池子直接回家，而是有意识地拐进南河沿，往东穿到王府井过了长安街，走进东交民巷。

这是北平最整洁的一条街。只因为是外国使馆所在地，所以马路平坦，路灯别致，树木茂盛。此时，路边一座座风格各异的洋楼里灯火辉煌，映射得路上格外明亮。人力车、马车均不许在此通过，使得这条街道安静之中又平添几分神秘。

如眉新月悄悄地挂在天边，一洒清辉。落叶后的树枝仍不甘寂寞，随风摇动，参差错落的树影在地面上做着分割月光的游戏。

我和福媛漫步在人行路上，并肩前行。我的步伐尽管缓慢，脑子可是在飞快地转动着：一天过去了，我们玩得蛮开心。然而最重要的事还没有谈，后天的车票已订好，明天收拾行李不可能再出来，一定要充分利用送她回家的这段时间。我看了看已经看习惯了的她的大口罩，决定把几天来的心事讲给她：

"福媛。"

"嗯？"

行。她对我已经熟悉一些了，摇头不算点头算的适应期应该过去了，我想。

"今天我们玩得挺好,我托张老太太把你约出来,一方面是希望彼此多熟悉熟悉,主要是我想让你知道知道家里的情况。这也没有什么可瞒你的。开始富溪师哥就提过这门亲,因为我觉得你的岁数太小,过了门就做两个孩子的母亲,怕吃不消就回谢了。后来张老太太又提这门亲,介绍你能干;可巧这些又是我二姐亲眼所见,我很高兴地同意了,可又害怕好事难成。你的岁数不大,又不是急着找人家,岂肯做续弦?我家里还有孩子,况且我又大你一轮,居然就成了!当然老太太对我器重,她替你做了主。你就没有什么想法吗?"

"我?……"她看了我一眼,摇了摇头。

"怎么想就怎么说,一家人怕什么?说吧!"

"我,我娘说,男的岁数大点儿没关系,只要人好,有本事就好。我大哥找连阔如给我细批过八字……"

"连阔如?说评书的连阔如?"

"嗯,他说我命硬,必须找个岁数大些的才压得住。"

"命硬?为什么?"

"我十三岁就没了父亲,挨肩的三姐也没了,所以说我命硬。"

"哈哈,这么说,我不到两岁就没了父亲,结婚五年妻子又去世,我的命比你的命还硬!咱俩硬碰硬,准会消灾免祸,白头偕老了。哈哈哈!"我仰首大笑,没看见她的表情,我猜她也笑了。

"我是再婚,你也不介意?"

"我娘说,这没什么,只要两个人好。我大姐就是继配,跟大姐夫感情特别好,可惜大姐夫不在了,他非常好。"说到这儿,她沉默了,是替她大姐惋惜、哀痛吧。刘宗洋是杨小楼先生唯一的女儿所生的唯一的外孙,被视为亲孙。据我所知,得杨老亲自传授的只有宗洋了。而且宗洋和温媛大姐夫妻恩爱,在北平梨园界众所周知,可惜宗洋年仅三十三岁就患肺结核故去了。

"那……那我家里还有两个孩子,大的叫小蓉,是女孩,刚两周岁,小的叫和平,才几个月,你不嫌……"

下边的话实在不好说了,但是话已说出也收不回,且听她怎样回答吧。

"在西砖胡同我见过小蓉,郑大哥天天抱着她。真是,莫怪我娘说,没娘的孩子是最可怜的。"

说到此,她停顿了一下,猛地扭过脸注视着我的眼睛说:"你……不放心?"

一天了,一直是我问她答,她突然主动问我,我反而愣住了,怎么回答呢?说放心吧,为什么还提起这个话头呢?说不放心呢,又太直截了当。匆忙中,我竟点点头,又摇摇头。短暂的沉默后,她说:"有一出戏叫《芦花记》,你听说过吗?"

"知道,尚小云先生也演过这出戏,叫《鞭打芦花》。"

这出戏讲的是:一位县太爷前妻留下一子,后娶的夫人不够贤良。偏爱自己的孩子,虐待前妻的孩子。一个三九天,县太爷带着两个儿子去朋友家赴宴,大儿子老是哆哆嗦嗦浑身发抖,话也说不出。县太爷认为大儿子给他丢了脸,回到家里,鞭打儿子,衣服打破,飞出芦花,县官始知真相,父子抱头痛哭,遂要休妻……

"小时候,我娘给我讲过这个故事,印象深刻。我特别憎恨那个县官夫人。我不是那样的人,你放心吧!"

听到这些话,我还有什么不放心的呢?几个"我娘说",已经使我看清她的单纯。一出对《芦花记》中人物的爱憎,又使我看到了她的善良。她已经将金子般的心捧出奉献给我。她那副洁白的大口罩上面一对乌黑晶亮的眼睛,闪烁着善良而自信的光芒,像两泓清泉,流入我的心田。

黄金有价,情义无价。沟通心灵何需什么海誓山盟,信誓旦旦?我一切的担心、忧虑,顿时都烟消云散。我感到失去的幸福重新回到身边。

"太好了，我们真是碰……哎哟！"满心欢喜的我，"碰心气"几个字还没说出口，忽然脚下一滑，身体一个趔趄，亏她拉了我一把，总算没摔倒。我停下脚步往四下一看，咦？原来我们早已走出东交民巷，绕过前门，拐进大栅栏，来到李铁拐斜街。这条小巷地面不平坦，又铺满了冰雪，很难走。我沉浸在幸福之中，没有注意脚下。幸好有她，我才没跌倒。这似乎也是个极好的预兆。

"多亏你扶我，但愿你到了我家也这么帮扶我，那你不仅是福在袁家，而且也是扶助袁家了。"

可惜，天上虽有弯月，但街巷里比较昏暗，我看不清她脸上的表情。不过，我相信她的心里是甜蜜的。她明白我已经信任她了，将来会与她同心同德、相知相守。

"可是……可是……"

可是？是不是还有什么条件呢？我忙说："说吧，有什么说什么，不要兜圈子。"

"我的针线活儿不好。我娘和大姐、二姐的针线活儿都好，我就没太学……不会做衣服，尤其是钉纽扣，太难了……"

"嘻，这算什么，我们买着穿。要靠你做衣服，我还能有什么起色呀？一点儿关系都没有！不用担心，听见没有？"真是个天真的姑娘，我怜惜地劝导她。

"别送了，就到这儿吧。"来到大外廊营口上，她停住了脚步。

"送你到门口吧。这里路黑，又不好走。"

"不必了，我出来，家里只知去二姐家，让他们看见不好。"

"好，那我走了。"话是这么说，我的脚却一步没动。

"天冷了，出外注意身体。"她也一步未动。

她望着我，我望着她，四目相对，依依惜别之情均在不言中。

"去山西只待十多天，回来就过礼，定日子办喜事。"我说。

她轻轻点点头。真的，我看见白口罩闪动了一下。

"回来见。"我向后退行两步，对她说。

"这儿是风口，回去吧，当心吹坏了嗓子！"她说完转身走了几步，回首看看我，我向她招招手。

目送她的背影消失在夜幕中，估计她拐进大外廊营，我正要转身回家，忽然感到阵阵寒风吹来，我赶忙将大衣的领子竖起。雪后寒呀，刚才竟没觉得，我加快步伐向家中走去。

她呢，轻轻叫开门，悄悄走进院里。见大哥的屋子里黑着灯，她轻轻松了一口气。娘的屋里也黑着灯，想是进城烧香还没回来，自从三十几岁得了心脏病后在佛前许下愿，老太太每逢初一、十五等重要日子，都要吃斋，而且还要进城烧香还愿。

福媛进屋后觉得很冷，见火已经封了一天，挑开炉门，脱去大衣，搬把椅子坐在炉前。与未婚夫一天的接触，对这个涉世未深的少女来说是极不平凡的。她在这静静的暖暖的炉火旁，一任思绪奔腾，浮想联翩。她朦胧地编织着"福在袁家"的美好生活，她将热忱地献出母爱，承担起抚养两个孩子的重任。凝视着刚刚燃起的蓝色的火苗，她仿佛看见两个孩子在向她微笑，她情不自禁地伸出手去拥抱他们……

"哎哟！"钻心的疼痛使她喊了一声，放在膝头的左手刚要伸出就碰在炉壁上，烫出拇指大的燎泡……

这一段趣事是婚后看见她手上的新疤，我问起来，才知道的。

齐驱

2010

我与福媛的结婚照,摄于一九四六年农历二月十三

柒拾陆 紧赶场 吉日结亲

过礼定于一九四六年二月初二，"二月二，龙抬头"，对同属大龙的我们俩来说是最好的日子。婚期定在农历二月十三，据说外国人认为十三这个数字不好，可我们遵循的是中国习俗，皇历上写着这天是除危定日黄的黄道吉日。地点在同兴堂。

正月底我被李华亭约至天津中国大戏院与奚啸伯演出十二天。好在婚事已准备得差不多了，农历二月初十就能回到北平，不耽误定好的婚期。

过礼那天，由母亲和二姐操办着给迟家送去了十二抬食盒，装着一对镯子、一对戒指、四季衣服、龙凤饼等，还有一只鹅。据说，这只鹅叫得很响，前次娶遇仙，也说鹅叫得特别响，看来，我倒真是个爱说话的姑爷了。

二月初八，李华亭从北平返回天津，急急火火地告诉我，少春定于二月十二来天津打炮，我必须留在天津，先和少春演一期（十二天），然后盛章加入一期。没等他说完，我就截住他的话："大经理，您真会开玩笑。天津的戏我若是都唱了，北平的那出'戏'，没有我可怎么开锣呀？您给我贺了半天喜,是忘了,还是忙晕了?"

"唉呀!你急啥子哟!我跟少春商量好了,十二号少春打炮,唱《打金砖》。演完了,您就抓紧休息,十三日早上五点我送您回北平,不耽误您的婚事。十三日晚上无论如何保证您能入洞房,少春和李玉茹演一场《武松与潘金莲》。您十四日坐下午的车回天津。晚上是《洗浮山》带《霸王庄》,您演黄龙基,也不累。最后一个小时上场,也就是说晚上十点来剧场都误不了扮戏(过去演出大都在夜里十二点才散场)。按少春的话说,让三哥陪着三嫂到天津度蜜月。我向少春立下军令状,借用《花田八错》中的一句话,那是'保得去,保得回',是一点儿也不错。怎么样?没话可说吧?"李华亭操着湖北口音一口气说完。他们已经安排得相当周密了,我只好点头:"好!安排得这么周到,还说什么!"

事情定下来了。中国大戏院有着很齐整的一班底包,按月开支,中间空场一天,损失较大。尽管时间安排得太紧,我也只好点头。这是在旧班社必尝的辛苦啊!

谁知十二日晚上就开始下大雪,第二天早晨五点,李华亭雇好两辆车,他把我叫醒,与我同去火车站,同到北平。一下火车,我们直奔东升平澡堂,事前已写信告知家里将新做的袍子马褂送至东升平。

鹅毛般的大雪仍在不停地下着,这是一场多年未见的大雪。地上积雪已是一尺多深了,人力车拉着我们十分艰难地去往前门廊房头条内取灯胡同的同兴堂。

我望着同兴堂的大匾额,不禁感慨万千。

难忘年年三月十八,富连成科班在这里隆重举行靠箱会(戏班中管箱人的节日),我们这些学徒美餐一顿后,观看什锦杂耍,高高兴兴地度过一年中我们盼望的一天。

就是在这里,我终于扮演了《珠帘寨》中的周德威,改变了我在科班中的地位,使我步上架子花脸的第一级台阶。

今天，又是在这里，我将完成人生中的一件大事。但愿我和福媛幸福美满，地久天长。

来不及多想，李华亭已拉着我迈进同兴堂。

呵，同兴堂的喜堂内红绸高悬，贴着双喜字儿的红灯挂在正中，在香烛的辉映下，格外动人。围桌上绣着送子娘娘的图案，地上铺满红毯。

亲朋宾客已陆续到来，雪路难行，实在难为他们，天气的寒冷阻挡不了大家的热情！

最难的要数轿夫。除了一顶由八个人抬的崭新的红轿子，还有两顶分别由四个人抬的绿轿子，人们不畏严寒，任鹅毛般的雪片飞落在头上，他们步调一致地艰难地跋涉在风雪中，保持轿子的平稳。按照一般规矩，这八面大鼓九对锣的轿队要抬着新娘浩浩荡荡地多绕几条街，今天只能从大外廊营直奔同兴堂。

一切都按照传统的礼仪，在热烈欢乐的气氛中，我和福媛拜堂成亲。

最使客人们惊叹的是，在老式的婚礼仪式结束之后，我换下长袍马褂，穿上笔挺的黑色燕尾服，打上领结，戴上手套。新娘换上西式白色婚纱服，站在高高的喜棚下，进行文明结婚的拍照仪式。在当时，文明结婚（即西式婚礼）已逐渐被人们所接受，世芳结婚就是这么办的，但像我们这样先中式后西式二者结合、中西合璧的，尚属少有。

祝贺的人们赞不绝口，他们赞新郎英姿勃勃，赞新娘像出水芙蓉一样水灵、俊美，赞我们是天造地设的一对儿。人们对新娘的赞美在我的预料之中，我这位新郎嘛，这套合身的燕尾服配上薄薄一层头发（这是好不容易才留下的），倒还不显老相，两人的身量也合适，所以从外貌上看很般配。

摄影师搬出了深红色绒布蒙着的照相机，调整好灯光和焦距。

"喂！新郎新娘亲热点儿！新郎靠住新娘，快！"

"新郎官拿出点儿李逵的快性子来！"

在一阵阵的哄笑声中，人们纷纷吵嚷着要我靠近新娘。少春之弟幼春吼了两句，声音格外洪亮，有着花脸特有的共鸣音，引起一阵更热烈的哄笑。幼春是特意代表少春来参加婚礼的。

当众人赞美新娘时，我真是很想看她一眼，可她和我并排站在这众目睽睽之下，我怎好意思扭过脸看她呢？就是瞟一眼，也怕万一被某一双眼睛盯上，又会被取笑一阵。反正她的模样我早就熟悉了，何必非在此时看她呢？所以我一直张着嘴向大家笑，不敢侧身面对她。现在，对于众人的呼叫，我必须做出反应。再说结婚照总不能新郎新娘分开站，必须要靠在一起。借这个机会，我转过了身。只见福媛身穿拖地几尺的灯笼袖纱裙，头戴花簇云堆的白头纱，头微低，面微红，眼微垂，手捧鲜花，不胜娇羞地站在我身旁。我情不自禁地向她靠近⋯⋯

第二天清晨，李华亭早早送来火车票，向我母亲道过喜之后，他说："我先坐车回天津告诉少春，就都放心了。到时候，您千万催着他点儿，别误车！"

"放心吧！世海一向做事认真，不会误的。"

岳母迟老太太来到我家。按照老规矩，应该摆酒款待，女婿给岳母磕头，以示洞房花烛夜对新娘一切满意。我讨厌这些烦琐的礼仪，所以只请岳母吃了茶点。不仅如此，就是洞房花烛夜的谢床仪式（即续弦时新人入房要先拜床，表示对前妻的尊重），我也自行取消，只有福媛一人听从了喜娘的"指挥"拜了床。

然后我和福媛一同回门。

走进迟家上房，迎门就是佛堂，铺设着黄布的佛案上，中间供奉着神位、祖先牌位，侧面立着家谱。两支红烛高燃，香炉中青烟缭绕。铜磬旁放着系有红绸的黄色磬锤。桌案前的空地上有一对黄色的蒲团，我和福媛双双跪在上面，先拜佛、拜祖先，再拜岳母，站起来给世恭、世尉、世德、温媛、淑媛鞠躬行礼。我的年纪除比温媛大姐小外，比其他人都大。世恭、世尉、世德自入科班以来都叫我三哥。由于福媛最小，他们现在是既不习惯叫我三弟，可也叫不出"三哥"两个字来。我也一时改不过来，只好大家含混着相互道喜。

在迟家，因岳父早已去世，始终是爷爷迟子俊掌家，他前几年也去世了，世恭是当时迟家的主要经济支柱。这次的婚事均由世恭操办。他特意请来南方厨师，在家中设宴。北屋一桌全是女客，男客们在厢房，大都是世恭的朋友，世芳、世忠也在，几乎全是富连成科班的师兄弟，大家无拘无束，十分畅快。只可惜盛利、少春等人在天津演出，少喝了几杯喜酒。

饭后，我和福媛回到家中。福媛拉开五屉柜，开始收拾行装。她做事麻利，有条理，毫无新娘的娇态和拘谨。

我和福媛刚登上去天津的火车，找到座位，放好行李坐下，就见胖胖的幼春也提着行李包跑了过来。

"嘿，胖三（幼春小名），你怎么昨天没走哇？"

"我？是李华亭给您安排的跟班！昨天婚礼结束他就回了天津。刘铁林（少春班社管事）给咱们买了一趟车的票，怕您万一有事耽搁误了车，让我再帮着买票，得保证您今儿晚上不误场！"

"这李华亭还真是用心良苦。"

"怕误事，我早早就出门了。路太滑，到这儿也不早了。我要在站外等您，又怕您先进站。进站吧？有事就出不来了。正犹豫不定时忽然看见有人头上戴着红绒喜字进站了，我想准是你们二位，就追着红喜字上了车，还真没错！"

幼春很胖，要不怎么叫胖三哪！他是少春的好搭档，大花脸、二花脸、小花脸、丑婆子，文的武的无一不精，称得起是多才多艺。尤其演《智激美猴王》这出戏，他演的猪八戒憨态可掬，很有特色。生活中他更是幽默风趣。他摘下帽子，擦着汗，又补充道："您瞧，刚才坐三轮如同练三九，差点儿没把我冻成冰坨子；这会子追你们一通跑，又如同练三伏，衬衫都湿透了。"

"你有三十六变的猪八戒的本领,怕什么?我倒真替那个车夫叫屈,这么滑的雪地上偏偏遇上你这么一个天蓬大元帅,够分量!从柳树井到前门火车站,路可不近,挣的真是受累钱。"

幼春满不在乎地笑了笑,把手绢整整齐齐折好,放进兜里,顺便掏出大黑烟斗,点着火,吧哒吧哒连抽几口,挺认真地说:"三哥,昨天您的婚礼,真让我们拍案叫绝!"

"何以见得?"

"您瞧,下轿子你们穿的是老式的裙子袄、长袍马褂,嚄,待会儿又变成白纱裙、燕尾服,拜堂照相,免去磕头之苦,别致!想不到您台上创新,这办喜事也创新!"

"这你就说错了,中西两掺、拜堂照相是你三嫂提出来的。"

"嘿,想不到三嫂真有两下子!就是一样儿,您怎么只照一张?多照几张呀!坐着的,站着的,过了这个村,哪儿找这个店呢?"

他这么一说,还真给我们提了醒,不由得我和福媛面面相觑,颇感遗憾。

"你怎么当时不说呀!"我笑着埋怨他。

"哪儿容啊!咔嚓一声响,您就匆匆忙忙更衣去了。我想您准是急着入洞房哪,就……"

没等他说完,我就用力拍了一下他的大腿,说:"甭忙,等你办喜事时,看我怎么整治你……"

说笑了一会儿,我想晚上还有戏,这两天又太累,就开始闭目休息。

到了天津,时间很富余,我们先到国际饭店。过去我们在天津演出,通常住惠中饭店,可是这个饭店被舞女、妓女接客闹得越来越凶,不得休息,就不太去住了。离中国大戏院不远新开了一家国际饭店,天气冷时住国际饭店,它和天津大戏院在同一条街上很方便;天气暖和就改住皇宫饭店,那里条件更好一些。

我舅舅王永海已经在饭店内等候我们。因为舅舅没有什么好的营生可干，又天生手巧，做事仔细，我到处演出得有人给我勒头、穿服装、管服装，于是舅舅便跟着我了。说到保管服装，这可不是一般人能胜任的。要知道，这戏装对我至关重要，"人靠衣装马靠鞍"，对于唱戏的人来说，行头尤其马虎不得。我的戏装都是上等绸缎织绣而成，演出时身上出汗湿透了，要及时晾干，遇到梅雨季，还要喷酒，特别在南方演出，就得格外精心。大领、袖子更是讲究，必须勤洗。再说花脸穿的水衣子，我一出重戏得换三四件，都得洗净倒替着穿，这些工作没有个可靠、勤快的人是不成的，所以，母亲就让舅舅帮我管了服装。

福媛给舅舅磕了头，我们将行李放置好，便去小食堂吃饭。

虽叫小食堂，实际上是一家粤菜馆，就坐落在中国大戏院后边路北，离剧院很近，富禄三叔、我和许多同行们常去光顾。每次吃饭，最后都要点这里的甩果汤（鸡蛋汤）。这道汤是高汤，甩果，勾芡，加姜末，撒上香菜、紫菜，做得挺讲究。

正吃间，经理从里面出来与我打招呼，他见到福媛头上的"喜"字，就问："您这是新婚吧？"

当听我概略地讲完结婚期间忙于在天津演出的情况后，他不住地说："您太辛苦了，真是太辛苦了！这顿喜饭我请了！"

"我马上得去园子，改日叨扰吧。"

"好，既然您没时间，咱们就改日。今天我得表示表示。"

说完就进里面去了。我们将快吃完时，经理端着一碗热腾腾的撒着山楂糕丁的莲子羹来了，说着"祝您早生贵子，连生贵子"的吉祥话，把莲子羹放到我们面前。盛情难却，福媛只得涨着羞红的脸，微笑着致谢。

我们就这样开始了蜜月生活。

每日晚间散戏、卸装，回到国际饭店总要深夜一点多，睡得晚，起得晚，稍事活动就该吃午饭，然后我就陪她逛商场、看电影，或去小梨园听曲艺，见见老牌友小蘑菇、赵佩茹和小彩舞（骆玉笙）。福媛最爱听骆玉笙的京韵大鼓，时不时还能唱上几句。这时的骆玉笙梳着黑亮的齐眉刘海和长长的大辫子，穿着紧袖高领长旗袍，相当俊美。她和福媛一见如故，成为朋友。后来志秋也在天津演出，志秋还陪福媛去骆玉笙家拜访。二十世纪八十年代，我和骆玉笙一同出席全国政协会议，福媛还将她约至家中叙旧。骆玉笙热情地为四十年来的老观众、老朋友单独录制了盒带。

我们在天津演出这段时间，晚饭一般都在鸿宾楼、登瀛楼、惠芳楼吃，这也是想让福媛吃得顺口。后来我发现去鸿宾楼她总是吃得很少，我问什么原因，原来她从小就不喜欢吃羊肉。我就陪她到圆茅房的周家食堂去吃饭。那里的女经理善烹调，菜的味道鲜美独特，福媛很爱吃，有时不惜多走一点儿路也要到周家食堂吃饭。

饭后，我去戏院，福媛有时去前台看戏，有时回饭店休息。当时我已迷上麻将，常在午饭后和天津的一些朋友打牌，总想让福媛同去，福媛不喜麻将，不愿同去。我恐她一个人寂寞，如果独自外出，一是人生地不熟，二是市面治安不好，万一出事咋办？于是我就托盛利或幼春陪她去小白楼逛一下午，买些日常用品，或去小梨园看杂耍、听骆玉笙的大鼓，然后再把福媛送到预订好的饭馆，犒劳陪同者一起就餐。

结婚快一个月了。按照礼俗，新娘子应回娘家过对月，但我们身在天津，无法回北平。马三爷曾和迟子俊爷爷同在马连良的班社，交情较深，他就热情地以福媛的娘家人自居，要请姑奶奶到他那里过对月。三月十三日，马三爷在中国大戏院对面的酱肘铺准备了一食盒菜。过去的圆食盒内分为许多格，每格内装一种菜，什么香肠、大肚、小肚、酱肉等，应有尽有，又让他的伙计小苏炒合菜、烙喜饼，高高兴兴地在他的房间过了对月。

我自认为这段蜜月生活是和谐愉快的，但福媛心里并不满意。这是直到一年后我才知道的。

我的演出十分顺利。和少春、玉茹合演了二十四天戏（原定十二场，续演十二场），场场爆满。为了拓宽戏路，增加剧目，李华亭又约请叶盛章师兄加入演出阵容。

盛章是叶师傅的第三子。他原在福庆班。当时师傅认为自己的儿子不宜在自己办的科班中学艺，唯恐各位先生给予特殊关照，不肯严格要求，反而学不出好本事。后来福庆社散了，萧先生认为能成才的终究能成才，不必拘泥于在哪里学习，就这样盛章才回到富连成。他在福庆社时学花脸，曾演过《芦花荡》中的角色。回到富连成经萧先生慧眼一看，说盛章脸形、身材不适合演大花脸，改为小花脸，归在萧先生名下，学了许多文丑戏。盛章兄文戏能唱《海慧寺》里的裁缝，《审头刺汤》里的汤勤，还有蒋干、贾桂等。萧先生又见他武功基础好，就又让他侧重开口跳、武丑，给他排了《三岔口》《打瓜园》等戏，和"富"字科学员及大"盛"字的李盛斌等人合演。班中没有武丑教师，由王连平、刘喜义等师兄教武戏时代教。萧先生认为应该拜名家深造，建议盛章拜王长林为师。王长林堪称武丑之鼻祖，能得此人传授，将来艺术造诣绝非一般人可比。但这其中又有辈分的矛盾。拜王长林不能叫师傅，只能叫师爷爷，因为萧先生称王老先生为二叔，萧先生和叶师傅又是铁弟兄。怎么办呢？最后盛章拜王长林之子王福山为师，但由王长林亲授。盛章经这样的名师指点，技艺进展非常快。出科后一度组金声社，排演了许多以武丑挑梁的剧目，如《酒丐》《白泰官》《藏珍楼》《徐良出世》等，深受观众好评。这也是由于盛章不仅武功好，而且有良好的文戏基础。萧先生曾说："只有老前辈名武丑张黑可以在个别剧中最后挑演大轴子戏，除此之外，就是你们王爷爷（王长林）也没挑班唱大轴子！"盛章师兄的技艺堪称超越了前辈。富连成在师傅患病期间及去世后呈滑坡趋势，多亏盛章协助龙章大哥苦力支撑。再看今天我们的京剧舞台为何武丑奇缺？其实若单看有些武丑的武功，是很不错的，但缺了文戏基础，表演就不突出。像《酒丐》《徐良出世》等，哪一出大戏的主要人物，都得做、念、唱俱佳才行，绝不是上来就打、就翻。没了文戏基础就等于缺了一条腿。然而，武丑这一行当和净、小生、老旦行一样，表演手段较生、旦贫乏，所演的人物相对有局限性，造成剧目短缺，演出就不能持久。以花脸来讲，金少山之所以能较长久地单独挑班，实属有特殊本领，不仅专工铜锤，还擅长部分架子花脸戏，更有着出奇洪亮的嗓音。即便如此，到晚年还是不成了。所以，盛章也还是不断地与生、净、旦行合演。

每逢少春、我、盛章兄相遇，打炮大都唱《连环套》。李华亭给概括了一句：你们三位演《连环套》可称之为"三绝"。

最让我留恋的，就是我们三人能不分主次，分别同演以各自行当为主的剧目，较好地保持"一棵菜"的舞台作风，打破了一般班社主演不能演配角的惯例。比如盛章兄上演最拿手的《酒丐》，剧中有个老生角色由少春演，我演知县。演《战宛城》时，李玉茹演邹氏，少春演张绣，盛章演胡车，我演曹操。李玉茹主演《美人鱼》时，原来王玉让、王金路的角色，则由少春和我演。

严整的阵容对观众有极强的号召力。演出场场爆满，全体演员更加齐心协力，显示了当时我们年轻一代的蓬勃朝气。

柒拾柒 遭诬陷 扶风停演

旧历四月，我应马连良先生的邀请到了上海。上海繁花似锦，气候宜人，正是演戏的好季节。马连良先生自从年轻时一炮而红之后，在上海是逢贴必满。我们到上海已经演了五六场。这一天，在天蟾上演的是《马义救主》。这出戏讲的是文天祥奉旨回京，路遇一桩冤案，当地县官错判，受冤人的老仆马义不顾一切责罚，甚至滚了钉板要为主申冤。情节纯属虚构，原名《九更天》，衰派老生戏，是老前辈刘景然擅演的剧目。他原是票友，下海后拜孙菊仙为师，所宗的是卢胜奎。先时很能唱，老年气力不足，声调也似吆喝，故人称"叫街刘"。据闻他平生唱戏有瘾，唱戏不拿戏份钱他也愿干，若是白给戏份钱，不派他戏他会不高兴。他的表演做功细腻，念白有力，八十岁上还曾搭过梅兰芳先生的承华社，和梅先生合演过《审头刺汤》，表演仍很精彩。

刘景然先生的两个儿子都与我是师兄弟。一个是刘盛通，在北京京剧院，对余派深有研究。另一个是刘盛道，是位较出色的二路老生。提到他，不禁想起盛道师兄在科时的一件趣事：有一次他饰《法场换子》中的薛猛，受绑法场时，由于旧剧场的卫生条件差，常有苍蝇在台上飞舞，偏偏让盛道师兄赶上了，苍蝇在他脸上叮来叮去，他已"被绑"，不能伸出手来驱赶，只得挤眉弄眼地想把苍蝇赶走。巧了，苍蝇就是不走。时间长了，观众发现了，很快，台下一片骚动，观众指着鼻歪眼斜忙不停的薛猛大笑起来。正在场上唱【二黄】的徐策，不知观众因何发笑，茫然无措之际，他随着观众的目光一看，见盛道师兄正在与苍蝇"苦战"，他也忍不住喷笑起来，唱不下去了。顿时，观众大喝倒彩。

第二天，师傅生气地要责打盛道师兄十板，盛道师兄叫屈："苍蝇叮在脸上不走，多难受，我都没敢伸出手来轰，我不挤眉弄眼……我咋办呢？我……"

师傅也被他说得笑了，给他讲了讲在场上无论怎样都要忍住的道理，免了这十大板。

这件事，现在想起来还直想笑。

马先生在上海演出《马义救主》，唱、做都属上乘，这一剧目成为当时马派的代表作之一。

我在此剧中扮演文天祥。头场上过，隔几场戏之后才会上场，我揿下头来在化装室内休息。

这时，马三爷推门而入。我从镜子里一看，他手里拿着八字髯，虽是脸上勾着豆腐块（小花脸的一种谱式），仍可清楚地看出他神色慌张。

他疾步走到我面前，凑到我耳根，压低嗓音说："老三，娄子大啦！"声音之低、语气之急，与平日大说大笑的马三爷判若两人。

"什么大事，您急成这样？"我问。

"刚才……警察局来抓人……呼噜进来一帮。管事韩金奎上前问，啪！他们亮出逮捕证。大伙儿全吓傻了，赶紧上前台把孙兰亭找来。这会子把他们让到前台去了。"

他用手指指门外，摇着头撇着嘴，补充说："有的还没走！"

我腾地从椅子上站起来问："他们要抓谁呀？"这可不是一般的小事，莫怪马三爷急成这样。我的心直往下沉，急急地问道。

"抓他！"他说着伸出三个指头示意。

我明白了，他们要抓马先生，我简直惊呆了！

"为什么？"

马三爷摇摇头。

"他知道吗？"

"他在场上，还不知道。"

"不知道，今天的戏还能演，一旦知道了，戏不就得打住啦？"

"难说喽。"

"您说能把他抓走吗？"

"难说，也许多点些这个送去，或许……唉，难说……"说着，他用手做了一个点钱的手势。我们相对无言。

"你该上场啦！唉，这年头的事不好说呀！"一旁的老舅也不禁感慨。他催着我勒头。

舞台上传来马先生的念白："县太爷讲有人头是假，若无人头是真，是我下得堂来哪里去寻这个人头，哪里去找这个人头，万般无奈，回得家来与妈妈商议，将我亲生女儿这一刀——"随着"崩登仓"的锣鼓点儿，三人同时做动作。马义甩胡挦胡指女，马妻站起来转身扬袖遮头扶椅发抖，马女从椅子上起屁股座子坐到地上。掌声四起，经久不息，湮没了马义下面的念白。

多精彩的表演啊！亏得他不知道。唉，今天唱完这出戏，不知明天还能不能演？马先生凭唱戏挣钱吃饭，究竟犯了什么法？要逮捕他，这对他犹如晴天霹雳呀！

"哎呀，姥姥呀！"舞台上又传来马妻凄凉悲怆的高声呼叫。我本就替马先生忧心忡忡，这一声呼喊更使我心神不安，难怪此角色马先生必请李洪福扮演，演得太好了！

我满怀心事，迈着沉重的步子去候场。

散戏后，警察已全部撤走，马先生默默无语地卸装，上了汽车回住所。

我不好多问，一夜不安。

第二天一早，我给孙兰亭打电话，没人接。于是去马三爷的房间打听情况。

"不详知，不好多问哪！只是听说，事情有缓。你想，戏票卖光了，马上停演，剧场损失能小吗？听说孙兰亭递过去不少银子，左求右挡，好像答应再演三场，确实不确实，还得且听下回分解。"

"到底为什么呢？"昨儿晚上，我和福媛议论了很长时间，也议不出个名堂来。

"汉奸罪。"马三爷无精打采，情绪低落。

"汉奸？"我闻听此言，几乎吓得跳起来。

"从何说起呢？"

"还不是为咱们那次去东北演出……噢，你没去。昨儿我想了半夜，在那儿唱的还是这几出戏。唱戏、挣钱、吃饭，天经地义，谁有工夫去当他妈的汉奸哪！临走时马先生在车站穿着和服照了张相，就说他是汉奸？！明摆着是敲诈！温如在北平宽街买的那所大宅子，招事儿！'接收大员'一瞧，好家伙！马连良敢情称钱，不敲他一笔，敲谁去？欲加之罪，何患无辞！什么世道……"马三爷愤愤不平地数落一阵，始终没敢把声音放大。

"嗐！马先生的这三场戏，怎么唱呢？"

孙兰亭利用这三天期限，请上海有权势的人出面说合，幸好准予监外听审，免受囚禁之苦。但上海报纸已登出马连良犯汉奸案，政府责令其投案的新闻，搞得无人不知。幸好马先生比我们预想的要冷静得多，坚持演完了这三场戏。

我和福媛婚后去天津演出时，二姑娘就来到上海找云溪。云溪和张春华在天蟾戏院演出《三岔口》等戏，很受欢迎。春华是当时后起的一个出色的武丑。

云溪住在大陆酒店，此时金老公馆已经卖掉。我和福媛住在大中华酒店，中间只隔一条马路，福媛没事就过去和她二姐在一起。见他们自己起火吃得又滋润又省钱，就买了个汽炉，两家合并起火做饭，每天由云溪从东北带回的徒弟孙小园帮着买菜。福媛起床后收拾收拾就去大陆酒店和二姑娘一起做饭，说说笑笑很高兴，我和云溪落个吃得滋润。来上海时间长了，特别想念北方的家常饭，像夏季最爱吃的过水芝麻酱面、炸酱面，配上黄瓜丝、焯熟的豆芽菜、五香煮黄豆、水萝卜丝、芹菜末，还可以再加点芥末，就点西红柿。北京人吃面最讲究面码，这样的炸酱面吃着又凉快又舒服；还有各种馅的饺子，不仅我们自己吃得高兴，而且对没带家眷来的同行们颇具吸引力。春华就是常客，他是个二十多岁的小伙子，还没结婚，见到这些好吃的当仁不让，还有稍后从北平来的盛长等。有时没准备他们的饭，他们也毫不客气坐下就吃。福媛和二姑娘两位厨师只要能听到食客们对她们的厨艺给予赞扬，也很乐于献出自己的那份饭，随便再找点儿别的凑合，心里倒也极高兴。

上海的天气越来越热了，晚上热得睡不着，我和福媛常雇一辆双座三轮车去外滩兜风。回到大中华，打开房门，把床推到房门口睡觉，以图凉快。

生活上很是悠闲，心情却有些不安了。马先生离沪后，孙兰亭准备去北平约人来续演，让我就在上海等候，我同意了。眼看五月将至，不知为什么，北平的人老是没信儿来。孙兰亭也觉得再让我等下去不妥，就和马志忠商量约请高盛麟五月初一在中国大戏院加演日场《连环套》，抢顶帽子（插空演出）。当时陈鹤峰、高百岁等人正在中国大戏院上演连台本戏《血滴子》。我和盛麟演的《连环套》虽在上海很受欢迎，但从未唱过大轴子。这次唱大轴子,我还真有些担心。孙兰亭说:"历来演《连环套》观众都极欢迎,错不了。再者中国大戏院总演连台本戏,换这个戏必有新气象,你放心,肯定错不了!"

这场戏果真上座率极高,福媛、二姑娘和孙兰亭的夫人以及郑君如女士想看戏,在台下找不到座位,只好挤坐在一条长凳上,在舞台的上场门台口观看。演出结束后,孙兰亭付给我二百元,我和福媛欢欢喜喜度过了端午节和她的十九岁生日。

柒拾捌 展才华 盛兰成名

世芳、叶氏三兄弟（盛章、盛兰、盛长）自费来到上海，这使一直约不来人的孙兰亭十分高兴。付清他们的车费，又找来胡少安和陈永玲，恰好云溪、春华在天蟾演毕也归到一处，再加上我们，号称"十大头牌"，预定在天蟾舞台演出。大来公司统管中国大戏院、黄金大戏院、天蟾舞台、共舞台等几个剧院。孙兰亭请顾乾麟、吴性裁两位先生担任大来公司董事长，兼管天蟾舞台。吴性裁原是北平的一位颜料商，酷爱京剧，曾一度包过华乐园，他经营有道，聘用刘铁林做经理，协助管理，处理日常事务，使很不景气的华乐园起死回生。他很懂得这"十大头牌"的阵容是极有号召力的，其中剧目如何排、名次如何写是一个非常微妙而棘手的问题。搞得好，各展才华，群英荟萃，势不可阻。吴性裁请我和盛章、盛兰、世芳等人小酌，酒过三巡，很慎重地与我们商量打炮剧目。对于这十人的打炮剧目我非常感兴趣，提前就做了考虑。过去每个演员除自己专工的行当外，大都还有另外的爱好，像盛戎会打鼓，还能自拉自唱，盛麟爱画脸谱等。这些我都不会，我的爱好是派戏单。也许是因为在科班时爱看萧长华先生派戏，尤其爱看堂会赶包时怎么派戏。我考虑这十个人中有文有武，剧目必须把每个人的长处发挥出来，我向吴性裁提出了我的设想，开场《翠屏山·盗王坟·巧连环》，盛兰演前石秀，云溪演后石秀，盛章演时迁，陈永玲饰潘巧云，盛长饰杨雄。接着演《连环套·盗御马·盗双钩》，我的窦尔墩，胡少安的黄天霸，盛章的朱光祖。大轴子是《奇双会》，世芳的李桂枝、盛兰的赵宠。吴性裁和大家一说，认为无可挑剔，戏码当即敲定。及至戏报贴出，戏票很快就一抢而空。

演出的盛况非比寻常，上海的天气热，观众比天气还"热"！吴性裁高兴极了，说："大总统实在调度有方，这个大满堂的策划让我佩服！""大总统"是我当时的外号，因为袁世凯的"凯"与我名字中的"海"发音相近，两人又都不留头发，所以大家都这样叫我。后来，吴性裁除付我应有的戏份钱外，又送给我一个装有二百元法币的红包作为奖励。

这期间，盛兰演了全本《周瑜》，是由翁偶虹先生将新老内容结合重新编写的一出剧目。剧是喜剧风格，特别是小乔和周瑜洞房中全戴丑脸面具，误以为对方相貌丑陋，甚为风趣。盛兰演周瑜招亲前完全以扇子生出现，风流倜傥，最后在《临江会》一折，又施展雉尾生、翎子生英姿勃发的特长，很见功力，深受观众好评，颇得同行赞叹！

盛兰才华显露，吴性裁认为他还有潜力可挖，就让他到黄金大戏院演出，并约请了张淑娴、林树森合演。

第一天的打炮戏是《连环计》《关公月下斩貂蝉》。毋庸讳言，这是一出以吕布为主角的戏。在此以前，盛兰随马连良先生来沪演出，主要扮演《群英会》中的周瑜，虽然也常演《雅观楼》《御碑亭》《射戟》等不同类型的小生剧目，但不是同一场演出，所以没能使观众看到他多方面的才能；而且有马连良这杆大旗，即使观众觉得盛兰是位好演员，印象也不会特别深刻。这次他在全本《周瑜》中分别展示了扇子生、雉尾生的风采，又在打炮戏《连环计》中大显身手，令观众刮目相看。

盛兰是叶师傅的第四子，长我两岁。我入科时，他尚在学旦角，演过《南界关》。这出旦角戏是大师哥金喜棠（艺名海棠红）的一出拿手戏，前文后武。此戏盛兰演得不错，在战寿春时一段武打，盛兰的表演给我留下了很深的印象。萧先生认为旦角应是双肩微向前，呈伛胸状。盛兰喜挺胸，表演时阳刚有余，妩媚不足。况且科班中旦角已经不少，各有所长，于是决定给盛兰改小生。萧先生有空的时候，还给他细抠《群英会》中的舞剑动作。萧连芳师兄是萧长华先生的亲侄，擅长穷生、扇子生，盛兰向他学了《红鸾禧》《连升店》等戏，打下了良好的穷生基础。

翎子生的戏是萧先生一手教授的，也就是说盛兰所有饰演周瑜、吕布的戏，都由见多识广、博学多能的萧长华先生亲授，水平非同一般。像《临江会》一剧，周瑜向刘备敬酒时暗藏杀机的眼神与锣鼓点儿的配合极准确、传神。武小生的戏，科班中没有专人教，只靠教武戏的王连平、刘喜义等师兄代教是远远不够的。萧先生就让盛兰去向茹富兰师兄学，他是名武生茹来卿之孙、名武生茹喜九之子，也是叶师傅家的大姑爷。茹富兰有着极好的武小生功底，为了保持茹门的家传武生风格，改唱武生，就将武小生的技艺诚心诚意地教授给了盛兰，所以盛兰的《探庄》《雅观楼》《八大锤》《战濮阳》都演得极为出色，此外他还能演《伐子都》这出原是武小生的戏。

记得有一年，新艳秋约茹富兰去上海演出，茹师兄串演周瑜，观众竟本末倒置地认为是茹大哥在学盛兰。这说明茹大哥教盛兰的一招一式，盛兰都学得扎扎实实。虽然小生中的穷生、翎子生（雉尾生）、扇子生、武小生的功夫盛兰全已练就，但萧先生还觉不够，又让盛兰继续求名师指点，拜了程继仙先生为师，使盛兰得其真传。上海这期演出的成功，标志着盛兰在扮相英俊、嗓音高亮、大小嗓结合自然、武功好等基础上更加成熟，成为继程继仙先生之后文武昆乱不挡的全才小生。

看了他演《连环计》中《梳妆掷戟》一场的身段和《凤仪亭》中的翎子表演，勾起我对科班往事的回忆，逝去的情景像电影似的一幕一幕在脑海里闪现。

萧先生曾让我们向曹心泉先生（曹二庚之父）学习昆曲的《梳妆掷戟》。曹先生是位三庆班留下来的昆笛元老，年事已高，我们必须去百顺胡同曹先生家中学习。我学董卓，盛兰学吕布，刘盛莲学貂蝉，盛利学李肃。因为曹先生上了岁数，在教唱时唱完一口气换下口气，往往带出呼噜声，我们当时都是十几岁的孩子，不太懂事，听到一下一下的呼噜音，忍俊不禁。我和盛利使劲儿憋着不敢笑出声来，唱旦角的刘盛莲习惯性地掩口而笑，也不出声，盛兰顾忌较少，笑了出来，惊动了曹先生，他老人家很不高兴地说盛兰："我这是老啦，免不了的！人家都不乐，怎么就你乐！你是少老板啦，是吗？"几句话说得盛兰有点儿挂僵，也没敢怎样。谁知学完戏走出曹先生家，盛兰可就忍不住冲我们开火了："你们三个都乐了，就呲得我一个！我不就是出声了吗？你们不乐，我不也就不乐了吗？"他的脾气我们都知道，况且他是师兄，又是师傅的孩子，大家不敢惹他。我和盛莲只听着，不说话。盛利在我们几个人中年龄最大，这次出来学戏，他负责带队，盛兰学旦角时曾跟盛利的父亲张彩林先生学过戏，即使这样，性格一向平和的盛利也不好说什么，只向几个人说了一句："咱们跟齐了。"我和盛莲马上排成一行走，盛兰也只得跟上。这是富连成科班的规矩，不管去哪儿都得排队，除非一两个人。盛兰更火了："好哇！你们拿排队治我……"他越火，我们越不敢理他；越不理他，他的火越大。等走进广和楼，他终于忍不住爆发了，一边喊着"你们合伙气我哟"，一边抄起扮戏的镜子往脑袋上拍。哗啦！镜片粉碎。亏得过去镜片薄，盛兰的脑门儿上只划破一条小口子。这件少年时的小事，至今我还记得清清楚楚。盛兰成人后，这火暴脾气使他在艺术上、生活上吃了许多苦头。

柒拾玖 母与女 夜半情深

深夜，我演出后回到九福里。

这是天蟾舞台新近购置的一座两层的楼房，专做北平演员来天蟾舞台演出时居住的宿舍，和金老公馆的性质一样。

我推开房门，坐在床上给我织毛裤的福媛马上示意要我动作轻些。我向小床上张望，小蓉已经睡着了，我轻轻地向她走过去。

她留着小平头，穿着小挎篮背心、小裤衩，像个小男孩似的，小脸圆乎乎的，比刚来上海时胖了。她睡得很熟，小嘴吧嗒了两下，微微一笑，不知正在做什么好梦。我慈爱地给她把毛巾被又往上拉了一点儿，又一想九月里天气仍然很热，没必要往上盖，就又给退回到原来福媛给盖的位置，回头对福媛说："瞧她睡得真香，没准儿咱们今晚能睡一宿好觉。"福媛点头笑了笑，起身去准备洗脚水。

我们从北平到上海演出有几个月了，我很想念两个孩子。和平太小，不可能出来，小蓉已经快三周岁了，我决定让她来上海住一阵子，免得母亲照顾两个孩子太吃力。这里有福媛照顾着，想来问题不大，我就给家里写了封信，很快二姐夫就把小蓉送到上海来了。那时我们还住在大中华酒店，每天福媛带小蓉去大陆酒店和云溪的二女儿小懿一起玩儿，二人同年同月生，虽然小蓉很有些男孩子的性格，平日又一副男孩子打扮，不像小懿喜欢玩布娃娃，终归是有个玩伴。福媛对小蓉的生活起居照顾得很精心，可就是小蓉夜里爱哭，经常搅得我们睡不好觉，令人急不得恼不得。而且这栋楼房的一层和二层相通，哭声会传遍全楼，惊扰四邻，甚为不安。

我俩洗漱的动作很轻，生怕吵醒这个小"夜里欢"，而且我也不吃夜宵，很快就睡觉了。

刚要入睡，就听小蓉连连翻身，哼了两声。福媛赶忙起床拍她，她还是翻身，知道是该小便了，福媛把她抱起把一把，小蓉一个劲儿打挺儿，不让把。总不能让她尿床呀！到底是把了，尿是尿了，小蓉又开始哇哇哭起来。我似睡非睡，听得很清楚。唉，这个孩子真是，这毛病太搅人了。也难怪，她才半岁多时遇仙就又怀孕了，没有奶吃，偏巧请的奶母奶水已经不多了，为挣钱瞒着我们，饿得她白天见什么抓什么，抓住就往嘴里送，晚上常常饿得哭叫，直到被母亲发觉，才辞退奶母。这也是没经验。后来遇仙故去，母亲伤了手指，不能好好照顾她。想到这儿，自己劝自己将就着使劲儿睡吧，今儿的戏累，明儿也不轻松，不睡好觉哪成呢！

哭声渐渐小了，想是福媛抱在怀里，又拍又哄地把她哄迷糊了。福媛把她放到小床上，盖好毛巾被。哪知福媛躺下三分钟不到，小蓉又开始哇哇地哭，福媛起身又将她抱起，抱着也不成，还是哭。我虽是躺着却无法入睡，这孩子是要干什么？想她妈？这么小能知道吗？想她奶奶？奶母走后基本上跟奶奶睡，可来上海已经这么长时间了，也该适应了。没办法，小孩的心理既简单又复杂，简单的是就知道吃喝玩睡，复杂的是心里想的不会表达。为了让她夜里不哭闹，我晚上不让她早睡，让福媛抱着她去前台看戏，她是一会儿要水喝，一会儿要撒尿，折腾够了，还是在福媛怀里睡着了。抱她上后台吧,进后台就撇嘴,我刚说叫"爸爸",她瞧见我就吓得放声大哭。可不是吗?那天演《水帘洞·闹地府》,满后台的白无常、黑无常,还有青面獠牙的小鬼,我勾着判官脸,她哪里还认得我是她爸爸?只有害怕、认生,哪能不哭!只好让福媛带她在九福里的房间里玩儿。

哭声终于停了,福媛又轻轻把她放到小床上,刚一着床,她就又开始来劲儿。我真有点儿受不了了,拉出枕头蒙在头上,减少刺激。不一会儿,我的汗也捂出来了,哭声仍未停止。我掀开枕头,一骨碌坐起来,不耐烦地说:"你别抱她,让她哭,哭够了就不哭了!"

"干什么?深更半夜的,你把她吓着!"几乎与福媛的话同时,小蓉是放声大哭,哭声又宽又亮又高。福媛也没了咒念,只能抱起来一边哄,一边在地下溜达。我拿起怀表一看,将近三点了,她哭闹了快两个钟头了。

"这屋子没法儿睡了!"说完我起身开门到楼上一间空房里去睡了。

这一觉直睡到第二天十一点,我才起床,走出房门刚要下楼去,就被幼春看见,他和少春都住楼上。

"哟,三哥,怎么一人到楼上来住,和三嫂吵架被轰出来啦?"

"哪儿呀!你没听见夜里孩子哭,搅得睡不了觉?"

"我脑袋一沾枕头就什么也不知道了,刚才我二哥、二嫂还有马三奶奶(马富禄之妻)都说孩子怎么夜里老哭,哭声还那么大,真是大花脸的闺女!她是不是有病?"

"能吃能喝,还胖了,有什么病?就是磨人!"

刚下楼梯,就看见马三奶奶嘴里抽着一根烟,站在门口和福媛说话。我走到门前,门开着,福媛正洗衣服,小蓉在玩福媛给她叠的小纸船,见我来了,放下纸船,跑过来叫爸爸,我拍了拍她的脑袋说:"真不听话,夜里哭个没完,不叫我睡觉!"小蓉笑着又去玩纸船了。

马三奶奶可是冲我开了炮:"世海呀!可真有你的,姑奶奶跟你结婚才几个月呀,你让她吃好、玩好才是应该的,急急忙忙地把孩子接来干什么?

你想孩子接来也就接来了，你倒是管哪！噢，孩子哭就瞧福媛的？昨儿夜里我们都听见了，刚才我问福媛，人家抱着孩子来回在地上走溜儿，三点半了才睡觉，你可倒好，自己躲楼上去睡大觉，真行啊！再说这洗衣裳，姑奶奶是又看孩子又做饭，还得抱着大盆洗这么多衣裳……"

"我这是让她多活动活动，好多吃点儿饭！"我说的是实话。遇仙的去世使我很受刺激，想来想去总结出一条：我的身体为什么好？因为从小练功、演出，活动量大，吃饭就香，身体就好。福媛饭吃得少，身体又瘦，我生怕她得病，就想让她增加活动量。怎么增加法呢？总不能让她也练功！我想到洗衣服两臂上下用力活动，还对肺部有益，就建议衣服也由她洗，可以说是一片好意。

"你真有高的，这是'一朝被蛇咬，十年怕井绳'，让她跟你练功好不好？"马三奶奶说着也大笑起来。马三奶奶也是位快言快语的人，"你也不看看，少奶奶被你给'练'得瘦多了！你也不想想，如果把她累病了，孩子没人看，你也没人管，看你怎么办！"

马三奶奶一提醒，我看福媛确实清瘦了许多，也觉得这样下去不是个办法。怎样解决呢？我开始考虑了。没过几天，又发生了一件令人啼笑皆非的事。

这天是少春的生日，他的一个朋友是上海食品公司的少经理，约我们大家在一个上海餐馆吃饭，为少春祝贺生日。众所周知，我不会喝酒，少春爱喝威士忌，大家也就都喝威士忌。都说这洋酒不醉人，非劝着我多喝，我也以为洋酒不醉人，电影里，外国人不是时不时地喝一杯威士忌吗？岂不知他们喝的里面都兑了冰水。我的酒前两杯兑了冰水，酒一下肚，酒劲儿占了上风，就由不了我了；不仅喝，而且还非常主动，又连饮几杯，也没兑水，最后寿星佬少春没事，我可是喝得酩酊大醉。饭后还要去王吟秋家为他的干妈吊唁，大家劝我不要去，回家休息。我坚持要去，正像侯宝林的相声《醉酒》中说的，真醉了的人是不承认醉的。我歪歪斜斜走进了吟秋家的门，就笑嘻嘻地作揖贺喜，搀扶着我的叶盛长一边使劲儿提醒我："这是丧事！这是丧事！"一边向人家道歉："对不起，他多喝了两口非要来吊唁，不来是短礼的，心意到了。请原谅，心意到了。"吟秋的义父看我东摇西晃，就说："不怪罪，不怪罪。""谁说我醉了，没醉！没醉！"以后的事我就全然不知了。

后来听福媛说，是盛长背我回到九福里的。回得房来，那昏醉不醒的狼狈样把小蓉吓得哇哇直哭，福媛吓得不知如何是好，抱起小蓉跑出门外，哄得孩子止住哭声才敢进屋。接着我就翻肠倒肚地大吐特吐，昏睡不醒。天已经黑了，我仍然是推不醒，叫不起，晚上还要演《佛手橘》《盗银壶》，幸好我的活儿不重，少春等人知我烂醉如泥，早安排了别人替演。

将近十月了，上海的炎热也已过去。

一天早晨，我和福媛醒得早，小蓉还没醒，我想多躺一会儿，没起床。福媛说："我想提前回家了。"

听了这话，我不由得一愣，我睁大眼睛看了她一眼，翻身下床穿衣服。想了一下，真快，来上海已经半年了，这才问她："想家啦？"

"娘的生日不是十月十一吗？还是六十大寿，再有三个多星期就到了。你回不去，我应该回去给娘做整生日。"

一听这话，我心里真是暖烘烘的，暗暗责备自己竟把这事忘了。福媛出身梨园，习惯称母亲为娘，叫妈不习惯，母亲说叫什么都一样，小蓉和后来的孩子们也就随着称福媛为娘。

"嘿！你瞧，这阵子天蟾、黄金赶包，忙得我都给忘了，亏你还想着。妈过六十大寿不易，这几期挣的钱又多，好好地给妈办办。"

转念一想，我们结婚第二天就出来，天津演出结束在家中住了最多十天，又来上海了。我家的习惯和我妈的喜好她不太清楚，要把想到的和她讲讲。于是一边洗脸，一边问她："你回去打算怎么给妈做六十大寿呢？"

"我打算回去把我家里从前雇的常师傅请到家里，做几桌菜。他做的菜是地道的北京风味，可能娘会喜欢。"

说着小蓉已经起来，福媛给她穿衣服穿袜子。

"不错，老太太不愿意出门，在家摆几桌准高兴。"

"我再给娘摆个寿堂，搭上天棚……"

"不错，不错，看来你是动了脑子了。"我自知多虑，便不再啰唆，转了话题，"你带小蓉回去，还得办个旅行证才能买飞机票，机票不太好买呢。"

"我今天就带她去照张相片，顺便给她买几件厚衣服，回北平天气就冷了。"

事情就这样定了。

几天后的下午，我打完麻将回来吃晚饭时，小蓉看见我进门，就跑了过来："爸爸，我娘给我买了新衣服，好多，好多。"说着跑到她的小床上，拿起一顶帽子，横着就扣在头上；又拿起一件蓝色镶白边的夹斗篷。

福媛与小蓉合影

我帮她披好斗篷，又把帽子帮她正过来，她用手摸了摸，执拗地又给横了过去："我娘说歪着戴好看！还有这个。"这是件黑呢子双排扣童大衣，她拿不动，我过去拿起来。

"穿！"她已将胳膊伸过来。

嗯，穿上这件蓝海军呢的双排扣小大衣，头上再歪戴一顶船帽，真的挺神气，更像个男孩子了。

福媛做好饭，进屋来说："小蓉，把桌上的相片给爸爸看看！"

我接过相片一看："咦？

怎么照成这样子啦?"我问小蓉。

"嗯……"小蓉歪着脑袋笑眯眯的,一脸坏样。

"才有意思呢,她听说要去照相,磨咕了一道儿,非要吐舌头不可。坐在那儿要照的时候,照相的人不让吐舌头,她不干,人家也没办法了,说'这小小子真有意思',这才给照了。"

这张照片洗了四张,只保留下来一张。前几年,福媛送到照相馆去翻拍放大,照相馆不慎弄丢了。后来,居然在两年十个月以后,清仓时又找了出来。

捌 《玉堂春》新意盎然

一九四二年，程先生在上海演出结束后，在北平车站与六七个乘警起了纠纷，一怒之下到青龙桥务农。直到抗战胜利，程先生第一次在上海演出，谭富英、叶盛兰、盛麟都加入了。阵容之强大，超过以往。

程先生在上海之红，非同一般。尤其是几年辍演，阔别舞台，令戏迷十分想念，又因一人大战日伪乘警事件，更受敬重，观众之踊跃是无法形容的。这一期的最大特点是程先生轮换上演的剧目很丰富。使我感触最深的是程先生派的戏单，戏码上倒数第二出戏是《玉堂春·三堂会审》，大轴子是《战太平》，这引起了大家的议论。我们理解观众爱看生旦戏，《四郎探母》本是过去程先生常演的剧目之一，因身体发胖不宜穿旗袍，不能和谭富英演《探母》。为了弥补观众的遗憾，由谭富英演《战太平》。我们不理解的是，程派剧目很多，为什么前边要演这出《玉堂春》呢？谁都知道程先生个子较高，人到中年，身体发福，所以程先生在舞台上总是侧身而立，显得苗条些，靠腰包（裙子）遮掩，以掩饰形体的不足。《三堂会审》中的苏三身着罪衣罪裤，跟旗袍一样不合身，程先生穿上岂不"显山露水"？我百思不得其解，觉得大家的议论颇有道理。

前面的戏已快结束，该演《玉堂春》了。忽然前台传来消息：梅夫人来看戏了。大家一片哗然，更为程先生担心。

程先生化好装，走出化装室。嗬，真是高明！谁看见他都赞不绝口，不愧为四大名旦之一！我演最后一出《战太平》中的陈友谅，为看程先生的《玉堂春》，提前勾好脸来到上场门。一和程先生照面，不由得不佩服：他知己之短，善于避短，敢于创新，已将通常苏三穿的红罪衣、罪裤改为素褶子裙，外罩红色长坎肩，既有罪衣的味道，又解决了体形偏胖的难题。当他步上舞台，观众的掌声迎面飞来。接下去【慢板·原板】的大段唱也都做了精心设计，突出程派的音韵之美。看来演这出戏程先生是经过深思熟虑的。

与此同时，梅先生为了欢庆抗日战争取得胜利，也剃须公演，和杨宝森等在中国大戏院演出。中国、天蟾两大戏院的盛况轰动全上海，上海的观众大饱眼福。

这天一早，世芳推门进来。

"大哥！"

"哎，你没回北平呀？弟妹不是来信催你回去吗？"宝莲已经给他生了两个女儿——大春和二春，现在要生第三个小孩子了。

"是呀！老师直留我，得空要给我再说说《别姬》的剑套子和《金山寺》。"

"这倒是机会难得。弟妹什么时候生产呀？"

"快了，春节后她又来信催我呢。老师准备让我陪着演一场《金山寺》里的青蛇。演完我就回北平。"

"现在去北平的机票不好买，早点儿托人。"

"已经托人去买了。您还得在上海待一阵子吧？"

"可不，上座率这么高，程先生打算再续一期，看来我得在这儿过年了。回平嘛，恐怕得来年三月了。"

"大嫂呢？"

"她带孩子回去给我妈办六十大寿了，年前再回来。"

"噢。那天我陪师娘（梅夫人）去看程先生的戏，师娘挺惦记程先生的。她看了《战太平》，直夸您会唱戏，定场诗改成引子，又压场又不水，恰到好处，所以今天特意来跟您说说。"

"承蒙夸奖。我只是觉得这个角色我若演，就不能放水，总得让观众满意。怎么办？加唱又不合适，也没有特殊的表演机会，我只好在不搅戏的情况下，把点将改成了引子，起点儿压场的作用。"

"您真高，怪不得梅师娘夸您呢！我真没想到程先生居然把罪衣、罪裙改成褶子坎肩，解决大问题了，真了不起！"

"不光是你没想到，后台谁也没想到！等程先生从化装室出来，大伙儿把所有的担心全打消了。替程先生担心是多余的，要不说是四大名旦呢！"

"程派的戏我看得不多，这次看《玉堂春》，唱腔之美自不必说，程先生的表演可真细致，有很多内在的东西我都能借过来。前几年我去少卿大哥那儿吊嗓子，程先生常到王（瑶卿大爷）家去，我们见面时，我说，您得给我说说戏。程先生说，咱们都是梅先生的学生，有什么要学的只管说，甭客气。"

"太对了，要么说博采众长呢！你在上海不演出，更要多看、多学。"

"看呢，天天都去看梅先生的戏。"

"今天怎么就你一人来了？老四和七妹呢？"我问。世芳这段时间住在梅家，与梅先生的四子很投缘，七妹葆玥尚小，世芳常带着他兄妹俩到九福里找我聊天、照相。

"四弟、七妹都没放学。"

房门开了，盛利走了进来，他就住在我隔壁，一板之隔，说话高声些都能隐约听到。

"老三，正好，世芳也在，你得好好嘱咐嘱咐他。这阵子不演出，没什么压力，让他少联络人，好好跟梅先生学戏……"盛利一向好脾气，这次语气之急，是很少见的。

"张大哥，您放心，我又不是小孩子，我不会学坏的，有些应酬我不能不参加……"

世芳有些尴尬，脸也红了。还是小时候的样子，动不动就脸红。

我摆动双手，示意说："你们哥儿俩先缓缓，听我说，首先我肯定，张大哥是为你好。"

世芳点点头说："这我知道。"

"可是你也知道这上海是个大染缸吧？"

世芳点点头没说话。

"咱们兄弟几个在一块儿快二十年了，可以说是患难之交、莫逆之交，聊天说话是实实在在，别人不愿说的短，咱们坐一块儿就得说。话说到事前头是句话，说到事后头就晚了。你有演出时，为了保护嗓子，有人请客，除非迫不得已才去参加，并且有我们作陪，互相帮衬着好歹有个照应。现在你没演出，一晃，在上海已经待了几个月了。没有演出一身轻容易惹事。何况你已有了名气，是'小梅兰芳'，人也长得出众，可以说就加个'更'字。所以张大哥替你担心，唯恐你跐了脚。再说宝莲在家要生产了，不能跟你同来，也不要让她担心。"

"是呀！来的时候她一个劲儿地托付我，你现在成了角儿了，千万别听不进我们老哥儿俩的话了。"盛利在一旁插话。

"你们两位大哥多少年来一直都这么关心我。上海滩，十里洋场，什么没有哇？你们怕我迷失在这醉人的花花世界，你们是真心为我好，我知道，我知道。"

"又来了，又来转文了。"

我笑了,世芳也笑了。

"就是,以后少参加那些应酬。想看场电影什么的,让张大哥陪着你,他一个人在上海事不多,戏又不太重。你说呢,张大哥?"

"我就是这个意思,多少好角儿来到上海就完了。你想想,你费了多少力、吃了多少苦才有今天,我们要是不给你提个醒,还有谁肯说你呀!"盛利哥也已平心静气缓缓而言了。

"我明白,张大哥、大哥,我绝对听你们的。放心吧,张大哥,下午咱们去大光明电影院看电影去!大哥晚上有戏,别耽误他休息。"

世芳、盛利高高兴兴地去看电影了。

捌拾壹 心换心 诚心初鉴

晚间，后台盛传：所有在沪的名角儿要去南京演出。大家议论纷纷，有的说去南京，天蟾怎么办？大满堂能退票？有的说只几出戏，谁有事谁去。总之，去南京演出的事成了后台新闻。

我演《黄鹤楼》中的张飞必须快勾脸，没时间多打听，心想真有此事吴性栽就得找我。

《黄鹤楼》打住戏，吴性栽尾随我进了后台。他告诉我，南京开来戏单，四天四场戏，正在上海演出的梅兰芳先生、程砚秋先生、周信芳先生、林树森先生全都参加。我演《龙凤呈祥》和《古城会》里的张飞，总共两场戏。当天有戏当天去，演完就回，尽量剧院不回戏。

演这几场戏租用的礼堂很大，能容纳数千人，演起来比较吃力，大家十分谨慎、认真，幸喜演出过程中没有出现纰漏。

演出的顺利使大家紧绷的心放松下来，回沪的路上有说有笑。

我回到九福里，房间门开着，我一眼就看见福媛穿着我给她挑的一块黑薄呢子做的衬绒旗袍站在桌前，旁边的竹盖板上放着许多包好的饺子，新雇用的娘姨（保姆）小阿英正在擀皮。我曾反复考虑，马三奶奶的话有道理，又不是经济紧张，干脆请个娘姨。就在福媛走之前，她担心没人照顾我，就找了这位娘姨帮我做饭、洗衣。阿英是当地人，曾受继母虐待，又没有父亲，因不愿嫁给继母挑选的女婿，于是就出来做事。她身体很瘦，脸色发黄，但干活麻利，手脚勤快，我比较满意。

"福媛！"

她转身看见我走进屋，便放下手中包好的饺子，微笑着走过来接过我的包。

"挺顺利的？"

"平安、顺利！"我点点头。

她把包放下，又接过我脱下的缎面皮袍，用衣架支好，挂在门后的衣钩上，将防灰的盖布搭严。春节前的一段时间是上海最寒冷的季节，上海的冬天房间里比外边更冷，北方人不习惯，穿得比较多。我通常是内穿棉毛衬衫，外穿方格上衣套丝绵坎肩，团花的棉裤，脚腕系飘带打个蝴蝶结，罩真丝棉袍，挽出两寸宽的袖口，外面再罩上皮袍子。上海人当时不喜穿大衣，时兴穿长皮袍。福媛将已经沏好的浓茶倒一些在我喝水的杯子里，又稍稍兑上开水，给我放在桌子上。

"南京比上海冷吗？"

"比上海更冷，好在我穿得多。"

"演出受欢迎吗？"

"挺受欢迎，该要的好都要下来了，就是南京的戏园子太大了，唱着吃力。你什么时候回来的？飞机票好买吗？"

"机票还不是太难买，我来两天了。"

"去南京演出是临时通知的……"我想解释一下。

"我知道，张大哥接我时告诉我了。阿英，你去坐水吧！我包这几个。"

我喝着茶,打量着福媛。她回北平两个多月的时间,比走时面颊丰满了许多,气色也很好。黑衬绒旗袍穿在她身上不肥不瘦,正合适。她走后,我想等她再回来时天气就冷了,所以我选了这块料子,交给小裁缝去做。这个人瘦瘦的,二十多岁,常来九福里给大家做衣服,大家都叫他小裁缝。我担心不量尺寸会做不合适,他倒是满有把握,说:"没关系,我做的活儿都有底样,稍稍放点儿肥就可以了。"还真是,上海的裁缝就是高明。

"你穿着这衣服挺合适,赶明儿选块好料子再让他做一件。你胖了,想是回家挺滋润?"

"我也算是享福了!给娘办生日,虽说忙点儿,但是娘高兴,我也高兴。娘可疼我了,比你疼我!"她笑着把包好的一个饺子码在竹盖板上。

"嗬,是吗?快说说。"

"我不是信上都写了嘛。"是的,她走后,一般隔个四五天,我就给她去封信,问问家里的情况,她也很及时地给我回了信。

"信上哪如当面说得仔细!"

"好,给你仔细说说。先煮饺子吃饭,这几天你也挺累的,散了戏再慢慢说吧。"

小别胜新婚,何况新婚后的小别!散戏后,我们漫步在黄浦江边的街道上。

晚上的演出是程先生的《锁麟囊》。我依旧演《黄鹤楼》中的张飞。福媛去剧院看戏,为了不至于回家太晚,我破例只听完程先生《春秋亭》一场的唱段,就把福媛叫出来,陪她到黄浦江畔散步。我始终认为多活动才能身体健康,既然洗衣、做饭吃不消,找了女佣,那就用散步、逛商店来增加她的活动量吧。

黄浦江的夜晚美丽迷人,无数大大小小的船舶停在岸边,远处不时传来航船的汽笛声。浩瀚的江面静静地浮荡着晶晶亮亮的小光点,犹如印满荧光碎花的大幅绸缎。岸边街道上洋房林立、灯光明亮,在这里散步真令人心旷神怡。我不禁对福媛说:"以后我们多到江边来散散步,又健身又舒畅。"

"你能舍得不去打麻将牌?"

"我信里不是告诉你我很少去了嘛。"

"凭你说吧!"

"瞧,还不信,以后看。快说说家里的事吧。先说给妈的寿诞怎么办的!"

"我一回家娘就问我怎么先回来了。我说上海的演出一期接一期,瑞麟可能得在上海过年了,您今年是六十大寿,瑞麟让我先回来给您好好办办这个整生日。娘一听就乐了。果不其然,我一问,娘就愿意在家办,我就提起找我们家的厨子老常来做饭,娘说好,挺碰心气儿。我回家找我大哥,他约了老常,给我开来菜单,请娘点菜,全是顺着娘的心意办的。然后我去棚铺定了寿棚,娘生日前两天搭好的,挺漂亮。先在院子四角支起杉篙,高过房檐,四周是新蓝布围子,顶子玻璃上是五蝠(福)捧寿的图案。娘可高兴了,我还在北屋(母亲住的房间)布置了一个寿堂。"

"布置寿堂?这应该是你的拿手戏!"迎面来了一辆汽车,射来两道刺眼的光,我们不得不扭转脸,闭眼让过去。

福媛接着说:"大香炉、锡蜡扦儿、供花是从我们家拿去的,我还给娘买了一尺高的寿星佬摆在中间。娘可高兴了,拿出一串绿佛珠,挂在寿星上。娘说这佛珠是亲家太太送的。她告诉我,没事数一个佛珠念一声阿弥陀佛,既能增寿,又能求合家平安,我就学着念了。"

说到这儿,她略略喘一口气,又接着说:"我二哥、三哥也帮了不少忙。到了娘生日那天全四样齐八样整了。城外的长林大哥也来了,还帮着置办东西。娘头上戴了一朵红绒寿字,穿上那件团花蓝丝棉袍,往寿堂前一站,赡等着晚辈们磕头拜寿,真是高兴得嘴都合不拢了。尤其是张老太太、我娘,还有任老太太都来了,四个老太太凑到一块儿,又说又笑,更乐了。开始任老太太一见我,心里就不好受,要掉眼泪。张老太太直劝:'您想开点儿,有这么一个续闺女,您应该高兴啊!'我娘也说:'什么续不续的,就当是您的亲闺女一样!'任老太太这才慢慢地高兴起来。

"吃饭的时候开了五桌,院里两桌。不光娘夸老常手艺好,大伙儿也都夸饭菜香。等人走了,娘和任老太太几个人打了一通宵麻将。真好,是不是?"

"不错,比我想的还热闹、还好。你回去这两个月,是不是觉得我娘不像有些人说得那么厉害?说心里话。"

"说心里话,娘一点儿也不厉害,我们娘儿俩特别投缘,娘跟我好像有说不完的话。"

"妈是很爱聊天,我这点随她。不过你说'有说不完的话'是不是夸大了点儿?"

"没有,晚上娘跟我聊到很晚才睡。大哥回来晚,我们就去咱们南屋聊,白天没什么事也聊天。"

"聊什么?"

"多啦,你的家世、你的奶奶、你的大爷一家、你小时候的事、你在富连成的事、城外大哥一家,还有我们家……娘挺喜欢我,夸我聪明、干事麻利,快性儿,还会记账,合她的意。我带小蓉去洗澡或者回家看我娘,家里做了我爱吃的菜,总是给我留点儿等我回来吃。二姐隔三岔五地回家来,有几回看见要吃,娘不让,说这是给我留的。二姐开玩笑说:'嚯,可了不得了!'还有,原来咱家中午爱吃面条,后来娘知道我爱吃饺子,她说她也爱吃饺子,就改成吃饺子的时候多了。"

"嚯,可真不简单,你一回去就这样?"我相信这是真的,但是总觉得到这种程度还应该有个过程。

"刚回去的时候我有点儿拘束,可是我是抱着以心换心的想法进你们家门儿的。看看,这就是见证。"她举起右手,让我看上面一块拇指大的清晰的疤痕,"记得吗?去北海的那天晚上,你送我回家,家里谁都不在,我坐在炉子前想那天你跟我说的许许多多的话时烫的。"

我一手握起她的手，一手在伤疤上抚摸。

"刚回北平时，我感觉得出来，娘处处都挺客气，可是处处都在看着我，尤其知道小蓉在上海夜里哭闹的事……"

"娘怎么知道小蓉夜里哭闹？"

"还不是你写信问我小蓉夜里哭不哭，我把你的信念给娘听，就知道了。娘问我怎么回事，我就说了小蓉在上海哭得四邻不安的事情。娘挺奇怪，问我：'小蓉除了奶妈没奶，她吃不饱，夜里哭，跟我睡从来不哭，怎么到上海就哭得那么厉害呢？'我当时只说可能不习惯吧，没往心里去。过了几天，和平的奶妈悄悄告诉我，老太太趁我在南屋写账的时候，把小蓉叫到北屋，一边给小蓉吃香蕉，一边问小蓉为什么在上海老哭，吵得爸爸不能睡觉。小蓉只是歪着头乐，不说话。老太太问：'你老哭，你娘是不是打你了？'小蓉摇头。再问骂没骂，小蓉还是摇头。老太太还不放心，等小蓉把香蕉吃完，又拿出一个问：'你哭的时候，你娘怎么着你呀？说话！不说不给你香蕉吃。'小蓉说：'抱着我，哄我。'说着把香蕉抢过去了。我跟奶妈说：'应该问。我要是小蓉的奶奶，我也得问问清楚。'我说得对不对？"

她转过脸来问我，我点点头，没说话，心里却颇不平静。

福媛兴奋地接着讲下去："小孩不会说假话，小蓉的话娘自然信了。娘自己也看见了，小蓉每天还是跟在上海一样，跟我睡。她的一切事情，吃喝拉撒、洗脸洗脚全是我管，上哪儿去全带着。小孩是直肠子，吃着半截饭就得拉屎，我就得去陪着。回来她的饭凉了，倒在我碗里，再给小蓉换热的。还有，十月初一家里供包袱（过去讲究十月初一鬼穿衣这天，给已故的人烧纸包袱送钱），我把念过经的纸钱……"

"你还会念经？"这我还真没听她说过。

"会念，跟我娘学的。我把念过经的纸钱叠成元宝，给老爷子装得多一些。娘特别高兴,也给小蓉的母亲装了些。对了,我娘给我姥姥上坟,在坟地看见小蓉母亲的石碑了,也给她烧了纸,我娘说'她也算是我闺女了'。这一件一件的事,娘品出我很懂事,心眼儿不坏,挺疼爱孩子的,对我也就越来越好……"

福媛一向话少,结婚近一年,她大说大笑的时候不多,今天这样滔滔不绝地说个不停,是因为她得到了母亲的认可很兴奋,我这爱说话的反而说不出什么。还用说么,我渴望孩子能有人悉心照料、健康长大;渴望母亲能安度晚年,弥补前半生贫困、操劳留下的遗憾;渴望家庭永远幸福、和睦。这一切,经过福媛——这个才十九岁的妻子的努力,都一步步实现了。我非常想向她说声"谢谢",可夫妻之间,一切又都是应该的,何必说这种客套话呢?我克制着自己激动的心情,压低声音对她说:"很好,你这出开锣戏算是唱红了。咱们都还年轻,还有几十年的生活。路,很长很长,你一直这么贤惠的话,那就真成了扶袁,就是那天我对你说的扶助袁家的福媛。到那时……"

"到那时,怎么样?"她停住脚步,认真地看着我,认真地问我。

我也停下来,一时想不出该许诺什么。

"你说吧,你说怎么样?"

"我说……那你别打牌,起码少打牌!我们为这件事也闹过小别扭。你说遇仙从来没说过你,我信;可是不等于她就愿意你去打牌,这话,我也是替她说了。"

夜幕中,望着她那清澈如水的目光,听着这几句温和而有力的话语,我感到了她的良苦用心。我这个男子汉也不能不心悦诚服地点了点头……

海关的钟声又敲响了。

我们俩慢慢地往回走去。

捌拾贰 悼世芳 长歌当哭

我每天晚上都有演出，睡得很晚。这天清晨，我仍在香甜地熟睡，忽然听到有人喊："老三！老三！"还有咚咚的敲墙声。我惊醒了，听了听，这是住在隔壁的盛利哥的声音。这么早，他会有什么要紧的事呢？

"什么事呀？"我立即大声问道。

"我刚才听广播讲沪平航班出事了。"

"出事的飞机是哪天的？"我紧张地坐了起来，我担心是世芳坐的那趟班机！

"不太清楚。"这个回答使我略略松了口气。

"先别紧张，我们仔细打听一下吧！"我劝慰盛利，也是劝慰自己。

"唉！宝莲来信催世芳早点儿回北平，她要生了，世芳几次没买着机票，杨宝森的夫人见世芳急着回平，一片好心，把买的机票让给世芳了，万一出了事……"张大哥说着说着，话里带了哭音。

我拦住了他的话："张大哥，你怎么啦？送世芳去机场，你好端端地掉眼泪。这会儿又怕万一，哪里就这么巧呢！先沉住气，我们查得准信是最重要的，您别胡思乱想！"我不让盛利说万一，是我也怕万一，我让他别胡思乱想，我却左思右想，担心极了，心里极不踏实。前两天，世芳来辞行，我不在。福媛交给世芳一双鞋，这是在上海给岳母买的一双翻鹿皮底的呢子棉鞋，托他送到迟家。难道我们从小到大、称兄道弟几十年，如今连面都没见，他就走了……嗨，怎么想到这儿啦！时间还早，再睡会儿。我翻了个身，努力让自己平静下来，却怎么也睡不着，又坐起来，往我的专用痰缸里吐了口痰。这是福媛给我设计的，用一个铁烟盒，里面四周都垫上层厚纸，用时随手拿来，早上将纸往外一提扔掉，又干净又方便。

"你睡不着？"福媛小声问我。

"唉！"我叹了口气，不知说什么好。

"我也睡不着！世芳和我哥哥也是多年的好朋友……"

"什么也别说了，睡吧，不然更睡不着！"

福媛不再说话，我辗转反侧，一会儿想没事，一会儿又觉得悬，算算登机的日子和消息传出的时间太近了，危险，太危险！我无法再睡，索性起床。

梅先生打来了电话，焦急地询问怎么回事。大家紧张极了，心里忐忑不安。

就在这天的报上，登出了中央公司沪平班机一月五日（一九四七年）在山东周村坠毁的消息，强调了无人幸免。接着公布了全体遇难人员名单，世芳的名字赫然在列，触目惊心。航空公司要遇难者家属前往认尸。梅先生又打来电话，强压悲痛，派盛利前去认尸。那天，是盛利送世芳登机的，知道世芳的穿着。

噩耗传来，我只觉得浑身发冷，头脑昏昏沉沉，嗡嗡作响。世芳真的走了吗？他才二十五岁呀！这二十五年的人生路途，他跋涉得多么艰难，幸运之神刚刚降临，死神就把他召唤去了，未免太急、太急了！我不相信。世芳没有走，他不会就这么匆匆而去的！他的事业前程远大，老梅尚盛开，小梅岂折损？宝莲也太年轻，大女儿大春才三岁，第三个小家伙还没降生，世芳还没见过是男是女，怎舍得甩手而去呢？

几天后的一个晚上，盛利回来了，大家立即跑到他的房间将他围住，急切地询问详情。

盛利抬起已哭得红肿的眼睛，只说了三个字："太惨啦！"就又控制不住地继续号啕大哭。

我伸手拉着盛利的肩膀，使劲儿摇晃，大声叫嚷："说清楚，你真的看见啦？"

盛利被我强烈的摇动止住哭声，满面泪痕地说："全机烧毁！世……芳，世芳……"他又哭得说不下去了。

我再次晃动盛利："说呀！"

"世芳……世芳……"悲痛的泪水像决堤似的从盛利的眼中涌出来，他哽咽着难以说下去。

"世芳……全身焦黑，就一只袖口……还看得出是、是、世芳……的格子衬衣……"亏得世芳平时爱穿西装，里面爱穿件格子衬衣，否则无法辨认，就得做异乡孤魂了。太惨啦！

哭声震动了整个九福里，此时房内已站满了人，盛利的话像针扎一样地刺痛了每一个人！长歌当哭！长歌当哭！

世芳罹难的消息震动了上海京剧界，震动了北平文艺界，震动了所有知道四小名旦的人，人们无不为之痛惜，无不为之哀悼！

世芳的老师梅兰芳先生深为失去这个平生最为得意的弟子而悲痛，梅先生回了三天戏，悲痛使他难以登台。他闭门谢客。

黄梅未落青梅落，白发人送黑发人。

梅先生在同乡会馆举办了世芳的追悼会，并指派我为家属代表。

梅先生致悼词。

追悼会上，热泪如雨，白花如雪。

我和世芳的友谊——舞台下至近的师兄弟情谊，舞台上融洽合作的搭档——算来近二十年啦，在没有任何思想准备的情况下，他忽地消失了，像是什么人编演的一出戏。几天来，头昏昏，神荡荡，魂不守舍，一会儿觉得我们还要排新戏，外出公演；一会儿似乎又看到他像小时候那样，拉着我的大褂，奔跑在弯弯曲曲的小路上；一会儿他又从沟里爬上来，狼狈地站在我面前；一会儿，仿佛我又在数落他不该去看电影贪玩耍……

花开尚未烂漫，硕果尚未孕育。早知他的一生如此短暂，何必紧紧地督促他，学呀！练呀！几天来，我不止一次地责备自己。二十几年来，他活得还不够累吗？苦学苦练占尽了青少年时代，步入青年后，为继承梅派事业，他用尽全力。为了练出嗓子，保护嗓子，好吃的、想吃的他不敢多吃，为了保持演出时旺盛的精力、良好的状态，好玩、开心的事不敢去做。我为什么不劝他活得潇洒一些、轻松一些呢？

我也不止一次地想，如果世芳真能如愿去了延安，又会怎样呢？

那还是前几年，我们到天津演出，世芳结识了一位在书店任职的李木先生。我们越来越发现，他们之间有些神秘。问及，世芳只说："我托他买几本好书。"世芳喜爱看书，我是很了解的，所以也就不再深问。

后来，一向穿着入时、西服革履的世芳忽然间换穿蓝布大褂，我感到很意外，再问及，世芳笑而不答。这是生活小事，我也就没往心里去。

一次，我们同在上海演出，有一天，世芳突然对我说："这期演完，我回北平向父母辞行，准备去延安……"

"去延安？到那里干什么？"

"探探路，如果那里喜欢京剧，我给您写信，接您过去。这期间，我力争给家中寄钱，万一不能及时寄到，大哥，您先接济一下。"

"没问题。就怕你的父母未必同意你去。"

不出我所料，世芳回到北平向父母辞行，他的父母坚决不同意，说：

"家中老的老了,小的还太小,难道要我们老两口重新登台唱戏,支撑这个家不成?"

世芳终于没有去延安。

唯一使我感到安慰的是,世芳没有白来这个世界,四小名旦之首、"小梅兰芳"的名字永留神州,永垂京剧史册。

奋进

FENJIN

一九四七年,我在上海与友人合影

捌拾叁 同献艺 繁花似锦

旧历年将至,程砚秋先生必须休息些日子,到正月初一再演一期。这中间有十天的空当。吴性裁和我商量,希望我和盛麟合作演十场。他说:"盛麟宗杨派,你宗郝派,你们俩正好仿当年的杨、郝合作。就从端午节演那场《连环套》的客满阵势来看,我敢打保票,没问题!"我们同意了。借此机会,何不使盛麟展现杨派才华,实现科班时的愿望?那时,每每在排队遛虎跳时,我们俩总是前后相挨,常常谈论着出科后要在一起组班,演出杨、郝的生净对儿戏。少年时满腔热情、一派天真,真正做起来谈何容易?不过我们俩都没有忘记当初的心愿。

盛麟提议演《九伐中原》。前几年,我和少春在上海中国大戏院也演过这出戏,少春曾建议司马师这个角色由我一人演。当时,上海有位财阀的侧室是余迷,尤其欣赏少春的艺术。她出面将钱宝森先生请至家中,教少春学习钱派的《铁笼山》。钱宝森是钱金福先生的爱子,人称钱六爷。

在武净中,把子最好、名气最大、享誉最久的是钱金福老先生。传闻他的把子动起来是"三有准"：手里有准，脚步有准，尺寸有准。早年，他曾和几位好把子功的朋友相聚，他们在院里地上撒一层白灰，相同的一套把子，两人对打两次，以白灰上脚印的多少一较高下，钱老先生两次的脚印基本重叠，足见动作之精准。在京剧界，杨小楼、余叔岩、梅兰芳、程继仙诸位前辈都跟他练过把子功。当年钱老曾为俞菊生前辈配戏，杨小楼先生宗俞派向钱老学习把子功，钱老见杨小楼与众不同，将来非一般人物，就把钱门许多窍头、绝活儿教给了杨老，杨老将其融会贯通，结合俞派特点，创出杨派。

钱六爷不仅长得极像其父，而且将钱门的绝活儿都继承了下来。那次，少春向钱六爷学《铁笼山》，我也有幸向钱六爷学了这出戏中司马师的表演。

这次和盛麟演《九伐中原》，请正在大来公司任编剧的翁偶虹先生执笔修改了本子。盛麟可说是杨派正宗。别看他个子不高，但武打、脚步、蹉步、身段极具杨派风格。他的嗓子很冲，颇受观众欢迎。

我一人将司马师演到底，《拜泉》唱了【二黄导板】【回龙】【原板】，效果很好。翁先生还向我介绍了郝老师演这出戏在剑劈丞相贾诩后掏翎子擦三下剑的表演。

这出戏的演出颇受好评。

我们还演了《薛礼征东》，自凤凰山救驾、尉迟恭访白袍起，到《独木关》枪挑安殿宝止。这是在科班演过的熟戏。

我们十天演了十场，有七八个满堂，前后台都交口称赞。

盛麟已露不凡身手，只可惜他当时精神尚未振作，不然会更好。后来他去了武汉，一别数载，新中国成立后才得见面。

正月初一，程先生第二期演出开始。

按照惯例，正月初一至初六，剧院都要加演日场戏。程先生在这几天中不唱日场。于是定下演六场《百战兴中唐》。万万没想到，这出原本极受观众欢迎的好戏，不适合在过年期间演出。春节是辞旧迎新的日子，人们图吉利、爱喜兴，尽管这是一出表现张巡困守睢阳，帅、将、兵全部为国捐躯的悲壮之戏，可是观众们在这欢乐祥和的日子里，坐在台下焦急、掉泪，何苦

一九四六年的戏报

来呢？结果，这出轰轰烈烈的好戏落得个不冷不热，每每半堂人。派剧目的学问，尽可从中品味了。

同时，梅兰芳先生也在中国大戏院又演一期，极为卖座。

这样一来，众说纷纭。有人说这是梅、程打对台。梅先生身为师长，何必呢？也有人说程先生不敬师辈，应该待梅先生演出结束再演。

舆论归舆论，真相归真相。事实上梅、程二人虽有竞争，一直还是相互尊重的。

当时我们身为晚辈，对此只是听，从不妄加评论。几十年后的今天，回首这段往事，我有了一些新的认识。当时的上海不似今天这样，剧种丰富多彩，那时京剧占主要地位，而且等级森严。大来公司下属的黄金、中国、天蟾是一流剧场，约一流的演员，只大舞台和共舞台常年演连台本戏。先施、新新、永安、大新几个大百货公司的楼上也都有京剧班。越剧、沪剧、淮剧及其他地方剧都有各自的剧场。在梅、程二位演出的同时，周先生也在黄金大戏院演出，我往往在程、周的演出中两边赶包。演员们各演各的戏，观众欢迎、上座率高，就续演。难道由于程先生拜过梅先生，就以"打对台"论之吗？那么，就在前些日子，梅先生率徒杨畹农、程先生率徒赵荣琛同饰

《四五花洞》中的潘金莲，同样的唱词却各以自己的独特唱腔展示给观众，这样同台演出的情形，又当如何解释呢？如果用今天"竞争"这个词来解释，或许更恰当些。艺术上的竞争是艺术发展的动力之一，没有了竞争，艺术就会僵化，失去活力。无论是四大名旦、四小名旦、四大须生还是其他名家，像"国剧宗师"杨小楼、"独树一帜"马连良、"旧谭派首领"言菊朋，都是在竞争中产生的。

京剧演员数不胜数，为何只有少数几位能成为大师呢？因为他们自成一家，各有所长。即使是同一出《玉堂春》，梅、尚、程、荀四大派也各有各的唱腔和表演特点，梅腔偏柔，尚腔阳刚，程腔幽怨，荀腔妩媚。各排各的剧目（如有名的"四红"剧目），各有各的代表作。

载歌载舞是梅先生的首创。《霸王别姬》中的舞剑表演享誉四海，用【二六】【夜深沉】的板式表现虞姬、项羽生离死别在即，忍悲作娱之深情。而程先生在《红拂传》中的舞剑，是用南梆子表现红拂女的高义，剑的路数偏于太极，翩若惊鸿，婉若游龙，与《霸王别姬》中的舞剑截然不同。尚先生《林四娘》中的舞剑表现的是庆贺恒王得胜还朝的欢快场面，选用了【流水板】，速度快，节奏性强。

这里面都包含着竞争因素。就在这各施所长的竞争中，丰富了旦角的剧目，丰富了旦角的表演手段，形成了旦角的四大流派，梅兰芳、尚小云、程砚秋、荀慧生四位先生被观众誉为四大名旦。

所以，我认为竞争是艺术发展的动力，能够激发出演员无穷的潜力。如果没有竞争，谁演戏都一个套路，全是继承，一个模子往下磕，磕一代丢一些，磕一代丢一些，必然日渐衰落。

当然，如果为了炫耀自己的一技之长，脱离剧情人物的需要，乱加乱改也不成。比如，自己的靠功好，就愣让黄天霸扎靠，技巧再高也会贻笑大方。

我以为，梅、程两位先生在上海连演两期，各自召集强大的阵容，提携带动后辈后学，展示自成一派的艺术，欢庆抗战胜利，使上海观众大饱眼福，是无可厚非的。

捌拾肆 与大师 喜演《别姬》

在抗日战争胜利后的几年里,上海大义务戏演出场次很多,像水灾救济、儿童福利救济等的义演,均属义务戏。这些名流聚会演出的趣闻佳话很值得回忆。

我第一次和梅兰芳先生演《霸王别姬》,就是在此期间。

当时我正在黄金大戏院演出,与往常一样,吃过饭,去后台化装。开门即见孙兰亭坐在化装室等我,他满面笑容又略显匆忙地对我说:"好事情又来啦!"

"我知道,又有什么演出,说吧!"这些年来,他摸透了我,我也对他有了个七八成的了解,他无事不登三宝殿。

"这回可不同凡响!"孙兰亭笑嘻嘻地说。

"梅大爷要演义务戏,约你演《别姬》,算得上好消息吧?"

好消息,当然是好消息。我刚刚进入而立之年,就有机会和梅先生一起演这出经典剧目,自然是喜出望外。这正是我盼望已久的,那股兴奋劲儿还用说?

我立即想到连荣师兄,前些日子,他还和梅先生一起在中国大戏院演出。

"连荣师兄呢?"我不能不问清楚。

"嗐,事情就是这样,前些天,一点儿消息也没有,所以梅先生演出一结束,他们全体人员都回北平了。"

"什么时候演?"

"还有四天,在中国大戏院。"

"如果来得及,请连荣师兄来上海……"

"你呀!再从北平把他们找来,急急火火演一场,又回去,还不够折腾呢!已经跟梅大爷定好了,这台戏所有的演员都是目前在上海的,你也别推辞了,我知道你是好意。快扮戏吧,我还得挨个儿去说,事儿多哪!这几天的工夫,你好好准备准备吧!"

临走,孙兰亭又凑过来小声说:"梅先生说看过你和世芳演的《别姬》,他早有此意,这次是个机会。"

为什么我多年来一直渴望能与梅先生演这出戏,眼下,梅先生重登舞台,机会来了,我又推让,建议将连荣师兄请回来呢?

提起这些,话就长了。

在我入富连成时,连荣师兄属小"连"字科的,已经出科,仍在科中演戏。他工武二花及摔打花脸,常在《恶虎村》中演郝文之类的角色,他的胞弟刘盛常也工花脸。他们弟兄俩在科里好与人争斗。也难怪,科班里百十号学生,大的十八九,最大的二十出头,小的十岁左右,全是热血男儿,纪律再严也会有"战争"发生。萧先生和苏雨卿先生坐在账桌前聊天,听见有"战事"发生,萧先生就会说:"准又是连荣。"即使这次不关连荣师兄的事,也有被误认为是他的可能。

我入科后不久就到了年底,师傅照例要到广和楼后台,待演出结束就封箱，将供奉着的祖师爷的牌位（上面画着祖师爷唐明皇的像）送回富连成。待大年初一开箱唱戏，再将祖师爷的牌位迎回广和楼。这是很隆重的仪式，由师傅双手托着祖师爷的神位走在前面，随后全堂乐队吹吹打打，锣鼓喧天。我们全体师生，包括出科的学生，排着整齐的队形，浩浩荡荡跟在后边，从前门广和楼直走到虎坊桥的富连成，将祖师爷的牌位摆在前院北屋师傅居住的中堂的供桌上。

这天封箱前演的最后一出戏是《青石山》，戏已快结束，师生们全围在上下场门看戏。扮演关羽的师兄在台上叫道："关平、周将（周仓）！"扮演周将的连荣师兄应了一声"在——"声音很长，而且是又宽又亮，霎时全场掌声雷动，连正站在上场门看戏的萧先生和叶师傅也为之一震。

"嘿嘿，这副嗓子可真冲。"萧先生笑着对师傅说，师傅点了点头。

散戏了，有戏的去卸装，我们没事儿的在台上等着送驾。一会儿就听见萧先生站在台角上叫已经卸完装的连荣师兄："连荣，过来，过来！"

"最近，又打了几个呀？"连荣师兄走到萧先生面前，萧先生笑眯眯地问他，我们几个好奇地站在连荣师兄周围。萧先生这是在问连荣师兄打了几次架。萧先生即便是批评你，也总是很幽默，不让你听着接受不了，可是又让你觉得耳朵发热。

"我没打架！"连荣师兄说话的声音可不大。

"好哇，不应该打架了，刚才你喊'在'这一嗓子，观众多欢迎啊！祖师爷赏饭，给你这么一副好嗓子，得把嗓子用上！干嘛老是脊梁着地呀！""脊梁着地"是指武打翻踝子时后背着地，在这里是指连荣师兄嗓子好，何必总演武戏，可以演文戏的意思。

"你现在快三十啦，到了四十，脊梁老着地可就受不了了。你看范宝亭傍着杨小楼，也傍着尚小云演些文戏，给自己留后路……"

大部队要开走，我们只好去站队。萧老师又和连荣谈了什么，我不知道。只听说连荣师兄哭了。自这以后，连荣师兄跟变了个人似的，他再也没有打过架，遇到弟弟盛常打架，他也总是和颜悦色地好言相劝。他一出接一出地向萧先生学了《临江会》《群英会》等架子花脸剧目，从此成为科里顶梁的架子花脸。在前文中曾介绍过，连荣师兄在《临江会》中念关羽的定场诗，一句能要下两个好来。

梅先生要去美国演出了。若在今天大家会蜂拥而去的，可在耳目十分闭塞的当年，不是谁都愿去的。我听萧先生讲，去美国得坐一个月的轮船。所以萧老、侯老、王凤卿等多位年事已高、功成业就的，不愿再冒此风险。梅先生打算重新组织比较年轻些的精干的小队伍，于是萧先生推荐了连荣师兄。我还记得齐如山先生特来科班看连荣师兄的《临江会》，当然一看即中。连荣师兄从此跟随梅先生几十年，而且成了梅先生班社有名的两位老好人之一（另一位是姜妙香先生）。从这段往事可以看出萧先生育人的耐心，也可看到连荣师兄造就自己的决心。我对连荣师兄的为人十分钦佩。

刘盛常师兄呢，打架也算够能的。记得有一次，他和大栓子打架，你追我赶的，打到后台祖师爷供桌前，大栓子是位身强力壮的猛将，盛常师兄眼看招架不住，情急之中顺手抄起供桌上的蜡扦儿，扎在大栓子头上，还使劲儿摇晃了几下，血顺着大栓子的头流了下来。宋起山先生闻讯赶到，将大栓子送到附近的诊所包扎。回来后，大栓子又照常演出。

盛常师兄虽然有点儿凶，可是，他对我很好，用他的话说：“这孩子比较听话，没事儿的时候（指演出前），一个人坐在那儿背戏，有心，招人喜欢！"我呢，家里给我送来菜也总去找他：“七哥，您尝尝。"他拿蜡扦扎大栓子，过后我问他：“七哥，打架为什么这么狠？"他说：“你还小，不懂。我要是不把他扎在那儿，他反手打我会更狠！"后来连荣师兄赴美，我接替他在科里演架子花脸应工戏，许多戏，如《八大锤》中的兀术、《红柳村》中的郑九公等，我根本不会，每次都是派定角色后，我就去找盛常师兄。别看他在台上喜欢手脚乱动，但他会的戏很多。对我，他是有求必应，每次给我说戏都是他念词我抄录，然后自己去背熟，他再给说说，第二天我就去演。盛常师兄对我如此之好，我不由得对他哥哥连荣师兄也多了几分好感和尊重。这就是我推托的原委。

演出事情既定，兴奋之后是忐忑不安，若说演这出戏的熟练程度，毋庸置疑，但这回又不同于以往任何一次演出。我心里没底，想请梅先生给说说戏。况且机会难得，若能拍几张相片，留个纪念多好。主意已定，第二天下午五点多钟，我给梅先生打了电话，询问何时给我说说戏。梅先生关怀备至地说："你每天都有演出，不要再占用你的时间对戏了。你和世芳合演的《别姬》我看过，你演的霸王挺好嘛，辙口也都一样，就照这样演吧，等演出时，我们在后台简单一说就成了。保护好嗓子，其他的不要担心。"最后我提出散戏后请梅先生一起合影留念，梅先生欣然同意："好哇，我们拍几张。"我放下电话，心里踏实多了。

演出这天，我提早到后台酝酿情绪，等候梅先生给我说戏。终于，梅先生来了，微笑着说："我们对对'汉兵已略地'的动作吧。"这段昆曲唱段是虞姬确信霸王危在旦夕，自己决心以死相报，解除项羽后顾之忧的一段伤心曲。此处有几个身段动作，需要项羽与之配合。

对过之后，我仍有些不放心，试探着问梅先生："还有'力拔山兮'那段，您也给我说说吧。这段我……我有点儿……有点儿造魔，怕不合适……"

"没关系，只管按你的走（演），'骓不逝'的手势改为云手、顺风旗指出，挺好，这一段以你为主的戏，我随着你；'汉兵已略地'一段以我为主的戏，你该配合我，所以才对对。就像和世芳演时那样的卖力气，什么也不要担心。你们演时不是带《乌江》吗？今天还是要带《乌江》。"

《乌江》是指虞姬自刎后项羽杀出重围逃至乌江，项羽已无面目再见江东父老，自刎乌江边的一场戏。我和世芳演都是霸王自刎结束，这样保证了故事的完整性。而且我们二人势均力敌，观众不会起堂。如今，我这个青年演员和久负盛名的梅博士演《别姬》，饰霸王已是颇感吃力，哪敢连演《乌江》一场呢？

"梅先生，您看今天是不是别带《乌江》了？"我还是讲了这句并不符合我性格的话。的确，二十年的艺术生涯，我一般都是敢冲敢打的，今天是少有的怯阵。

"不！一定要带《乌江》戏才完整。放心地演吧。我们应该告诉观众，霸王才是罪魁祸首，虞姬是殉难的。戏不能到虞姬自刎打住，必须带《乌江》一场。我知道你演《乌江》添了些东西，不要改，就照那样子演，去和鼓师对一对。"

到此时，我心里的负担都已化为乌有。精神上的包袱解除了，我踏踏实实地去化装了。

演出效果比我预想的要好。最大的收获是在项羽九里山战败回来，梅先生饰演的虞姬不是简单地接驾，而是关心地上下左右打量霸王，我身不由己也得上下打量虞姬。完戏后，回忆起来，我才理解，项羽九里山战败，虞姬这是关心项羽，项羽同时也应看虞姬是否受惊。有人说我爱改戏，有时演一次改一次，这是因为我演完戏回来都爱回想、总结舞台上的亮点和败笔，形成了习惯。

《乌江》演完了。我请的南京路上派克照相馆一位姓金的和一位姓陆的朋友已经候在上场门。梅先生下场后即上楼去补装。演完项羽乌江自刎的我已是"丢盔卸甲"，狼狈不堪，急忙去勒头整装。再回上场门，见梅先生已揩干脸上的汗水，重新补了装，披好斗篷站在台上。金、陆二位朋友正在调整镜头试光，我很过意不去，急跑两步走到台中，我们摆好姿势，留下了我第一次与梅先生演《别姬》的纪念照。摄影师刚要收拾照相机，梅先生说："请等一等。世海，我们照两张穿帔的，你去穿蟒吧。"我听了这话极受感动，梅先生已经五十多岁了，演《别姬》特别是舞剑后是很累的，还不能卸装，与我拍照，我已深感不安，怎敢奢望梅先生再次更换服装，将《别姬》中几场装束不同的扮相都照下来呢？梅先生理解我的心情，主动热情地满足我的愿望,毫无半点儿敷衍之意,怎能不使我深受感动呢?

说到此,想到了马连良先生。我们在天津演出时,一天午饭后,马先生带着行头,专门陪我到照相馆照了几张相,有《过霸州》,马先生饰扎白靠的严颜,我饰张飞;《青梅煮酒论英雄》,马先生饰刘备,我饰曹操;还有《甘露寺》,马先生的乔玄,我的孙权。这张《甘露寺》的照片始终挂在马先生家的客厅里。

前辈们对于后辈的爱护、扶持,往往在这些细微之处体现出来。

这些相片我都放大到二尺四寸,上彩着色,挂在我的客厅和卧室,十分珍惜。

翁偶虹到我家谈剧本时看到了我和梅先生的合影,夸赞不已:"您这个项羽站在这儿,有身段,有神态,气势很足。脸谱是'既杨非杨',艺术境界高,佩服!"可惜这张珍贵的照片连同其他许多照片统统毁于"文化大革命"。二十世纪八十年代崇仁弟(马先生的长子)送我一张我和马先生拍的《过霸州》的剧照,又有一位日本朋友送我一张一九五六年中国京剧代表团访日时我和梅先生合演《霸王别姬》的剧照,仅此而已了!

一九五六年,中国京剧代表团访日演出时,我与梅兰芳合演《霸王别姬》

捌拾伍 演张飞 回味无穷

抗战胜利后演的另一出大义务戏是《龙凤呈祥》。

在剧中，我饰演前孙权、后张飞，饰演周瑜的是姜妙香先生。我出科这些年，无论在北平还是在上海演《龙凤呈祥》，大都是盛兰饰周瑜，这次他已回北平，姜妙香先生正在上海，他听说我饰张飞，二话没说就同意饰演周瑜。我们没有在一起合作过这出戏，尤其是最后张飞要和周瑜交战，将周瑜挑下马来，为了不出纰漏，必须找姜妙香先生对对戏。我早早地到了后台，去姜六爷的化装室。

姜六爷已换好粉彩裤、厚底靴，正在系厚底靴上的带子。

"大姨夫，您好！我请您说说后边的开打。"姜六爷已故的前夫人是福媛的大姨——她母亲的胞姐。

"噢，小姑爷，我也正要找你哪，听说是你的张飞，我就放心了。二话没说，就把这个活儿接下来了。咱们外头吧，外头宽绰些。"姜六爷笑眯眯、慢声慢气地说。

"您甭忙，我的时间挺富余的……"

"不，不，不，早扮三光，晚扮三慌，咱们先对吧。走！"

他匆匆地系好靴带，未及换水衣子就随我走出化装室。人人都说姜六爷性格随和，在梨园界中是出了名的老好人，真是如此，一点儿脾气、架子都没有，谁和他相处都会产生好感。前几年，世芳去天津、济南演出，世玉正在外地搭别的班社演出，一时不能回平，只得特请姜六爷来承芳社饰演小生角色。所演的一些梅派剧目，对与梅先生合作几十年的姜六爷来讲是轻车熟路，但《昆仑剑侠传》《金瓶女》等剧目是尚派戏，姜六爷没演过，由我来给姜六爷对词、说身段。那时我和福媛还没结婚，我们还没这层亲戚关系。姜六爷十分谦虚，向我这个比他小二十多岁的后生不耻下问，我很感动，又热情地介绍了一些应有的情感和表演。戏演得很圆满。事后姜六爷和夫人特在天津的小食堂请我吃饭。姜六爷原工青衣，后改小生，向冯慧林先生学戏，续娶了冯先生之女、毕业于中华戏曲专科学校、官称大师姐的冯金芙。二人年岁虽相差较大，但夫妻感情甚好。那天吃饭时，姜六爷和夫人不住地夸我不光能把昆仑奴演好，还能把小生角色的窍头都说出来，真有心胸！也许这就是姜六爷听说我饰张飞就放心地答应演周瑜的缘故吧。

我们选中通往楼上化装室的楼梯前比较宽绰的通道，刚要对戏，见姜六爷双手一拱说："五爷，您早啊！"我回身一看，盖叫天先生来了。

"盖五爷。"我向他鞠躬行礼。

盖五爷身穿雪白的水衣子、大红彩裤，脚穿黑厚底靴，脸上也化好了装，眉间点着红眉心，这扮相使六十岁的盖五爷显得年轻、俊朗。今晚他饰赵云。他也双手一揖："六爷，您在这儿对戏哪！世海，听说你已经回北平了，连良非要调你来不可，你是后生可畏呀！"说着一手拍在我的肩上。我笑了笑，没说话。盖五爷接着说："这会儿的时间宝贵，你们说戏吧，我到楼上去找找梅老板，也是对戏。"

说着他一回头，朝后招了招手，我扭脸一看，是林三爷（林树森，饰刘备),他已换好水衣彩裤,只是没抹彩,他和我们打了个招呼,随盖五爷上楼了。

接着传来盖五爷的说话声:"梅老板,咱们得说说,我这个'跑车'的'编辫子'可不太一样,别给您撞了!"

"好哇!您给我和林三哥说说……"

随着砰一声门响,听不见了。

我和姜六爷这里也一边念着:"'一合''两合',转身,跪下,蹉步……"一边走出步法,并用手比画着。就在姜六爷转身要下跪的时候,我突然有个想法。姜六爷虽是擅长文小生且唱功甚好,扎靠角色也演了许多,小时我看过姜六爷饰演《穆柯寨》中杨宗保等许多扎靠戏,手、眼、身、法、步都很帅的,但如今姜六爷毕竟已近六十岁,又扎靠又穿厚底靴,前边两个下场已经很累,到周瑜和张飞交战时,没必要再展示周瑜的武功,完全可以简化一些。于是我说:"大姨夫,我看咱们是不是一枪?二枪您甭转身,我把您枪卸掉,往前一歪身,我就叫小张飞(随张飞上场的兵)过来将您捆绑了,您看好不好?"

"嘿!我不转身,省事多了。好,咱们再来一回。"

前辈们在后台对戏的小片段,给我留下了美好的印象。

《龙凤呈祥》是过去演大合作义务戏常被选中的一出戏。因其剧名蕴含着吉祥之意,适合在喜庆的场合演,更重要的是此乃一出群戏。无论是孙尚香、乔玄、刘备、吴国太、鲁肃、赵云、张飞,还是孙权、周瑜、贾化、乔福,每个角色都有展示自己的机会。尤其诸名家分别在剧中饰演适合自己行当的角色,可谓八仙过海,各显神通。当然,这并不是说大家可以像一盘散沙似的想怎么演就怎么演。前辈们始终遵循着"一台无二戏"的宗旨,相互间均有些同场时的要求,所以,引出前辈们你找我对、我找你对,认真负责,团结合作的一段佳话。这种凝聚力,我以为是京剧兴盛、发展的关键因素之一。这些美德,我们后辈不仅应继承,而且应该进一步发扬,以适应时代的要求。

我饰孙权下场后，重勾张飞的脸谱，要在平时，时间比较松快，这次可实实紧张，为的是挤出时间看盖五爷的赵云起霸和几位的"跑车"。

我没有看过盖老的扎靠戏，曾闻盖五爷的扎靠戏也是极好的。早年，一位文武老生并擅演老旦的名家杨瑞亭演《八大锤》，年轻的盖老饰剧中的岳云。武打中，杨瑞亭先生左右两骗腿时，盖老扎靠在杨腿下左右两个鹞子翻身，靠旗唰唰两扫台毯，却不会碰到杨先生的腿。足见其靠功扎实。这次盖五爷饰赵云，又得扎靠，必须一睹为快。

盖五爷饰演的赵云完全继承老派，扮相很别致，我曾见过老前辈俞菊笙和陈德林老夫子演《长坂坡》中《投井》一场的剧照，盖老的打扮和那上面赵云的穿戴一样，头上打扎巾，用包头在左额系成慈菇叶。而且盖老饰演的赵云不起霸，只"倭头"打上，在"九锤半"的锣鼓点儿中，左右搓手苦思，充分表现了赵云因刘备招亲后不思归故里而着急，很合情理。

"跑车"一场的"编辫子"，盖老身段多，圆场跑得圈大，如果孙尚香、车夫、刘备脚下功力差些就会显得笨拙，可是台上都不是寻常之辈，梅先生饰演的孙尚香边唱边跑，唱得是字字珠玑，跑得又稳又快，加上林树森先生饰演的刘备，三人按绞辫形往来穿梭，个个足下生风，引得观众掌声不落，叫好声此起彼伏。着实精彩！

该我这个张飞上场在芦花荡口迎候他们了。张飞这场走边只几分钟，此时，所有演员都要在上场门候场，就是饰乔玄的马先生也已经卸完装，换好便服在下场门等候谢幕。大家势必都会看我的表演，对我来讲，犹如一场考试。我鼓足了气，铆足了劲儿，干脆利索地表演了下来。

散戏后，全体演员到华茂饭店吃夜宵，扮演鲁肃的周信芳先生和我一同下楼。周先生看看我，笑了一下，说："老弟，你演戏可真会讨俏！"论理，我比周先生晚一辈，他亲切地称我为"老弟"，表明他把我当自己人，甚至是门生弟子看待了。当时梨园中有这样的风气。

周先生对我的鼓励，令我一时不知说什么好。

"他这场戏演得短、小、精、巧。"走在前边的梅兰芳先生听到周先生的话，回首笑着补充了一句。

得到梅先生、周先生的肯定，我当然打心眼儿里暗自高兴。这并非是自鸣得意，从前辈的肯定和鼓励中，我又悟出一个道理：我们的艺术必须要一代代地继承、创新，否则就会停滞不前。梅先生、周先生及其他前辈们从不故步自封、墨守成规。正是由于他们在虚心继承的前提下，不断改革创新，发扬光大，才创出各具独特风格的流派，推动了京剧艺术的繁荣。我的艺术之路，也应该这样走下去。

事隔三十几年后，我参加全国政协会议，住在香山饭店。一天，天空下着冰凌小雪。饭后雅兴，漫步曲径磴道，绕过层层叠叠的双峰驼石，又登上有如苍鹰欲飞的嶙峋怪石。峰回路转，发现一人倚坐在石上。紧走几步细看，原来是曹禺同志，他正神韵潇洒地坐在那里休息。

看上去，曹禺同志面容略显清瘦，但目光锐利而深邃，身体很好。这位老剧作家的《雷雨》《日出》等名剧，我在三十年代第一次随尚小云先生去上海时就观看了，很受感动，可以说是他的剧迷。

简短寒暄后，曹禺同志向我提出了一个问题："一九八一年，纪念梅兰芳先生逝世二十周年，演出《龙凤呈祥》，你饰张飞。我看了很有感触。在各地，这出戏我看过许多次，别人演的张飞场次比你多，还有的腰腿功也比你冲，为什么看了反而觉得平淡、拖沓，这是怎么个道理？你讲讲。"

曹禺同志提的这个问题可谓一语中的！这也是我几十年来一直琢磨的问题。

我坐在他身旁的一块山石上，推心置腹地向他讲述我的体会。

"您提的这个问题，实际上可以从两个方面来回答。一是在《龙凤呈祥》中我饰演张飞，《芦花荡》一场仅仅几分钟，喊里喀喳，干脆麻利快，解决问题下场了。因为从剧情上讲已经不允许拖延，此时周瑜追杀刘备的主意已定，吴国太送给孙尚香的宝剑已失去作用，只要周瑜追上刘备，就会杀了他。这当口，张飞上场，可以说是千钧一发的关键时刻，也是最佳时刻。正是由于这样，张飞上场没两下子，观众看着不过瘾，不行，可是张飞若有四下子、五下子，多了，也不行。观众急着想知道周瑜追上刘备没有，不允许张飞在场上没结没完。这是就剧情而言。"

停顿了片刻，我又说："另一方面，从演员来讲，今天演这出《龙凤呈祥》的演员，大都是小辈或平辈了，过去却是前辈占多数，不能让他们在后台紧等着，我必须上去得精彩，下来得痛快，这两种因素促使我加快了节奏。"

曹禺同志点了点头："嗯，好，好！"

"嘻，这出戏从我在科班里造魔算起，至今已演了五十余年啦！"

"噢，在科班时就这样演，这倒更想听听了。"

"五十多年的老陈底，都让您给掏出来啦！好，我就都抖搂抖搂。"

我们俩都笑了。

"富连成科班演这出戏，称为《甘露寺·美人计·回荆州·芦花荡》。《回荆州》时就有张飞扎靠至芦花荡接刘备，一气周瑜；接着演昆曲《芦花荡》时，张飞再次去接刘备，二气周瑜。我觉得很不合理，但因前后两次张飞装束不同，唱的曲调不同，也无人深究。等我在科里能顶架子花脸的活儿了，胆子也大点儿啦，敢造魔了，演《回荆州》我就用昆曲《芦花荡》中张飞的渔夫装代替扎靠，借用了昆曲的'草履芒鞋渔夫装，豹头环眼气轩昂'几句定场诗和边挂子的动作，又加上'急急风'站门，私下和鼓师对好鼓点儿就硬着头皮上场了。萧先生看了点头说不错。刚夸完，骆连祥师兄的昆曲《芦花荡》又上场了，这回可是完全重复了。萧先生站在上场门说：'哟！怎么又来啦！《回荆州》不是挺完整的戏了吗?！就别再唱昆曲《芦花荡》啦！'从那时候起，因为有在富连成说话掷地有声的萧先生给开了绿灯，我的演法在科时就被大家接受了，直到今天我还这么演。"

曹禺同志说："有意思。"

"另外我的表演与众不同，是因为我删了一场戏。有的人总以为场次多、事由多，才算得上剧中主要人物。我倒不这样看。观众喜欢不喜欢你演的人物，不在于场次多少，而在于戏精彩与否。

《龙凤呈祥》中不管谁饰演孙尚香，演到与刘备洞房花烛夜，戏就已至高潮，龙凤呈祥了嘛！这时的观众很惦记结亲后孙、刘的矛盾将如何发展，再回头表张飞担心刘备此去东吴会有危险，听到诸葛亮在帐中抚琴，闯帐质问，于是诸葛亮派张飞至芦花荡接应，就是画蛇添足。这场戏名为《听琴闯帐》，简称《听琴》，如果这样演就使剧情出岔了。这场戏本想表现张飞鲁莽的性格，结果张飞却说'暂把怒气搁一旁'，又讲'未曾通报我不敢闯'，根本没有闯帐的莽劲儿，反而把张飞豪爽、急躁的性格淡化了，戏很平，同时把张飞《芦花荡》一折'急急风'上场的气氛也给冲淡了……"

"所以删去！"曹禺同志说。

"我对这出戏的理解也有个过程。在科班，我常在演大义务戏时看名家们演这出戏。可是，每逢《听琴》一场，时常会有些观众'抽签'，到外边去抽烟或是上厕所，等赵云起霸才回来接着看戏，成了固定的休息时间了。当时不懂其中的道理，只是认为这场戏唱了白唱，不如不唱。等我长大出科，搭马连良先生的班社，常演这出《甘露寺》。最初，马先生只要求我演与他同场的孙权，后来，又有意让我前饰孙权、后饰张飞，我欣然同意。为了便于赶场，《听琴》这场戏赶不及，我又有在科班时那种演了白演的印象，就果断删去了。不过，真正想清楚其中的道理，还是几十年以后的事了。"

"你对这出戏的理解，时间跨度很大哟！"

"可能就是得有反复实践的过程才成吧。"我感到坐的时间长了，有些凉意。

"边走边说吧！"我站起来，说道。

"好的!"

"五十年代初,有一次演这出戏,领导要求我演《听琴》,我照令执行,结果令人遗憾!《芦花荡》从来是掌声迎上送下、火火爆爆的一场戏,那次完全被拖沓的节奏给破坏了。由此,我才开始冷静地分析应不应该要《听琴》这场戏,也才进一步理解了当年梅大师评论其'短、小、精、巧'的深刻含义。"

"听了你这番讲解,我又有一种感觉。"曹禺同志略低头沉吟了一下,抬头望着我说,"现在的演员还有你这种不断琢磨的劲头儿没有?我看得打个问号。"

"长江后浪推前浪,超越我的人太多了。说到底还是如何继承和发扬的问题……"

当然了,这些都是一己之见,绝无强求之意。艺术应当百花齐放,百家争鸣。

我非常喜爱这出戏,这出戏伴随我度过了六十多年的舞台生活。直至七十六岁时,我每日练功还要将这场戏的功架拉一遍,不是要老展雄威,而是挚爱至深,不肯释手罢了。

有着几十年交谊的老友、红学家冯其庸同志,四十年代在上海天蟾舞台观看过我演张飞。一九八六年,又在上海天蟾舞台看我演此剧,见当年与我同台演出饰主要角色的诸前辈、平辈们均已作古,不胜感慨,我也是心绪难平,唏嘘之余,题诗一首:

逝水流年四十春,芦荡又见旧时人。

张飞不与人共老,喝退周郎十万兵。

写在这里权且自勉。

捌拾陆 巧周旋 塞北脱身

一九四七年春。

回到北平没几天,我接到马连良先生的夫人陈慧琏打来的电话,约我晚八点后,在宣武门外烤肉宛见面。

我按时赴约。

烤肉宛是马先生最喜欢的饭馆之一。尤其秋冬季,烤肉更是上乘佳肴,我也很爱吃烤肉。平日来这里吃饭,都是营业最佳时刻,进门来,木炭红红,牛羊肉香味扑鼻,人声喧闹。今天已近打烊,桌清灶冷,外面春寒料峭,甚有凄凉之感。

我被让进里面的雅座。马三奶奶已到,她未施脂粉,面容憔悴,一手托腮坐在桌前。马富禄也坐在斜对面的座位上,这位善侃的马三爷破天荒地坐在那儿两眼发呆。

"三婶您好!"

"世海呀,你来了,坐下吧!"她脸上的笑容一闪即逝,双眉复又紧蹙。

"三叔身体怎样了?"

"还是不太好,唉!"

正说着,盛兰也匆匆进门。

寒暄过后,马三奶奶开门见山地说:"自打在上海闹起这场冤枉官司,到现在已过了半年,为了疏通关系,见佛就拜,就上供,数不清花去多少钱,又不能唱戏,温如他又急又气又害怕。你们都知道,他胆子最小,又爱生闷气,身子骨越来越顶不住了。家里只出不进,唉,你们都不是外人,我也就据实相告,现在,家里已经见底了。眼看着官司没头绪,该送的还得送,该花的还得花,宽街的房已准备卖出,可也不是马上能出手的,钱也垫完了。没别的路可走,我和温如商量着,把你们三位找来,你们都跟他多年了,世海跟的时间稍短,也近十年了,想求你们先帮一步,不拘多少,量力吧!等这场官司了结了,温如能唱戏了……如数还……"说到这儿,马三奶奶哭了。

"就算唱不了戏,卖了劈柴胡同(辟才胡同)的房子也还给你们!"马三奶奶紧接着又补充了一句。

我们几人齐声劝慰,马三奶奶总算止住哭声。

饭菜早端上来了,谁也吃不下。马三奶奶又强忍着泪水劝我们:"你们都得吃,不吃,是不是不愿帮我呀?"

我们勉强吃了几口……

借钱的事,根本用不着考虑,我之所以有今天,与马先生的提携是分不开的。

第二天,我让福媛去马家给马三奶奶送去家中仅有的三根金条,这是在上海演戏所得的报酬,当时物价飞涨,钱毛得很,戏院付给我包银,我马上去金店买成金条收存。

后来,这场官司结束了,马先生在上海演出后,不仅如数还清,还送我一件绿蟒,我虽穿不得,但正如马先生所讲:"略表我的心意,留个纪念吧！"

母亲带着小蓉、小平及二姐的孩子小毛一起随我去天津演出，福媛留在家里看守"大本营"。虽是带着三个孩子，有母亲坐镇，领着他们玩，对我没什么干扰。我们住在法国大桥下面的裕中饭店，日本侵华时期叫帝国饭店。早晨，母亲带着孩子们吃原汁豆浆，母亲最爱吃上边的豆皮，再吃些天津果子、煎饼。然后又率领这"三军"去运河边看法国大桥，如果有轮船通过，这大桥就会慢慢扬起，轮船通过了，桥再慢慢合拢，他们对此都十分有兴趣。母亲也趁这个机会和她在这里的姐姐欢聚欢聚，心情十分舒畅。

我与福媛合拍的《连环套》戏装照，摄于一九四七年

十二天一期的演出结束，母亲带孩子们回北平，福媛来天津。这次，我俩合照了一张《连环套》的戏装相。福媛扮黄天霸，她身材瘦小，普通的戏装穿不得，少春小时的戏装，白花褶子、白罗帽，刚刚好。盛章三嫂金如珍也和福媛照了一张《平贵别窑》戏装相，三嫂扎上靠饰薛平贵，很有几分英武气概，福媛改换女装饰王宝钏。我和叶三哥各将夫人姿势摆好，照完相一同去小白楼起士林吃西餐。

相片洗出来了，颇令人满意，好好地放大加洗了几张，着了色，后来挂到卧室里。

少春看了相片说:"这您可'前'了!""前"实际就是"前后眼",开玩笑的意思。

"为什么?"我没理解少春的意思。

"是我老跟您唱这出《连环套》里的黄天霸,怎么换成您夫人了,什么意思?"

"你误解了,跟我唱黄天霸的人有好几位呢,甭找辙,是不是找我算行头钱来啦?直说!"

"那天您和叶三哥又照相,又吃西餐,把我搁一边啦!"

"好说,今儿我和福媛请你照样去小白楼的起士林,怎么样?"

"愿意奉陪仁兄!"

最后我们说笑着去了小白楼,不过,是少春请我和福媛吃的饭。

天津演出结束,张家口庆丰戏院的经理约我们到他那里演出。张家口夏季凉爽,我们很愿意去。只是为了寻找一位合适的旦角,我们颇费了一番工夫。从上海回平后,我和少春的合作已定,必须再找一位会演戏又能挂三牌的旦角。想来想去,想到高玉倩,她毕业于中华戏曲专科学校,与李玉茹等"四块玉"同科。有一年,我们看校友剧团演的《白虹贯日》一剧,她在剧中饰演徐函,嗓音清脆,极会做戏。记得她穿着件暑凉绸大褂到我家来说《牛皋招亲》。我只稍加点拨,她就心领神会。也亏得她这次与我们同行,替班社解了一个围。

在张家口的演出很轰动。问题往往出在演出临近结束时。上次和世芳去山西也是一切顺利,最后他们非要我们额外再演三场义务戏,世芳怕惹麻烦,忍气吞声地接受了,弄得大家不太愉快。这次庆丰戏院经理又带来当地某位有权有势的人物,先以请客吃饭为名,把我们邀去。有道是宴无好宴,果然,主人当场提出加演一星期(七场),一切开支由这位大人物支付。少春问每场付多少,经理吭吭哧哧,最后才摊牌:"说是他付,就是不付。这年头千万别招惹他，谁见他都要让三分。你们要是敢把他的面子驳了，我是担待不起的。"明说了！这些不软不硬的威胁话撂在这儿，少春和我咽不下这口气。十二天的演出，已有两场的收入归剧场，我们白演；再白演七场，太不讲理了。可是很多次的教训告诫我们，硬顶是白饶一面，没有地方可评理。不硬顶，只有智取。大家左思右想，决定如此一试。

我们买了点儿小礼品，由少春、我、玉倩出面去拜访这位"老爷"。玉倩穿上漂亮的衣服，精心地化了妆。我们让玉倩领头好话好说，讲明北平有事必须赶回，又送他签名照。最后，他说，那就唱三天吧！包银可是我付啊！说得多好听！我们只得白演三场，并定好三场演完我们连夜返回北平，免得他们继续纠缠。果然不出所料，三场戏演完了，他又要请客续演，少春言明我们确实有事，他们才只好作罢。

捌拾柒 霸王号 空中险情

霸王号飞机在飞往上海的空中，机舱内很安静。福媛在我身旁临窗的座位上半躺半坐。我们观赏着窗外晴朗的高空景色，天空一片湛蓝，朵朵白云飘浮在飞机下方，望过去，极像茫茫雪堆。飞机似在雪地上滑行。我小声地和福媛谈论着北海玉石桥旁牌坊上"云堆"两字的高妙意境。

机舱内还有马连良先生，他的官司仍处在似了非了的尾声，因是杜月笙过生日演堂会，有人做主，他来上海的事也就没人阻拦。他已一年多没和大家同台，飞机上相遇，互相寒暄了一阵，不好深问。此刻，他微闭双目，养精蓄锐。

少春、盛章、盛兰、富禄、慕良及其他乘客，或在小声聊天，或是闭目休息，都很悠闲。

自从世芳罹难，大家几乎得了恐机症。尤其中央航班的飞机，简直不敢再坐。无奈北平至上海没有直达车，中间需换车，路上走三天，极不方便，与三个多小时的飞机无法相比。所以提及坐飞机，一致要坐中国航班的霸王号，认为这是比较保险的。

窗外的云渐渐地越来越浓，飘飘悠悠像是一层浓厚的雾幕，遮盖了蓝天，只一会儿的工夫，飞机已是在迷雾中飞行。我对福媛说："你看，咱们这是在腾云驾……"

"雾"字还没出口，猝然间我感到我的心忽地掉下去了，似乎跃进了腹腔，只见福媛从座位上腾起，前脑门儿撞在行李架上，又滑坐下来。她已有身孕，千万别出问题，我想拉她，却伸不出手，只觉得心已经掉进无底深渊，头嗡嗡直响，耳鸣得发疼。这期间有眼顾不上看，有耳听不见声，有口说不出话，连思维也迟钝了。唯一的念头是抓紧扶手。

心终于回到心窝里了，只见福媛双手捂着脑门儿揉搓，我拉开她的手一看，脑门儿上红红的，磕起了个挺大的包。少春、慕良等坐在第一排的全摔在地上，幸而有地毯。慕良一手抚着胳膊哎哟、哎哟地喊。少春功底深，倒还不太在乎，只是大声喊着："这是怎么回事？怎么回事？"大家这才回过神来，为什么会出现这种状况？是飞机还是……不可名状的恐惧占据了每个人的心头，会不会飞机再遇险情？是不是还能飞到上海？是不是还能和家人团聚？……飞机里乱成一团，真可称之为"震天"了。

"乘客们请注意！乘客们请注意！"

听到机舱中的广播大家才安静下来。

"飞机因出现故障，行至青岛周村上空突然下降，现在飞机故障已经排除，请大家不要惊慌。"

我们一行人不听周村则已，一听周村更是悚然，十分后怕。险情过去，我们逐渐恢复了平静，又开始谈笑风生了。

"哎哟，八成是世芳想咱们，刚才向咱们招手呢。"盛兰大声嚷道。

"想不到差点儿去给世芳做伴儿，他准是一人闷得慌呢！"

"太悬了，真去给世芳就了伴，连和家人告别都来不及了。"大家七嘴八舌地议论。

我也大声说:"说不定亏得世芳念在咱们都是富连成师兄弟的分上,看见飞机出了故障,用手托了一把,咱们才得以幸免!"我认为世芳在危急关头肯定会帮我们一把的,虽然他已经不在了。

总之,甭管谁保佑,我们终归是平安抵达上海。大喘一口气,走下飞机。

十天义务戏结束,我和少春、盛兰等人开始了号称"十大头牌"的联袂演出。

我和福媛搬到中国大戏院的前台楼上居住。原因很简单,为了少打麻将牌。那时上海和北平打麻将已成风气,不分男女老少,几乎是趋之若鹜。九福里等地是演员居住的宿舍,找你来说不去,岂不把朋友伤了?孙兰亭特意为我收拾出中国大戏院前台楼上的两间房。屋内沙发桌椅俱全,还有另外半间屋子做厨房,倒也挺自在,福媛看我的戏也比较方便。

我们前演《失·空·斩》,中间是筱老板和马富禄的小玩笑戏。大轴子是《三岔口》,场次演得很多。每到最后《斩谡》一场,我快上场了,福媛就不慌不忙地从楼梯上下来,往包厢后边一站,这是经理们看戏时站的地方,看得清楚,还不挡观众。久而久之,这也成了前台经理们的笑谈,每当福媛从楼梯走下来,前台的经理和同行们就会说,瞧,袁老板的"忠实观众"来了。以后,我问福媛为什么爱看《斩谡》,她说:"我听别人演的《斩谡》,马谡没有知错认错这段唱,你加了这段唱,特别是最后两句,观众很欢迎。还有哭头,'忽然想起年迈的妈',观众爱听,听完这段,观众都夸好,我也就想下来看。"

这段唱,就是郝老师加的铜锤唱,福媛的话,说明了郝老师的过人之处。

为了更新剧目,我和少春重排了《百战兴中唐》,连演六场,场场爆满。

还演过一次十二生肖戏,也就是以十二个属相为名的戏,每出戏演一小折,挺有趣。

这其中最值得一提的是《杀狗劝妻》,原是河北梆子剧目,少春的姨妈(李桂春先生的二夫人)早年是河北梆子演员,会这出戏,教给了少春。少春串演这出戏的中心人物——虐待婆婆的半花旦半彩旦的崔氏。他的扮相极俊俏,表演俏皮,最绝的是学会了踩软跷,露出两只尖尖的小脚,观众吃惊不小。

演出结束后,少春来向我辞行。他要随同友人到台湾去。

少春讲:"我看看京剧在台湾吃得开吃不开。如果还成的话,马先生这期演完,咱们哥儿俩去台湾演演。"

少春走了一个多月后,正月初九的下午,我刚吃完福媛为我过生日做的打卤面,少春突然回来了。

"三哥,我给您送寿礼来啦!"

"嘿,你还记得我的生日,不简单!真让我诚惶诚恐,谢谢了!"

"好,三哥的寿诞之日,小弟焉敢忘怀?一上飞机,我掐指一算,正月初九,您的生日,下了飞机便直奔蛋糕坊,给您买来了最爱吃的栗子蛋糕。"说着,把手提的一盒蛋糕放在桌上。我一看,寿字图案,很漂亮。我很受感动。

"谢谢,谢谢!"我向他作揖致谢。

"台湾情况怎样?"我迫不及待地问他。

"去了三个多礼拜,最大感触是街道干净,路灯都是钨光灯,锃亮锃亮,都觉得刺眼。气候也好,现在是冬季吧,那里一片翠绿,空气也好。我去了台北、高雄几个地方,和当地的剧场经理谈了谈,不行。去那里演京剧不现实,路费之贵就难办,就算从上海走,我一人的费用就很多。关键是那里没人唱京剧,找不到底包。全从这边带,光路费就花不起,难!所以我想回北平,按上次您跟我说的,我打算回去组班,写本子,排戏!"

是的,上次我们与程先生在天蟾演出后,我认为少春是文武兼备的难得的人才，应该组班闯出自己的路，要像余先生说的那样，演自己的戏，不要为了挣钱，跟谁都唱，什么戏全唱。一旦把青春年华耽误了，悔之晚矣！少春听我的话回北平了，现在看来，我的话对他触动不小，他到现在还记得。

"想写什么戏，排什么戏？"我追问少春。

"这出戏太适合咱们哥儿俩了。时机未到，暂不泄露，等您上海演出完毕回到北平，咱们对'火'字。"少春的精神为之一振。

对"火"字是《借东风》中周瑜和诸葛亮研究破曹之计时，把各自的想法写在手掌上相对，结果二人手上都写了一个"火"字，这才有后来的火烧赤壁。

"好，咱们北平见面对'火'字。"我说。

"一言为定！"

"一言为定！"

捌拾捌　出冤狱　万春复演

演出，对一个演员来讲，像生命般重要，因为生命的一切需要，都要靠演出来获得。

马先生为这场冤枉官司辍演一年多，吃了不少苦头。他渴望重返舞台的愿望非常强烈。终于，他可以继少春之后，在上海中国大戏院演出了。

演出盛况如昔，连连续演，从一九四七年十二月初直演到来年的四月中旬，常盛不衰。

四月初的一天，马先生约我到他那里吃夜宵，这是常事，我并未太在意。

席间，马先生问我："万春出狱的消息，你知道吗？"

"听说了。唉，万春兄坐了两年冤狱，总算查清楚了。"他是抗战胜利后不久，被人诬告以汉奸罪入狱的。

"人逢乱世多灾难。幸好，我脱险，他脱难。他要来上海接续我们的演出,想约你……"原来,孙兰亭把人情托到马先生这里了。我想。

"前天,孙兰亭和我谈过,我已辞谢了……我出来的时间太长了,想回北平看看,所以……"马先生是万春兄的义父,碍于马先生的面子我婉转地推辞了。

"我清楚,这不是你的心里话。是不是怕他经过两年之久的牢狱生活,在台上放了荒呀?"

"不是,不是,凭万春兄的功底,甭说两年,再加个两年、三年,台上仍会是好样的。"这一点,我深信不疑。别看万春兄只比我大五岁,可是他的舞台经验远比我丰富,功底远比我深厚。想当初,万春兄十一二岁,在北京已是大红了,论扮相,圆圆的脸庞,大大的眼睛,五官匀称,英俊帅气,嗓音洪亮,武功基础扎实。可以说,他是长靠、短打、箭衣无不出色的文武全才。记得有一次,他在第一舞台演出。第一舞台的后台空间大,他一上场,后台的两旁都站满了人,这足以引起小时的我对他的敬佩。

台下呢,他这个个子不高的小孩子,穿一件浅色的绸子大褂,头戴一顶小草帽,手里拿一把小扇子,神气十足,真是人见人爱。杨小楼先生、梅先生、尚先生、余先生、马先生对他都很器重。杨先生、余先生、马先生都给他说过戏,梅先生带他到上海演出,尚先生与他合演《五龙祚》(即《白兔记》),所以,万春兄功底之扎实,学戏、演戏之多,合作的名家之多,在同辈中首屈一指。有人说万春兄会二百多出戏,我看远远超过这个数目。回想那时,我不过才八九岁,还没有加入富连成科班学戏,正随许德义师傅练功,各处听蹭戏,对万春兄的精彩表演印象极深。

"他是少春的姐夫,我和他也有不少往来,只是他……"话到唇边,我又咽回去了。

"干脆,我替你说了吧,是他这些年来,在台上随便了点儿。是吧?难怪了,我见着他,也得说说他,让他改一改。不过,他吃了这两年的冤枉官司,够惨的。刚出狱,没在北平演出就来上海接我们,阵容不齐整哪成啊!

他的心情，我们可想而知。兰亭约你，你婉言辞谢了，万春又特地给我来信，诚心诚意请你参加他的演出，我看，你应该帮帮他。你有什么想法只管说，他知道你帮少春排戏，又是搭班、护班，对艺术一丝不苟，我也喜欢你这点。你看怎么样？"

马先生言辞诚恳，我和万春兄关系又不错，我哪能不接受呢。

"您既然说了话，我，没的说。我希望万春兄演他的正工戏，真正能排几出杨、郝的合作戏，也希望他一出戏演到底，别换人。如果这样，他演全本《武松》，我情愿给他配蒋门神，《火并王伦》我演晁盖……让风借火的势，火借风的威。您可以把话转告万春兄，我绝不食言。"

夜宵吃完，马先生躺在烟床上吸烟，夫人陈慧琏在一旁给马先生烧烟，有时也会吸两口。

马先生吸了几口之后，谈锋更健了："细论起来，我离不开的这几个人里头，数你的岁数小，数你懂事，不惹麻烦。"

马三婶接过话茬："你跟你三叔的时间最短，偏他最离不开你。像那回上海的堂会，演《龙凤呈祥》，唯独把你由北平接来。"

"我知道，这是三叔器重我、提携我！"

"他们不理解，老生离不开花脸。尤其我注重做功，必须有个好架子花脸才成。当初和郝老板，我们排了多少出好戏呀！可巧，你是真有乃师之风，人又老实，不就加个'更'字吗！"说完，马先生和马三婶都笑了，我也笑了。

马先生每日的生活起居很有规律，一般都是散戏后吃夜宵，然后抽足大烟，接近天亮才睡。下午两三点起床，午饭在四五点，吃过就去演出。

我与马先生闲谈了一阵，见要谈的事已经谈妥，不便久留，告辞回去休息。

几天后，孙兰亭带来了万春兄的回信。他说万春兄听了我的想法挺高兴，不仅要和我排《野猪林》，还要和我排《连环套》《甘宁百骑劫魏营》

《灞桥挑袍》等杨、郝的合作戏。

万春兄到上海后，同夫人——少春的姐姐到住处看我。

万春穿着一套白西装，他比以前略有些发福，倒不像受了两年冤狱之灾的。那风度、那气质，丝毫不减当年。

我们寒暄后，万春高兴地提出："这回咱们哥儿俩好好凑凑。"于是，我们俩一起商量好三天的打炮剧目：《长坂坡》《连环套》《金钱豹》。

演出非常理想。不出我之所料，万春兄虽脱离舞台两年之久，但其技艺毫不逊色，而且演得认真、规矩，特别是《金钱豹》一剧，更胜少春一筹。万春演后半部《武松》——《快活林》时，我扮演了蒋门神。在《林冲夜奔》与《火并王伦》中我饰演了晁盖。晁盖本应在剧中占有重要地位的。当年，我听万春兄与小奎官演这出戏，就感到这个角色大有潜力可挖。因为王伦在梁山主要与晁盖有矛盾，林冲是为晁盖打抱不平，才火并王伦的。所以加强晁盖这个人物的分量，只会托戏，不会搅戏。于是就在晁盖上山受排挤、郁郁不得志时，我自己编词、编唱，加了一场晁盖夜半观书的戏，唱【二黄原板】，抒发晁盖满怀热情投奔梁山却不得共举义旗、被冷落的压抑心情。

演《快活林》中的蒋门神，在武松为施公子夺回蒋门神霸占的快活林酒楼一场，我让蒋门神手拿一把大扇子，数板上场，凸显其恶霸、地痞的形象，又在与武松交手中，接连摔抢背。万春兄对此大加称赞："跟我演这两个角色的人很多，从没有像你演得这样细致的，有人物，又托戏，你真捧我。"

按说，我和万春兄名气差不多，不应该演这类角色的。观众本来认为，我演这些角色没什么看头，但看后觉得很有味道。实际上，这两个角色仍是刀刃上的活儿，演好了，很讨俏的。这也是架子花脸因剧目、角色宽绰，受人喜爱的一个重要因素。

此时，马先生尚未北返，准备去苏州开明戏院演十二天，要我去赶包。

好在苏州离上海较近，坐火车仅一个多小时的车程，双方将剧目岔开，我就在上海、苏州两地赶包演出。

我在苏州演了三天，返回上海，饭后散步，见中国大戏院门前正在写新戏预告，我就凑近去看。见原来上首贴的《野猪林》正在改写成上演《二百五》的海报，感到莫名其妙。原是说好的，希望演万春兄的正工戏，别乱演，《野猪林》的单头给大家发了，没能得空排并不要紧，怎么着也不该演《二百五》呀！这出戏原叫《大劈棺》，是一出体现旦角跷功的技巧戏。在田氏劈棺时，庄子由棺内一跃而出，田氏从桌子上翻抢背下来，对花旦来讲难度较高。后来，某些演员为了迎合社会上的腐朽风气，增加了田氏思春等不堪入目的低俗表演和劈棺时的恐怖表演，使这出戏已变成荒诞无稽的色情恐怖戏。而且戏中根本没有适合万春演的角色，怎能称是他的正工戏呢！我直奔剧院内找万春的管事迟景泉。

"袁老板，您别着急，您去苏州几天，有的事儿您不清楚，童芷苓要在天蟾舞台拿《大劈棺》打炮，小老板的意思是唱不唱得先贴……"

耐不得他解释完，我抢过话头说："这样的戏，哪有适合他的角色呀！"

"小老板说，他演庄子。"

"谁演二百五？谁演田氏？"

"庆春演二百五，童葆苓演田氏。"童葆苓是童芷苓的妹妹。

"更不行了！哪能让她们姐儿俩打对台呀！观众是看李万春，还是看谁？照我看，这出戏无论如何不能演！当初怎么说的？你都清楚吧！"

"这个，这个……"他两手一搓，面露难色。"是不是您再和小老板商量商量。"他接着说。

"我去找他。"我说完转身离开戏院，来到万春兄的住处。万春兄说他原本也不太同意，是剧场经理的意思，并说："三弟你放心，庆春演这个二百五的角色都演绝了，不信你看看就知道了。"看来此事已成定局，我不便再费唇舌了。

凑巧,因为赶包劳累,我晚上突发高烧。孙兰亭见我持续几天不退烧,便给我介绍了上海的一位名医。真有趣,他的手一按在我的脉上,就把一味味药以申曲味唱出来:"荆芥五钱,柴胡三钱……"年轻的学生按他所唱,写出药方子。听大夫唱药曲,我还是第一次。我是又难受又好笑。

七天了,仍未退烧。马先生知道了,他说七天不退烧,万一转成瘟病不好治,劝我回北平及时治疗。

第二天早晨,万春兄及嫂夫人送我至机场。临别,万春兄拉着我的手说:"你病得不轻,不敢留你,你治好病,一定早早回来!"

"好,病好后,我一定回上海!"见万春兄依依不舍,我也做了肯定的回答。

捌拾玖 对"火"字力改《野》剧

我回到北平，马上将住在麻线胡同的中医李景泉大夫请到家来给我调治。这位大夫结交了许多梨园界的朋友，我经常闹嗓子，常请他给我清理内热。我喜欢将他开的药方一张张保存起来，闲时比较每张药方上药物、药量的变化和症状之间的关系。我每次都去骡马市大街的鹤鸣堂中药铺抓药，每味药都用一块小方纸包好，里边一张小红纸上印着药名、主治病症、药物的形状，久而久之，我从中学到了许多中医知识。每逢到外地演出，我会把保存的药方带在身边。到该用药时，就翻看这厚厚的一叠"医书"，照方抓一剂，或根据病症轻重，仿效着自己所理解的规律加减药量，觉得也很见效。后来，同行们若有点儿小病，我也斗胆给他们开个药方。有一次我随马先生到东北演出，马先生外感风寒，在当地找不到好中医，马先生知道我爱存药方,问我有没有办法,我挑出一张适合的方子,又根据他的病情略加增减,并严正声明:本大夫没收门墨钱,吃出问题概不负责!抓药时先问问药铺这药是否能吃。药铺人看了方子说:"这是清肺热、驱风寒的方子,可以吃。"药抓回来,马先生连吃几服,病居然好了。李大夫的儿女们有的至今仍从事中医工作,知道我有存方的习惯,七十年代曾到我家来求访这些药方,以总结李景泉先生的中医经验。可惜,"文化大革命"中,这些药方也随"四旧"一起被付之一炬。

这次我的病,李大夫认为仍是内热太盛,而且有湿气,必须先清热退烧,然后再调理。

养病期间,一天,我吃过早点,在院子里透气,欣赏母亲种的一盆盆茂盛的花草。回想幼年时,我那清贫的家被母亲装点得生机勃勃,盛利哥曾多次夸奖:"别看你家里的房子挺小,还七扭八歪,可满院子的花花草草,看上去真像起家月的样儿。"如今母亲过着舒心的日子,住着整砖整瓦、磨砖对缝、红绿相映的独门独院,种花的心气儿更高了。无论是盛开着粉艳花朵的夹竹桃,还是香气袭人的白色茉莉,或是叶子宽大、厚实、苍翠的橡皮树,都那么惹人喜爱。种在瓦制雕花大鱼缸里的夏荷将我吸引过去,它花鲜、叶碧,出淤泥而不染,我在喜爱之余更有几分敬佩。虽然缸里的水一点儿也不少,我还是忍不住又灌了一喷壶,兴致勃勃地往荷花上喷洒。晨风吹拂,荷叶轻曳,残留在荷叶上的水珠往复滚动。呵,这真是风吹荷叶动,玉珠滚碧盘。

我怡然自得地观花赏草,忽听得过道内响起了踢踢踏踏的脚步声,准是少春!我迅速地做出了判断。只有他,在炎热的夏季仍然穿着那双冬季也可穿的笨重的大皮鞋,还从不系鞋带,走起路来踢里踏拉的,人没到,声先到。我曾问过他:"你不嫌热,也不嫌累得慌吗?"

"三哥,穿沉皮鞋不系鞋带的好处可不小哇。私下里天天穿,觉不出沉,也觉不出累,到了舞台上,我脱下这双沉皮鞋换上薄底,脚底下就会不轻自轻,不飘自飘啦!"有道理,这一点我还真没想到。

"其实您也经历过,有时您演出,前边穿厚底,后边换薄底,马上感到脚下特别轻,对不对?"

很对,这一点我也深有体会。一个演员,在生活中也时时刻刻不能忘记舞台上的需要。

我随着脚步声回过头来,少春已经下了过道台阶,站在院里了。

"三哥,您身体大安了?如此惬意啊!"前几次他来,我都是躺在床上,眼下他看见我拿着喷壶站在院里浇花,打趣道。

"好多了,身上仍是觉得没劲儿,再吃一段时间药,把在南方积的湿热都清理干净,就会好了。"

"前几次来,看您卧床不起的样子,许多话到了嘴边又咽了回去,没敢打扰您休息。今天,您精神挺好的,咱们哥儿俩可得好好聊聊了。"

我将喷壶立在荷花盆旁,陪他走进我居住的南屋。

"听大哥(指文林)说,我二姐夫和您在上海的这期演出,票卖得挺火哇!"还没等坐下来,少春就向我询问起来。

"火!你二姐夫冤狱一场,上海观众几年不见他,对他很热情。万春的班子也硬整,有桐春、庆春、吴鸣申、姜铁林几个能翻能打的好下串,配得严丝合缝。特别是你二姐夫,前一度他好玩笑、好取乐,台上有点儿松懈,观众有些看法。这次与以往大不相同,他文戏武戏都演得规规矩矩,观众当然欢迎喽!照我看,他在咱们这一辈里,称得上是首屈一指的。"

"您细细地说说您的看法,我好好学学。"

按说,他们是近亲,还用我说吗?不然,过去,他们各自组班,去外埠演出是常事,几乎天天有演出,见面的时间虽多,互相看戏的机会却很少。

"万春兄演的几个主要角色,给我的印象非常之好。像头天打炮的《长坂坡》,赵云气势饱满,武功扎实,见张飞念'翼德,你好小量俺也!'后随着'仓仓仓'的锣鼓点儿,踢枪、鹞子翻身、别枪、刷刷拧靠旗亮相,你是要稳、要快、要帅,还是要轻巧,全具备。靠旗刷刷两动真是好靠功。我更佩服的是他学习杨老板的武戏文唱。这出戏是杨老板当年的拿手戏之一,他是真正有杨老板的味儿和劲儿。当赵云、刘备被曹兵围困长坂坡后,刘备念到'好不凄凉人也',赵云劝慰'主公,且免愁肠,保重要紧'。据我所知,杨老板念这句会赢得固定的掌声。观众们谁不鼓掌,反被认为是不懂京剧。万春兄这句念得是'重'字真重,'要紧'二字又有安慰,又有此战必胜的情感。"说到此,我站起来连动作带表情地大声仿效:"主公,且免愁肠,保重——要——紧——"

"他念得情感足,韵味浓,这都是杨老板的特点,得了个满堂彩。"我又说。

少春坐在椅子上,聚精会神地听我说,我就更是绘声绘色了。互相评论艺术,谈自己的看法,是我最喜欢的话题之一。

"高的是,他根据不同剧目、不同特点,适当地把俞派的东西也糅进来了。这是他在斌庆社搭班学艺的好处了。"万春十二岁在北京唱红之后,曾在俞振庭先生创办的斌庆社搭班学艺。这位俞五爷是武生创始者、俞派创始人俞菊笙前辈之子,号称俞毛包。他继承了俞派艺术,不时在斌庆社演出,《金钱豹》《艳阳楼》《铁笼山》等勾脸武生戏都是俞派最初的代表作,也是俞五爷常演的剧目,万春兄或在台下观看,或与俞五爷同台,受益匪浅。俞五爷也像教徒般向他传艺。"万春兄演《金钱豹》时,头场《坐洞》,扬脸出场亮相,归座时斜别着身子,梗着头,尽显俞派风格,又有精灵鬼怪的特点。那四句定场诗'豹头虎眼象面熊装,红眉山上自为王',他把原来的'山前'改为'山上',改得好,更贴切、更准确了。后两句'洞内小妖千百对,烈烈——轰呃轰——震山——岗——'"我不禁又大声地学念起来,"真是又有杨派的韵味,又有俞派的特点,又有鬼怪精灵的气势,夸张得恰到好处。"

少春完全被我的话吸引住了。他在听,也在动脑筋思索,寻找灵感。少春好学、善学,后来他演这几出戏,都按照我讲的改了过来。

福媛给我端来一碗熬好的中药,我仰脖一口气喝了下去,漱了漱口。

"看您吃药是一点儿也不含糊。"少春说。

"嘿!良药苦口利于病。我从来是恨病不怵吃苦药。这次演出,遗憾的是我和他没排成《野猪林》,他非要演《二百五》。唉,回来后,我仔细想了想,这怪不得万春兄,还是怪这股风气不好!如果演这类戏不上座,就谁也不演了。"我边说边屈起中指,使劲儿地敲了两下桌子,以泄心中的不满。

"演什么戏,我们自己也得有一定的准绳。您还准备回上海吗?"

"我答应了孙兰亭和万春,病好回去。谁也没想到,我病了这么多天,到现在了,还有低热。等我痊愈了,大概万春在上海的演出已经结束了。看来,我们想排的《野猪林》真是排不成啦!"我摇着头,不无遗憾地说。

"成啦,我看您也别遗憾了。跟您说吧,我今日的来意,一是探病,二是约戏。在上海临别之时,咱们有过一席话,约定回北平之后,我重整起社。现在的演出虽不太理想,却也还能维持。抓工夫,我还改了个本子。好几回,我都有点儿泄气。我听从上海回来的人说,您跟我二姐夫在中国大戏院演得挺红火,天天满。园子门口还挂着两块新戏预告的大牌子,左边是三、四本《连环套》,右边是《野猪林》,对吧?"

"对,你还真有'耳报神',了解得这么清楚。"

"我盼着您回来呀!一听这些,我想,您还不得续几期或换几个地方?我着急,又不好写信问,像是催您似的。改这个本子,我心里是几起几落,本子是非您(演)莫属!您不回来没用啊!后来,我想,不管您什么时候回来,先写好本子等着您……"

听到这儿,我打断他的话:"这么说,我这病,八成是你给咒出来的吧!"

"哪能呢,我是盼您回来!"

"你说得这么热闹,连肠子里的话都掏出来了,到底写了个什么戏?"

"三哥，上海有约，回平对'火'，您猜！"少春端起茶杯呷一口茶，等我说。

我暗暗思忖，听口气、凭感觉，这戏恐怕是和上海的戏有关系。三、四本《连环套》……《野猪林》……对！

我说："《野猪林》！"

"心气儿一碰就碰上！我说非您莫属嘛！"

《野猪林》是杨小楼先生、郝老师合演的一出极受观众欢迎的名剧。剧情感人，艺术精湛，郝老师在剧中塑造了袒胸露腹、粗鲁爽快、有侠义心肠的鲁智深，在当时没有第二人选能演此剧。和少春排此戏，是我久已渴望的。因此，少春的这几句话，如同给我吃了一剂大补的中药，药力远比那一碗苦汤大多了。霎时，我觉得精神振奋了许多。

"这么好的事情，你居然能瞒我半个月！为什么不早告诉我？"我略带埋怨地对少春说。

"我前几次来，看您躺在床上，病得挺厉害，没敢打扰。今儿个您身体恢复了，马上就对您说了呀！"

"嘻，你早说，我早好了。"排一出好戏，是一个演员最大的心愿。我迫不及待地向少春索要剧本。我就是这样的急性子。

"前几回，我都带了。唯独今天没带！"

"嘿，你真会逗我，看不着本子，心里怪痒痒的。你回家去拿吧，回来正好在我这儿吃饭。"

"三哥，您别太性急。今天，您话说得不少了，累了，该休息休息。明天一早，我就将本子给您送来！您以为我不着急？我比您还急！您病了这半个多月，也急得我够呛。"

第二天清晨，少春送来剧本："三哥，李华亭托人带信儿，他今天中午要来我家，还不知是什么事儿，你先踏踏实实看看本子。明天下午，我来，咱们再琢磨吧。"

"李华亭找你，八成是好事！"

"但愿如此！"

少春走了，我拿起这个用书钉钉住的竖格本，仔细地读起来。

次日下午，少春如约前来。

"三哥，本子看完，您有何高见？"

"李华亭来了吗？"我没直接回答，反问道。

"来了，约我们去天津演一期，我想您的身体还得调养些日子，就定了先和盛章去演十二天，然后，您力争去天津，咱们再演一期，您看怎么样？"

"好，就这么办。"

"趁现在有空，咱们赶紧把《野猪林》的本子初定下来。您看后有何感想？"

"看得出来，你下了不少工夫，我觉得……嘿，咱俩别站在院子里，这会儿院里太蒸得慌，咱们进屋、落座，看着本子一场一场地说。"

七月的天气十分炎热，午睡起来，我习惯性地往地上洒了许多水，虽有些凉意，仍是很热，不如我住的南屋凉快。

我们走进南屋，面对面分坐在八仙桌的两边，福媛给我们沏了一壶上等的碧螺春。我们开始讨论起来。

我翻开本子。头场是高俅坐场，高衙内要求去逛东岳庙的垫场戏，没什么可改动的。翻至第二场，乃是鲁智深醉打山门后来到大相国寺一场。昨天我苦思冥想，最后有了新的想法。我对少春说："当初看这戏就觉得二场啰唆，昨天一看本子，更觉得啰唆，我有个大胆的想法。"

"什么想法？"少春向前倾身，扬起一字眉紧盯着我。

"索性把这场戏全部删去！后面鲁智深倒拔垂杨柳时，在开场白中加几句介绍介绍，不就全明白啦！"

"哈哈，咱们又对了一个'火'字，我正有此意！只是……这是您的整场戏，我不好动笔全删。高见！"说完，少春又挑起拇指补充了一句："三哥真肯割爱呀！"

"看怎么说了，投寺只是交代鲁智深的来历，与后边情节没多大关系。有它，累赘；没它，也不影响剧情的发展，何谈割爱？你要是下剪子把鲁智深倒拔垂杨柳剪了，我当然不会同意啦，哈哈……"

我接着说我的看法。

"这些年走南闯北地演出，也琢磨出点儿门道。一出戏精彩与否，除了演员的唱、做、念、打是否能体现人物性格，剧本的场次安排紧凑与否更是要紧哪。"

"太碰心气儿了。这个戏的本子，一定要改得合乎咱们的想法。您再往下说。"

"下一场是林冲、林娘子去往东岳庙烧香还愿，二人行走间对唱【西皮原板】。这样改，真好！比原来林冲打上念引子和定场诗，请林娘子出堂的老套子程式精练、直接、新鲜。"

少春听着我的夸赞，脸上露出兴奋的笑容。

"《菜园结拜》《定计卖刀》《白虎节堂》大致与老本相同。可惜，看这出戏年头太久了，你算算，杨老板去世都十年了，只记得他们演《结拜》非常吸引人，究竟怎么表演的，印象模糊了。等我病好了，去郝老师家请教请教。"

"好办法，到时您说一声，我和您一起去求教。"

"林冲白虎节堂受刑一场，使我想起曾在上海看过一场大义务戏《大名府》。周信芳先生饰卢俊义，在卢俊义被家人李固诬告私通梁山，梁中书公堂拷审一场，也是被责打八十棍后唱【导板】，周先生将'八十棍'的唱词完全用他那哑嗓翻高八度音唱，到'打得我'又是低回婉转，真是又激昂，又悲愤，又凄凉！"说着，我学着麒派唱腔的韵味，将这句唱给少春听。

"的确是个好启示，受刑的卢俊义和林冲刑后的感情相似，我好好琢磨琢磨，您再唱一遍，我听听。"

"我唱的可是有麒味,没有余味啊,哈哈!"大笑之后,我又连着给他唱了两遍。

少春太聪明了,后来,他研究出这句【导板】唱腔,既有余派的韵味,又充分体现了自己绝好的嗓音条件。不但"八十棍"是高八度,而且最后"冲天愤恨"的收尾又用了高腔,唱得冤情激荡、血泪相融,更有一番风采。演出中获得了一句唱腔两次掌声的突出效果。

我想起《大名府》中牢子手(行刑人)喊堂的声音缓慢、沉重,"唔——军呢——牢——用刑!""打!"阴森森的瘆人气氛可以挪到《白虎节堂》,突出高俅的凶残和公堂的险恶。我也想到八十军棍的打法:"周先生是屁股上衬一块厚布垫子静场真打,扑哧、扑哧的效果不太好。郝老师讲,戏要虚实相间,不能太真。"

少春定了定神,说:"打的时候,要不加锣鼓点儿?试试吧,前辈的好东西,咱们一定择其善者而从之。现在,我最犹豫的,你猜是哪儿?"

"是哪儿?"我没想出来。

"一个是发配路上,就是《野猪林》那场,我加了一段唱,有心唱【拨子】,怕人家说我是余派怎么用海派的东西?不用呢,《长亭》唱【二黄】,这段又唱【二黄】,重复了,太单调。"

这种【拨子】曲调流行于江南一带,南方观众对此调式已习以为常,不仅生角,就是旦角也都用了,北方演员却极少使用。北方观众只有在南方剧团来平演出才能听到,故称为海派唱法。

"正宗余派唱【拨子】,可能有的观众挑眼。不过,我看用不用【拨子】还应看合乎不合乎剧情和林冲的心情,合乎就用,不合乎就不用。至于说怕海派唱法观众不吃,倒不必太多虑。什么不是一回生二回熟哇。当初,麒派的高音锣(奉天锣)北方观众也是听着不习惯,现在也用上啦!说不定将来用高音锣的更多(现在用高音锣的确是普及了)。再说,以前文戏打铙钹,都由弹弦子的人代打,半个铙钹仰放在桌子上的环形棉垫上,弹弦子的人拿起另半个铙钹往上一扣就成了。后来马连良先生第一个尝试设专人打铙钹，而且是全拿在手中打，这叫文戏武打，据说是他的鼓师乔三爷从南方学来的，现在不也全是这样的文戏武打了吗？谁说过马先生是海派了呀！"

"那么，您的意思是……"

"若问我的意思，第一，杨老板演这场戏，只唱几句【散板】，你改成大段唱，我觉得合适。林冲吃了这么一场冤枉官司，在发配路上抒发内心的愤慨，是很有必要的，用不用【拨子】，起码可以试试。演出后，效果不理想，还可以改嘛！"

"听您的，咱们先试试看吧！"

"不光是唱腔，我看连你这场的服装都可以变。能不能像电影《雪夜歼仇》里面的，扛木枷？二解差打你的时候，你再翻吊毛什么的，就会显得惊人了。"

"我试试看，但愿不成问题。"

"另一个问题是什么？"我想起少春的话才说了一半。

"《火烧草料场》咱们加还是不加？加上这场戏，林冲终于杀死仇人陆谦，远走高飞，戏完整。但是这场戏里只有林冲，没有鲁智深，恐怕单了。"

这出戏名谓生净对儿戏，结果后半出只有生而无净，观众是否满意？当初杨先生想排《火烧草料场》后边带《夜奔》，又觉得太累没排成，这是郝老师说的。所以杨、郝合演的《野猪林》，只到野猪林林冲得救止。我低头沉吟着。

"我想，如果要加《火烧草料场》，就得让鲁智深最后上场。"

"再上？《水浒传》里没有……当然可以虚构……会不会画蛇添足呢？"我说。

"关键得让他上得合情合理。应该怎样上，我也没想好，不过可以肯定地说，从观众的心气儿来讲，鲁智深最后上场不至于造成画蛇添足的感觉。咱们再想想吧！"

要改的地方的确很多，岂能一蹴而就？

少春直到晚上近十点了才回家去。我呢，精神高度兴奋已使我忘记了自己低热没退，病体虚弱。少春走后，我才感到这一天话说得太多，心里发空，口中干渴，躺在床上再不想动一动，昏昏沉沉睡去，梦中仍在惦记着鲁智深如何能合情合理地再上场。

一早，少春就来了，见了我，就沉不住气地说："加《火烧草料场》就得加高衙内抢亲，林娘子自刎，让鲁智深给林冲去报信呀！"

这几句话大大启发了我。"对！鲁智深保护林冲到沧州，就回转东京，高俅已得到二解差报的信儿，下令四处追捕鲁智深。鲁智深打听到林娘子自刎身亡的消息，不能在东京久留，赶回沧州报信……"我顺着少春的思路发挥。

"高俅要斩草除根，派陆谦火烧草料场，林冲奋战，擒住陆谦，证实妻子遇害，愤怒难遏，杀死陆谦，与鲁智深一同投奔梁山。"少春抢着说。

"成啦，情节合理，全剧圆满，这个'蛇足'画得挺像，咱们就添。就是……还有，你和陆谦的开打得好好琢磨琢磨。把你的武功在这出文戏里也能露露。八十万禁军教头嘛，正好有充分的发挥余地。"

"和陆谦的开打，我想让陆谦带八个兵丁，我一个人和他们单打独斗，武打想办法别致些。"

"你的想法不错，可是八个兵现成，陆谦可难找了。前边的文戏必须演得好，陆谦的戏很重，后边开打还得有武功，不太好办。"

我们在屋里来回踱步，考虑了好一会儿，我忽然想起一个人来。我说："有个人演陆谦再合适不过了，可是后边的开打能否胜任，我还不得而知。"

"谁？"

"此人你也认识，你还夸过他，仔细想想，看咱们能对对'火'字不？"

"又对'火'字？好……"

"你忘了，那次在上海，咱们和叶三哥、李玉茹合作，排了几本《藏珍楼》，其中一本是徐良抓九尾狐路素珍……"

"噢，想起来了，是演这出戏里没鼻子小头目的骆洪年。成，成！他会演戏，形象也好，瘦高瘦高的个子，高高的颧骨，与陆谦的形象太吻合了。"骆洪年当时是盛章兄班里的二路小花脸。他在这本《藏珍楼》中饰演没鼻子、齉着鼻说话的小头目，周旋于九尾狐（李玉茹饰）、赵保（我饰）、李固（少春饰）之间。洪年善于随机应变，节奏掌握得非常合理，能将我们给他的戏托住，给我们留下非常好的印象。洪年不管扮大活儿小活儿，都是干干净净，我和少春都夸奖过他。

"我看就初定找他演，他若武功好，就多打些；不成，就少打。陆谦的戏，终归是文场子吃重。"

我和少春就《野猪林》的场次变动、艺术处理、人员安排都大致交换了意见。少春继续修改本子，隔三岔五地来我家跟我探讨探讨。草本写好，少春和盛章去天津演出。我暂时没有去，继续吃药，坚持治疗。

玖拾 "金霸王"贫病辞世

九点钟了,太阳已经升得很高了。

孩子们都吃过早点在院子里玩。去年腊月里福媛生的女儿,起名小妹,也已经九个月了,站在小车里咿呀学语,和姐姐哥哥玩得挺开心。

我在院里来回溜达,算是看着他们,也算是运动运动。

"老菱角——鸡头米——"几声叫卖,引起我的食欲。

我走出大门,见卖鸡头米的小姑娘站在对门华乐园经理万子和先生家门口。走过去一看,大大的菱角、熟制的鸡头米很新鲜,我一样买了一斤,小姑娘用张鲜荷叶包好。

我刚接过来付了钱,就听有人喊:"老三,老三!"扭脸一看,是万先生从西边走了过来。

"万先生,上哪儿去啦?"我和他打招呼。

"我正找你哪,告诉你一件不幸的事,金先生去世了。"

"哟!"我惋惜地说。

早就听说金先生病重,冬季,我在上海时,北平梨园界就已发起为他演义务戏,以维持他治病和生活的开销。现在,一代花脸大王真的去世了,我不禁为之痛心。

"不知金先生到底得的什么病?"我问。

"说是'烟后痢',唉,说不清楚。我是看着他太可怜了,所以来找你。你这回在上海待了小一年,我和你分开都快半年了,想你手里一定比较宽裕,如果,你……最好去看看,帮一把。"万先生春天去上海,福媛回北平待产,他就在我外屋的沙发上住了十几天。上海演出情况之好,他是清楚的。

"太应该去了。现在去?"我问。

"行,我陪你!"

万先生随我回家放下买的东西。

"万先生,您来啦,请南屋坐。"福媛从厨房里走出来,正好和我们打个碰面。

"金少山先生故去了,万先生陪我一同去吊唁。"我把荷叶包交给福媛。

"哎哟,太可惜了,快去吧!噢,我给你已经温上药了,你先陪万先生到南屋坐会儿,我马上把药端来,吃过药再去吧。"

吃过药,万先生陪我到椿树二条。在这南北走向的东西椿树胡同里,有东西走向的椿树三条、椿树二条、椿树头条,椿树头条内住着余叔岩先生,椿树二条居住着尚小云先生,椿树三条居住着荀慧生先生。这三座房子都是典型的几进几出、很讲究的大四合院。

荀先生的房是三座中最好的。院中带跨院花园,还有后院。金少山先生原来租万春兄西河沿的一座房,后来迁入荀先生家的后院。后院单有后门,门开在椿树二条路北,这里我很熟悉,世芳曾经在这里住过相当长的时间。

金先生家的小后门虚掩着,一个人也没有。万子和先生摇了摇头,叹口气说:"此一时,彼一时。当年金先生住在西河沿,正是他走红的时候,深夜一两点宾客不散，人来人往，像办喜事似的。如今办白事了，却是这样的冷冷清清。"

"我也听说过，不过，在他故去的时候，总还会像点儿样吧！"因为在当时，红白喜事是大事情，即使没能力，也要强努着办得像个样子。

"快别提什么像样了，进去一看你就全知道了！"

万先生推开门，我们走进院子，这是座小四合院，南墙就是前院北房的后墙。院子很宽敞，但透着一股阴森岑寂的气氛。走进正房，只见屋内四壁皆空，一无所有。双人床上，躺着已故的花脸大王金少山先生，他头枕灰砖，身盖旧床单。目睹这触目惊心的惨状我惊住了！这就是我一向很佩服的声如洪钟的"金霸王"吗？！

记忆深处，一幕幕景象立时在脑际中闪现出来：

广和楼后台账桌前。

富连成的几位先生正在和萧先生谈天。我们十几个学生围在旁边，听萧先生讲述去上海参加堂会（杜月笙为杜家祠堂建成而举办的堂会）的见闻。萧先生说："和畹华演《别姬》的那个项羽，是金秀山的儿子金少山，他的嗓子，声震屋瓦！人称'金霸王'……"

"声震屋瓦？声音真的能把屋上的瓦震下来？"我好奇地问。

萧先生伸手拍了一下我的脑袋，说："你这孩子就是爱刨根问底，这是打比方！比方可是比方，他一唱会震得你耳朵嗡嗡响。"

"他什么时候来北平呢？""根"没刨出来，我继续刨。当时我恨不能马上听他是怎样声震屋瓦、震得耳朵嗡嗡响的。

"说不准，我想他会来的，你准能看上他的戏！"

这是我第一次听说江南有位名净金少山——"金霸王"。

不知过了多少年，金少山先生果然北上来平。首场在华乐园舞台上演《连环套》。

当大头目"排山"命喽啰两厢伺候，随着"四击头"的锣鼓点儿，检场人将台帘上打,嗬,我看见台帘口站着顶天立地的一位窦尔墩,他不像郝寿臣老师那样神气十足,不像侯喜瑞先生摆出功架,只见他盔头高顶台帘上口,虎背熊腰,英姿飒爽,光看这魁梧的身躯就使全场千名观众震惊了。一句【点绛唇】的"自立为王"犹如虎啸龙吟,压盖过唢呐嘹亮的伴奏,震耳欲聋!真的震耳欲聋,萧先生说得太对了!那潮水般的掌声汹涌澎湃,几起几落,观众盛赞这已在江南威名赫赫的"金霸王"。这是金先生北上来平的首场演出,也是我第一次看金先生的演出。他的嗓音不但声震屋瓦,也震动了我,我钦佩他,我仰慕他。

前门大栅栏街市上。

黄昏时刻,我去中和园演出,刚拐进大栅栏,两束明晃晃的灯光从我身后射来。惊回首,原来是一辆安装着两盏干电池灯、擦得黑亮亮的人力车。车上坐着一位先生,他戴着一副金丝眼镜,头顶最高级的海龙皮帽,身穿海龙领大衣,腿上围着毛毯,肩上伏着一只猴,车前有人牵着一条黄毛狗,车后追着六七个人。他们说说笑笑,有一位声音浑厚,与众不同,我分辨出坐在车上的那位正是金少山先生。

石头胡同品正三茶馆内。

那是我出科后最艰苦的一段日子。我坐在最后边角落里一张桌子前,津津有味地听讲评书《隋唐演义》。忽然,冲进来一队人马,前呼后拥,喊着"借光"开路,让进来一位胳膊上架着鹰的先生。他身似铁塔,浓眉大眼,戴着金丝眼镜,伙计们赶忙上前,毕恭毕敬地让座,请他坐在正中最好的位置上。评书说完,茶馆关门,我们纷纷退出。他仍留下,独请评书续段。他就是赫赫有名的金少山。

……

我使劲儿眨眨眼,定睛再看,灯、车、猴、狗、说笑声都不见了,这里再也寻不到一丝往昔的痕迹,只有金先生瘦骨嶙峋的遗体。此时的他,身无完衣,头枕灰砖,贫困和疾病已经把他那伟岸的身躯折磨得瘦小枯干。

我心里不知是什么滋味,将二百元份子钱交给站在一旁的一个系着孝带的年轻人,请他速去置办寿衣、寿材。

告别了金先生,我怀着纷乱的思绪走出凄凉的院子。

"千生万旦,一净难求",此言不虚。金先生是净行中一位难得的奇才。他能文,演铜锤唱功戏首屈一指;他能武,演架子戏,别具特色。尤其得天独厚的是高、低、宽、亮、厚五音俱全的嗓音,历代演员中无人可比。他开创了以花脸行长期挑大梁的先例。

金先生来北平演出后,我大部分时间辗转于天津、上海等地,没有和金先生同过台,他的戏也只看过《连环套》《遇后·龙袍》《断密涧》《龙虎斗》,在上海曾看过一出他与林树森先生合演的《华容道》。虽是屈指可数的几出戏,但我十分钦佩他的艺术才华。他何至于落得如此下场?我不能不为之痛心!我们同是净行,我们同演花脸哪!

我一句话不想说,也说不出话来。

万先生边走边不住地摇头叹气:"可惜,金三爷这辈子生活上太无度,吃了大亏!不然,何至于此呀!"

我只摇了摇头。仍在思考:戏班不养老、不养小,众人皆知。晚景堪怜的前辈演员,我耳闻目睹过许多位,细究其原因,不错,正如万先生所说,都深受烟、酒、色、赌之害。

郝老师呢,一生不近烟、酒、色,不仅身体健康,而且五十岁上告别舞台之后尚有老本可吃。记得有一次我到老师家去,正是老师收房钱的日子,就陪老师同往。十来座房子所收的房租足以应付全家的生活开销。老师讲,这些房子是他唱了一辈子戏、汗珠掉地摔八瓣才积攒下来的,就为的是防老。

想来不能完全怪戏班不养老,关键看自身。当年,萧先生嘱咐我要洁身自爱,对于一个演员来讲,我深切地体会到此话值千金呀!人生的道路该怎样走,全靠自身!我已经三十多岁了,不能不为"老"字早做安排。我愿步郝老师之后尘,建家筑巢,力争四十九岁留须告别舞台。

"洁身自爱"将永远是我的座右铭。

玖拾壹 勤求教 《野》剧响名

少春在天津的演出很受欢迎,十二天一期演完,要续演一期,写信问我身体是否恢复,要我去天津,我同意了。

临行前,我到郝老师家辞行。

郝老师听说我和少春要排《野猪林》,十分有信心,答应等我们从天津回来,要给我们好好说说,我把《野猪林》初改后的剧本留了下来。

在天津的演出中,我们利用吃夜宵的时间,进一步讨论完善剧本。我俩考虑,《火烧草料场》鲁智深再上场的思路很好,但落实在剧中,拖得太久戏会散,最后只好暂定加《火烧草料场》,不让鲁智深再上场了。

天津演出结束,已是秋风阵阵。我们起程回北平。

走出前门火车站,坐上人力车,一眼便望到箭楼后边城门洞内露宿着不知从什么地方逃难来的一批难民,有老人,有婴儿,破衣烂衫,靠要饭糊口,饥饿瘦弱,状况凄惨,目不忍睹。

街市上，物价飞涨，市面萧条。"兔儿爷"又上市了，无论是文扮的还是武扮的，虽依旧高坐路边，却不如往年那么气宇轩昂。不过，它倒是提醒我，中秋将近了。

煤，我马上想到该买煤了，自家一冬所用，还有郝老师家的，都要在中秋节前买好。我暗暗地盘算，不知今年的煤价是多少。

第二天，我到郝老师家去。

郝老师对剧本的改编极为赞许，他说："咱们的戏（指鲁智深的戏）虽是场子减了，戏却是集中了。你明天让少春来吧，我给你们说说《菜园》一场，杨老板有许多好想法，当初想添上，可惜没能实现。"

第三天，我和少春再次到郝老师家登门求教。

一见面，郝老师极兴奋地说："《野猪林》是出好戏！你们两人排，合适，合适！会卖座的。我把本子看了，二场删得干净、简练，《火烧草料场》也加得好。"

接着，郝老师坐在沙发上，介绍杨小楼先生演《菜园结拜》这场戏的感受。这场戏中，林冲见鲁智深舞禅杖顿生敬佩之意，高念"好武艺"，随之畅怀大笑，郝老师告诉我们杨派念法和笑法。互通姓名时，双方不待对方讲完，就已猜测到面前即是心中久仰之人，应流露出又惊讶又盼望又兴奋的炽热目光。鲁智深念出"久仰啊久仰"时，用小垫步、晃动肩膀等一系列形于外而发自内的性格化的辅助动作。这些表演恰如其分地表现了二人欣逢知己、英雄爱英雄、好汉惜好汉的情感，将看上去只有几句戏词的一场戏变成了全场的重头戏。郝老师亲自示范给我们看，我们深受启发。

最后，郝老师指着少春说："少春，你嗓子冲，武功又瓷实，足可以在唱腔上杨、余两掺和，你又年轻，有体力，还应该把杨老板晚年做不了的动作也加上，像《菜园结拜》一场的林冲舞剑。"

郝老师指着房内一张很讲究的烟床说："看看，我不抽烟，放这烟床就是给小楼、庆奎、连良他们用的。我们说戏，或是吃完涮羊肉，或是打八圈麻将之后，他们躺在烟床上，抽着烟，对着戏。我跟小楼唱的第一出戏是《连环套》，红了。第二出就是《野猪林》。还记得，那天我们特别高兴，我告诉他，《菜园结拜》我琢磨好要舞一套禅杖。小楼说：'你舞禅杖，我也得舞……舞剑！舞一段太极剑的路子。'我知道，他会太极，演《安天会》里的孙悟空，他那么大的个子一撩蟒，穿着厚底靴，双腿就盘到不大的椅子上，全仗太极功底。当然啦，剑怎么舞，禅杖怎么舞，我们台上见。可是，到了台上，他唱完'要学桃园美名扬'这句杨派唱腔，观众报以热烈的掌声。得！他老哥听到掌声，齐了，脸朝里一站，顺便给鼓师打了个手势。把场子的管事也明戏了，当即把锦儿推上台，报林娘子东岳庙被欺的消息。舞剑就掐了……这次你就可以让林冲舞套剑了。这套剑不要太长，要帅，要美，要简，要精。林冲身为八十万禁军教头，武艺过人，这套剑正是点睛之笔，要掌握住火候，演得恰到好处。否则会将戏拖散。这场戏很吃功，好在你年轻，不会在乎，完全成！"

郝老师又要求我："演鲁智深，一定要脱开李逵。鲁智深、李逵都粗鲁、豪爽、好打抱不平、快言快语，但粗鲁的程度不同。《水浒传》你是看过的。鲁智深是提辖，大小是个军官，必有点文化，做事经过思考，粗中有细，有些尺度，还要有点儿雅。"

老师的提示太重要了。李逵是贫苦出身的草民，粗犷、勇猛而缺乏谋略，他敢只身闹江州劫法场救宋江，他敢砍倒杏黄旗、大闹忠义堂，毫不顾及后果，是粗中有野的。鲁智深虽是三拳打死镇关西，也不是见到他就打，而是以买肉为名，激怒郑屠后才动手。郑屠被打死在地，鲁智深准备脱身之际，还假说他是诈死、慢慢再找他算账，以遮人耳目。野猪林救林冲，若换成李逵，他会提着双斧子大闹殿帅府，他救不了林冲自己也会陷入高俅设下的罗网，或是两斧杀死两解差，至于林冲会有怎样的结局，恐怕他顾不了许多。鲁智深就能懂得若去闹殿帅府必是凶多吉少，因而始终暗地跟踪保护，直到野猪林内二解差要害林冲性命时才出面救援，但仍未杀那两个解差，却舞起禅杖将松树打折，唬得解差垂手听命，平安到沧州。这样做是为给林冲留一条阖家团聚的出路。这就说明鲁智深粗中有细，办事有尺度，和李逵有明显区别。老师的这个提示，对我表演鲁智深这个人物是至关重要的。

演好鲁智深这个角色，形象极要紧，有一点曾使我发愁。什么呢？我的肚子不够大。老师演鲁智深袒胸露腹的舞台形象，已深入人心。可我才三十来岁，人不胖，哪有那么大的肚子呢？鲁智深的形象岂不欠丰满了吗？我向郝老师说了这一苦衷。郝老师笑了。他说："这大可不必发愁，我当年演这出戏时四十多岁，也没有那么大的肚子啊！为什么到台上就变大了呢？化装也要琢磨啊！你把鸾带往下系，系在小肚子下，把小肚子托上去，肚子就显得大了。"老师立即让我试试，真灵，顿时就像个大肚汉了。

老师又说："肚子是大了。最重要的还是你的表演。全本的《安天会》演过吗？"

"演过。"

"什么角色？"

"猪八戒。"

"我和小楼演这出戏，也饰猪八戒，也要大肚子。但是，猪八戒的大肚子是又蠢又笨、傻里傻气的，鲁智深的肚子却要让他显出豪迈的气势才行，否则肚子虽大，人物还是出不来。等你排时，我再跟你细说。"

此行收益甚大，有许多还需回去好好消化。我和少春告辞出门，刚走几步，郝老师又把我们叫住："世海，你们先回来，我还有事。"

我和少春返回。老师开柜取出一沓钱给我："给你吧，上次你来，我听说你们要排《野猪林》，我真高兴，一下子就把这事儿忘了。这回又差点儿，老喽！"

我急忙推让着将钱还给老师："老师，这是应该的。平日，孝敬您都来不及呢！"

少春在旁虽不知其故，也帮着我劝郝老师："郝老师，您太客气。世海不要就算了吧！"

郝老师手举过头顶，使劲儿摇了几下："你不知道，这是他在上海时，德元要出国留学，路费还差二百元，我给世海写了封信，言明暂借，过后再还，没几天，他就寄来了，这……"

"哟！德元兄出国留学，真是大喜、大喜，给您祝贺！"少春的贺喜，打断了老师的话。

德元师兄自那年逃至重庆，就想自费去美国，未成。日本投降后，他返回北平，仍到辅仁大学任教，终获留美奖学金，夏季赴美。

"老师，这是我的一点儿心意。没有您的教导，我有今天吗？德元师兄去美国留学，多好的事情，又很不容易，您高兴，我也非常高兴。我不会要的！"我的态度是很坚决的。

少春也劝："徒弟孝敬您是应该的！应该！哪有师傅教学生，倒还钱的！"

"得了，好在，你现在也不在乎。心意我领了。哈哈！"郝老师只得笑着将钱收起。

就要开排《野猪林》了。

我们请高维廉帮忙抄写修改后的剧本。高维廉是起社的小生。他原是位大学生，爱好京剧，小嗓很好，跟金仲仁先生学艺，傍过章遏云。定稿后，由他抄写戏词。有的角色戏词多，抄在取房租的房折上，戏词少的抄在纸上发给演员。

演员也已确定：盛文哥饰高俅，盛武饰高衙内，李幼春饰董超，叶德霖饰薛霸，志秋饰锦儿，骆洪年饰陆谦。盛武了解洪年武功颇好，在外地曾演过《三岔口》里的武丑刘利华。我和少春、盛武等都一致认为他是最合适的人选，就和盛章兄打了招呼，让盛武把洪年找到我家面谈。洪年加入了起社。果然，他很有才华，不仅和少春对打、摔抢背均不成问题，还和盛武一起将高衙内、陆谦的戏词及表演加以丰富，演出效果很好。

还有一件为难的事：大家都认为与我们合作的赵蕴秋饰林娘子显得软了些，反复考虑，林娘子一角在剧中极为重要，还应再选。于是想到高玉倩。大家对她前次与我们到张家口的演出都很满意，决定由我和盛武去她家约请。高玉倩高兴地同意了，立即去行头铺定制和林冲一样团花图案的褶子（当时很流行夫妇穿同图案的服装，像《奇双会》）。不料，赵蕴秋闻知坚持要演。为了息事宁人，我又和盛武去给高玉倩道歉，代付新装的费用。

《野猪林》即将公演，我们要添置服装布景。此戏是否会受观众欢迎，还没有十分的把握，就不能多投资制作新服装，一切从简。少春借用《连环套》中黄天霸穿的白箭衣、白褶子，戴了一顶普通侠义巾。我除添一个蓬头（僧发）、一双僧鞋外，还买些白夏布送到藏家桥

《野猪林》剧照，我饰鲁智深，李少春饰林冲，摄于一九四八年

一家洗染店染成绿色，做成露肚僧衣。不想颜色掉得厉害，每次演出，汗水浸湿僧衣，我的后背、上臂都被染成绿色，回回卸装都要大洗一阵，这是后话。布景嘛，一般只用桌椅即可。这个戏，鲁智深倒拔垂杨柳，林冲野猪林树下被捆，都必须有一棵大树当道具，不得不请前孙公园东口吴保安电料行代制了一棵柳树。

一切就绪。《野猪林》首演于华乐园。广告上写着"杨小楼先生得意佳作，郝寿臣先生亲授"的醒目字头。演出受到观众的热烈欢迎。是啊，这出戏的情节曲折感人，艺术手段多样。最主要的是，主要角色、次要角色都分

《野猪林》剧照，李少春饰林冲，我饰鲁智深，孙盛武饰高衙内，摄于一九六〇年

别塑造了个性鲜明的人物形象。

少春饰演的八十万禁军教头林冲，英俊，侠义。少春对这一人物的刻画，不仅巧妙地糅合了杨小楼、余叔岩先生的演唱特点，而且充分发挥了自己的嗓音条件，并将能文能武的艺术特长都贯注到林冲身上。林冲菜园舞剑，寒光闪烁，身轻如燕，颇有英雄气概；闻报别友在一个"扫头"的锣鼓点儿内，三个连续的急转身，又帅又美地揖手告别，匠心独具；白虎节堂屈受八十军棍后，伤痛、冤屈、愤怒迸发而出，演唱似有派似无派，高昂激越；连珠炮般痛斥高俅设计迫害自己的血泪控诉，似飞流直泻势不可当，似锋刃利剑直刺高贼心肺；长亭别妻，苍凉的余派唱腔凄婉、悲愤，催人泪下；发配路上，身扛重枷，表演出双足浸血、步履维艰的惨状……他，满身伤痛、满腔愤怒、满腹冤屈地唱出大段凄凉的【高拨子】唱腔，佐以高难度的吊毛、蹉步技巧，浓墨重彩地渲染了林冲的悲惨遭遇，牵动了每一位观众的心弦，观众接受了这段【拨子】，没有因为它具有海派的特点而加以排斥；《火烧草料场》，林冲以衣为刀、扫雪斗敌，独身奋战的新颖武打，震动了观众的心弦。经过这一系列充足的铺垫，林冲终于杀陆谦、投奔梁山，更显得合情合理，符合观众心理，引起了观众的共鸣。

观众们对《野猪林》一剧给予了较高的评价。《野猪林》的上演消息只要一见报，第二天准会是几场票全部售空，场场爆满，出现了少有的盛况。

今天，回顾新中国成立前夕《野猪林》一剧的排演，之所以能使这出二三十年代杨、郝合作的名剧再放光彩，原因主要有三：一是我们对于这出名剧，从剧本到表演在给予肯定的基础上，找出了不足，加以修改、充实、提高。二是我们虚心向老前辈求教，把所学的揉碎，结合自己的特点，再次加工创造。因而，我们没有重复他们在二三十年代的表演，而是更上一层楼，突出了我们的特点。其三，演员之间同心协作。主演渴望的是水涨船高，而不是水落石出。

《野猪林》的成功，标志着我和少春的艺术已从学习和模仿阶段开始起步，向发挥、创新的阶段迈进了。

受辱

SHOURU

一九四八年,我赴山西演出期间与福媛合影

玖拾贰 受勒索 祸不单行

《野猪林》连日演出,早晨九点多了,我才起床。福媛拉开窗帘,见外边又是阴天,还稀稀落落地飘着夹雨的雪花,就说:"看样子今天得把火抖旺点儿。你完戏身上有汗,回到家屋里冷,容易冻着。万一你病了,起社就得回戏打'乱锤'(这里指混乱、不知所措的意思),家里更要打'乱锤'。你快洗漱吧,我去看看小蓉和小平子的烧退了没有。"她开门去北屋,世家出身的福媛戏班的行话还真会不少。

前几天,《野猪林》演得顺利,我心里一高兴,就和福媛带着小蓉去中山公园玩了一趟。孩子要打秋千,我和福媛一前一后推着秋千悠来荡去,小蓉咯咯地大笑,玩得很开心。回来的第二天,小蓉就发烧了,吃药打针高烧也不退。母亲很着急,和二姐说,准是荡秋千吓着了,不然为什么吃药打针都没用,四天来高烧不退。恰好昨天表妹王永珍(母亲的内侄女)来了。她和二姐商量着,想夜里顺着去中山公园的方向往回叫魂。说来祸不单行,这天晚上小平子也烧起来,更使全家着急。夜里二姐拿着小蓉的衣服,表妹拿着铜茶盘（代替锣），出去给小蓉叫魂。她们边敲"锣"边喊，一个说："小蓉回来了吗?"另一个说："回来了。"就这么一直喊了一路，回到家，把这件衣服披在小蓉身上，魂，就算又附体了。

我起床后也没顾上漱口就去北屋看母亲和孩子。

刚一进屋，母亲就向我摆手，小声说："好多了，这会儿睡着了，脑袋不太热了。""小平子怎么样了?"我问。"他还是烧，福媛刚看他去了。"我转身去西屋。小平子的奶妈正在对福媛数说："夜里一直烧，烧得挺厉害，您摸摸，还烧得烫手。"小平子还在地上玩，只是看上去两眼有点儿发惕。"吃小药不管事，一会儿去给他打一针吧，别耽误了。"我说。福媛说："娘说，外边天气挺冷，怕他二次着凉，让先喂他吃点儿退烧药，看看再说。"我没再说什么，环视了一下四周，回南屋漱口洗脸。

十点多钟，我们正在东屋吃早点，突然听到西屋小平子的奶妈喊："唉呀，不得了啦! 小平子抽风啦!"听她这一喊，我俩赶忙放下碗筷，跑到东屋，只见小平子躺在奶妈怀里，翻着白眼，四肢抽搐。奶妈见我们进屋，说："刚才玩得好好的，你们都看见了，玩着玩着脑袋一歪，扑通一声就倒在地上，我抱起来就这样子。"我俩吓得不知如何是好。母亲也进来了，她抱过小平子就放到地上。"快上医院吧!"我说，"放在地上干吗?""你小时候发烧，我就是把你放在地上，借点儿地气吸着，能治抽风。"母亲胸有成竹地解释。

老舅进屋推开我，从床上拿起一条毛毯，将小平子从地上抱起裹严，就往外走。

"你抱他上哪儿去?"母亲喊着追出门。

"去打针。"老舅头也不回地说。

连日来，白天总是停水，老舅每天早晨推着小车送两桶水来。今儿个刚进门就遇到小平子抽风。

福媛又拿了一条毯子交给奶妈，让她也跟着去。

一阵忙乱，饭已凉，不想吃了。我和母亲、福媛在北屋一起谈论着小平子的病情，惦记着他们的情况。

母亲安慰我们说："甭着急，瑞麟小时候比他病得还厉害，都没事。话说回来，死了就死了吧，他生下来就把他妈妨死了。"母亲一着急，将遇仙的死归结于小平子的出生了。

福媛说："娘，您也别着急，小平子打了针就会好的。"

"袁老板在家吗？"一声高喊，不知是谁，我赶忙走出北屋去开门。

"哟，是刘掌柜，又有电话找我？"来人是隔壁油盐店掌柜，街里街坊处得不错。我们需要的油盐酱醋都到他的店里买。偶尔谁有急事找我，打电话到他的店里，他就给我送个话儿。大家彼此都很客气，所以我一见他，也就压下心里的烦恼，热情地和他打招呼。

"不，有点儿事找您！"说着他进了门，同来的还有两个人。我热情地将他们让进北屋。

刘掌柜坐下后，将手上拿的一个大夹子放在桌子上打开，说："我们是来征收兵役税的，知道您家里没当兵的，按条文，您呢，是一等，每月交二百元。"

当时的税花样很多，现在又要加上每月二百元兵役税。这个数目对我来说太大了。我不禁问他："一等？我是一等？二百元太多了，根据什么定我一等呀？"

"根据什么？谁不知道，您是这条街的富户哇！你们演的《野猪林》一贴就满，一场还不就分几百？！再瞧瞧您住的这房子，独门独院……"

"您说得太容易啦！演一场戏，刨除前后台的开支，我和少春分不了多少钱。要说房子，更比不了隔壁陈先生家。他的房子比我的强多了……"

"甭管怎么说，我们是根据条文给您定的一等。"刘掌柜特意敲了敲放在桌子上的夹子。这位刘掌柜一反常态，从他一进门，话都横着说，弄得我莫名其妙。我想，街坊四邻的，争争吵吵不好，就把冲上来的火压了下去。他一敲夹子，提醒了我，我便和颜悦色地说："刘掌柜，您既然说有条文，我看看好吗？"

母亲进来给他们三人沏好茶。他们端起来喝着，我从桌子上拿起夹子看里面的条文，越看越觉得不合理，于是指着条文问他们："您看，条文上写着一等二百元，范围是开银行、洋行，还有外国人投资经营买卖的。我呢，既不开银行、洋行，更不是投资做买卖的外国人。我是唱戏挣钱，是第十几等，每月才交十五元，您看是不是该定这一等啊？"

"定得没错，我不管你怎么说，你挣多少钱我们也管不着，这条街你最富，当然得给你定头等，你就得按头等的交。"说完，他就站起身往外走。他的这些官腔话，我实在吃不住劲儿，又一想，刚才送茶时母亲直给我递眼色，我将火往心里压了又压，跟着刘掌柜走出屋子，又好言说道："我交三十元吧，成不成？交五十元行吗？瞧您，咱们街里街坊的，您帮帮忙，别把我往上推呀！"

哪知，他的脸色变得铁青，冲我一摇手："哎，你别说这些啊！这儿还有办事的人呢！"他回身朝那两个人比画了一下，又说："咱们公事公办！"

"公事公办？公事公办，为什么不按条文办？！"

母亲见我们越说越僵，直劝我："瑞麟，街里街坊别伤和气，有话好好说。"又回身劝刘掌柜："今天他的两个孩子都病了，心里不痛快。您别往心里去。"

"公事公办就是你说了算！公事公办就是不讲理？！"我压不住火，用手指着他，不顾一切地提出一连串的质问。

"哼，少废话！"他一步步向后退，嘴里不住地强词夺理，"我是根据条文定的，我怎么定你就得怎么交。你不交，咱们到段上（相当于现在的派出所），再不然就到民政局说道说道去！"说着他上前抓住我的胳膊："有什么了不起，你个臭唱戏的！看你……"

说时迟，那时快，没等他说完，我怒不可遏地撤回被他抓住的胳膊，啪的一声给了他一记响亮的耳光，说："好，你骂我?! 你呢，臭油盐店掌柜，想敲诈我?"

刘掌柜没想到我敢打他，愣了一下，手捂着脸说："好哇！你敢抗交兵役税，还敢打我！你等着瞧，咱们有地方说理去！"边说边由那两个人拉着退出我的家门。我也被母亲使劲儿拉住，总算没有追出门去。

我怒火满腔，想不到平常和和气气的刘掌柜今天竟这样不讲理，自以为是官人（办公事的人），就破口骂我"臭唱戏的"这种最刺耳、最难听、最不能容忍的话。这哪是公事公办，整个是《野猪林》中的恶解差。

幸好，小平子看病回来，我把刚才发生的事放在了一边。我忙过去看小平子，见他头上已出汗，想是没有什么大碍了。

中午饭哪里吃得下去，草草吃了几口，想到晚上还有演出，就走出家门，散散步消消气，顺便请剃头师傅到家给我剃头。为使勾的脸谱好看，不露头发茬儿，只要有演出，我隔两天剃光一次。

刚回家，母亲就告诉我，有两个区公所的人找我，听说我不在家，就走了，说是一会儿再来。我没往心里去，找我就找我，正好让他们评评理。

果然，头刚剃完，外面又传来一阵重重的敲门声。跟着，福媛进来："那两个人又来了，让你马上到区公所回话。"

"他不按章程办事，想敲我的竹杠，还骂人，我正想去区公所讲理哪！不要紧，没什么大不了。"这倒不是安慰她，我心里的的确确没有一点儿怕意。我不慌不忙地洗完头，理直气壮地走出南屋。

"您就是袁世海？"院里两人中的一个问我。

"对。"

"区公所传讯，您辛苦一趟吧！"说着他递给我一张纸条，上面写着我的名字，下面是住址。我看完，把纸条折好，装到衣袋里，就要跟他们走。福媛喊了声："要不要穿大衣？"

"不用，我一会儿就回来，用不着！"我坦坦荡荡地跟着他们迈出大门。

我随他们来到海王村公园的一座楼上。房间里，一个人正伏在桌子上写着什么，听见我来了，头也不抬地问：

"你叫什么名字？"

"袁世海。"

"岁数？"

"三十三。"

"殴打保甲长是事实吗？"

"他收税，让我交一等，这与条文不符，是敲诈……"我想向他陈述事情的来龙去脉，让他评理。可我还没说完，他就抬头扬手打断我的话。

"没问你这些。回答是打了，还是没有打。"

"打是打了。可是他骂我，我才打的。"

他即刻递给我一张单子，说："画押。"

我接过单子，看上面写着刚才的问话，并写着殴打保甲长属实。

"按上手印。"他催促着。

按就按，不就打了他一个嘴巴子，是什么大不了的事呢？晚上有演出，应该早点儿回去，明天再来评理。我照他的话按上了手印。真没想到，手印一按，一切事情都由不得我了。

他拿起单子又仔细地看了看。

"您看，我先回去成吗？晚上有演出，明天我再来跟您说说事情经过。这个刘掌柜，太不讲理……"

我的话没讲完，又被他截住："你先到外边等会儿吧！"

我不好说什么，只得到门外走廊等候。走廊里一个人也没有，我从窗户向外张望，楼外就是有名的厂甸。每到过年的时候，这里到处摆着小摊，到处是熙熙攘攘的人群，从早到晚热闹非凡。几尺长的大串糖葫芦高高举过头顶，嘎嘎作响的风车在孩子们的手中晃来晃去。现在不是春节期间，这里空空荡荡，只有几棵掉光了叶子的老树，在那里干巴巴地戳着，还有偶尔路过的几个行人，实在没什么看头。我回转身，发现门旁有个小凳，就走过去坐在凳子上等。过了好一会儿也没有人理我。我掏出怀表看看，快五点了，晚上有演出，我还要回家吃饭。时间不宽裕了。想到这儿，我不得不起身，推开门，问："请问，还有什么事要在这里等吗？我晚上有戏，该去戏园子了。是不是有事明天我再来呀？"

"不成！你在门外等着，一会儿有人叫你。"

又过了一会儿，来了两个巡警，其中一个似乎还认识我，冲我点了点头。他们进到屋里，不知说了些什么，工夫不大，出来对我说："袁老板，外二分局传您回话，跟我们走一趟吧。"

我看这情形不去不行，就跟他们到了梁家园后身的外二分局。我再次抱着讲理的态度，走进分局"审讯室"。

一位貌似局长的人物端坐在审讯桌后，两边各站着两个警察。他们身后的墙上挂着两面国民党旗，中间贴着蒋介石的总统像。我心里不禁一动，这不就像舞台上的公堂吗！我又不是演林冲的，是演鲁智深的，怎么糊里糊涂地被带进这"白虎节堂"了呢？

接下去是同样的问话，姓名、年龄、打保甲长没有。依旧是不许分辩，只能回答打了还是没打。然后递给我一张单子，画押。我犹豫了，画押后是就此了结呢，还是又到什么地方去呢？我意识到不能这样随便按手印了。

桌后的那位"人物"见我犹豫，催我快画押。我看着单子说："这上面怎么没写冲突原因？他骂我，还伸手抓我胳膊……"

"现在是让你画押，你是不是打了他？"他的声音很严厉。

"打了……可是他……"

"打了就得画押，快！"

我不画不行了，只好又画了押。

"我可以先走了吗？晚上华乐园还有我的演出……"

"哼哼。"看到他冷笑，我无法再往下说。

"你先到后边听信儿吧!"两个警察不由分说,把我推出"审讯室",带到后院一间用木棍栅栏做成通道的大屋子。最里面是个能睡十几个人的大炕。栅栏外边靠近大门的地方有一张桌子,上面放着一盏油灯和一个马蹄表,桌旁有一个小煤炉。一个五十多岁身着旧警服的老头儿,坐在桌前的凳子上。此外,屋内什么都没有,也没有其他人。整个大屋子阴森森的,我立刻意识到,这不是监狱吗?!那个老头儿可能就是看守。此时,我被这突如其来的遭遇搞懵了,直发呆。

"老三,袁老板,老三!"有人叫我,声音来自铁窗外,可惜天已黑,看不见人,但从声音我听得出是华乐园经理、住我家对面的万子和。

"我在这儿!"

"怎么啦?跟他们起火太不值啦。"

"他骂我'臭唱戏的',我还不火!"

"老三,你别着急!我去托托人,想办法把你保出来,先把今晚上的戏唱了,有什么话明儿再说。你等着,别着急,我马上就来!"说着他走了。

我心里沉住气了。看看表已近七点。万子和在华乐园当了多年经理,路子宽,是位官面上的能手,尤其是他和地面上、局子里都挺好。当初,云溪的哥哥张小杰和张世桐在街上打架被抓,就是万子和给警察局打了个电话,他们就被放出来了。

老看守向我走了过来:"您是袁老板?刚才看着眼熟,没敢冒认。听那位先生称呼您袁老板才知道。您要是觉得冷,就出来到炉边坐坐。让您赶上了,今儿就您一人,还能方便方便。"

"谢谢您。"我走出栏杆,坐在桌前,"跟您打听一下,这是什么地方?"

"外二区看守所。就是关一些打架斗殴、偷、耍、赌的人,都是关几天就放出去的。您怎么到这儿来啦?"老看守说着把炉门打开,让火更旺些。

我把经过简单地给他讲了讲。

"您是年轻气盛啊!别看那些人官不大,可是不好惹的。压点火,何苦招惹出这些个麻烦呢!"

"我真是忍无可忍才动手的。"我又掏出怀表看了看。万子和去了半个多钟头了,还没信儿,心里不禁又开始着急。"他怎么还不来?"我自言自语地念叨着。

越急觉得时间越长,七点已过,我越发不踏实了。平常这时,我应该化装了。今儿如果能很快出去,叫辆车赶到华乐园,就是略晚些,出块牌子说明临时有变故或再加演一出别的戏,观众也会谅解的……

"老三!"好不容易窗外传来了万子和的叫声,我连忙答应。

"我和他们值班的谈了半天,他们都说做不了主。你别着急,我再找找局子里的人想办法,我先去了。"他说得很急,匆匆地走了。我更加忐忑不安了。

老看守把门锁好也走出去,工夫不大又回来了。他没说话,我也没心思和他说话,来回在炉边踱步。是不是事情闹大了?今天我打了刘掌柜一个嘴巴子,到底惹出多大的娄子呢?万子和能不能到局子里托人保释我呢?我不能到戏园子化装,后台肯定会大乱。鲁智深是由幼春演呢,还是把戏回了呢?这出戏不同于别的戏,回戏的可能性很大。可惜一千多位观众乘兴而来,扫兴而归,真对不住他们。唉!今天我还能出去吗?我就这么左想想、右想想,不知过了多长时间。

老看守说话了:"袁老板,今儿晚上您是出不去了。我陪您过夜了。刚才我出去打听了一下,他们说,明天要送您去法院呢!"

"去法院?!"老看守的话着实吓了我一跳。

"嘻,您知道保甲长是什么人吗?"

"不知道!不就是胡同里跑跑腿,管点小事嘛。"

"管点小事?"老看守悄悄地说,"他们是官人,属民政局。听说民政局归军统管。收兵役税,老百姓谁愿意交哇!局长正为此事发脾气,收不上来还要扣他们的薪水。那些个哥们儿也没辙,正在发牢骚,找碴儿呢!你打了他们的人，捅的娄子不就大了吗！"

"有这么严重？"我简直不敢相信。

听了老看守的话，一股冷气顺着脊背往上蹿，我打了个寒战。

"啊——"老看守欠身打了个哈欠，伸了个懒腰，说，"您回去眯会儿吧，明天过堂也好有些精神。把事说明白，或许也没什么了不起！"

我掏出表看看，已经快九点了。我机械地迈着两条腿，回到我的那个炕上。此时此刻，此情此景，哪里还能睡得着。看着昏暗的煤油灯，听着那只有静夜才听得见的马蹄表发出的滴滴答答的声音和老看守发出的鼾声，想着明天到法院将会是怎样的情形？是不是还是不容分说，只让画押？一定要说清楚！不能认下这莫须有的罪名。想到夜不能归，母亲和福媛在家中定是焦急万分，想到孩子的病情，想到起社的演出、回戏……心绪纷乱。黑夜寒冷难耐，我时而躺下，时而坐起，时而在这栅栏通道内徘徊。一点，两点……漫漫长夜何时尽，孤影听漏盼黎明……

华乐园的后台确实大乱了一阵。六点钟，我该到后台扮戏了，我却没到。管事阎绪春问老舅，为什么我没来，老舅说不知道，只知孩子发高烧抽风，已经抱到医院打了针，没事啦。

阎绪春又问，是不是有人请吃饭？老舅说，没听说。他忽然想起，我和隔壁刘掌柜有一场争吵，也不是什么大事，不会因此不来。阎绪春问不出原因，就去找少春。少春一想，我一贯对演出认真，从不误场，今天未到必然事出有因，就让阎绪春赶快到我家中询问，并安排推迟开戏时间。

家里呢，我走后，虽然全家都有些挂念，但都认为这是小事一桩，只要把事情说清，很快就会回来的。

该吃晚饭了，我还没回来。大家只好先吃，给我留出一份放在锅里。眼看六点已过，还不见我回来，她们有点儿着急了，又以为我可能耽搁的时间长，来不及回家吃饭，穿大衣从区公所直接去华乐园了。及至管事阎绪春气喘吁吁地到家找我时，母亲和福媛才断定事情严重了，紧张不安的阴云笼罩在全家人的心上。

阎绪春马上回戏院告知前台经理万子和，给段上打电话，得知我已到外二区分局，万子和就直奔外二区分局。

后台更是着急，眼看开戏时间就要到了，即使万子和把我从外二区分局带回来，也得误场。少春无可奈何拍板，推迟开戏时间。该开戏不开戏，很快观众席中乱哄起来。又拖了一阵，观众掌声响起，催着开戏。没办法，阎绪春只得上台解释说："请诸位原谅，因袁老板有事还未到场，大家耐心再等等。"总算把观众安抚了一下。

阎绪春接到万子和的电话，知道事态严重，不能放我出来，怎么办？大家急得团团转，让本来饰演薛霸的幼春演吧，幼春说接不住（演不了），即使他凑合着演了鲁智深，那薛霸谁演呢？想来想去只能回戏。最后决定让盛武上台向观众做一个交代。

盛武很会讲话，他满含歉意地对观众说："今天对不起诸位，袁老板因为遇着点事儿，打了官司，今晚的演出只好回戏。耽误了大家的宝贵时间，请诸位原谅。事情不大，一两天后就能演出。愿退票的可以退票。不愿退票的，等袁老板的官司了结后演出时，这场戏票依然有效……"观众通情达理地鼓了掌，散去了。

万子和赶回华乐园，大家呼啦一下把他围住，追问事情的原委。万子和简略地谈了谈。大家一听，很为我担心，七嘴八舌地说：

"三哥也太冤枉了。"

"不就打了一个嘴巴子嘛！有什么大不了的事，还要到法院！"

"几个月来，演出不叫座，没有什么收入，好不容易排出了《野猪林》，一演就满堂，谁知刚演几场就又扣了（不能演了），大家的生活怎么办哪！"

"万经理，您再想想办法吧！"……

少春见状，就让大家收拾收拾早点儿回家，在家听信儿。之后，少春又和万子和商量下一步应该怎么办。万子和说:"事情闹大了,现在收兵役税收不上来,他们上上下下全着急。老三来这么一家伙,正碰在刀刃上,不好办了。明天一早就要送法院,看来不是一两天后就能演出的。眼下只能先看看明天到法院的情况,再想办法托托关系,别让老三在里边吃亏。"

家里的"乱锤"更是越打越急。阎绪春走后,母亲和福媛惊慌失措,不知如何是好。两眼一抹黑,找谁帮忙呢?唯有对门的万子和。福媛两次找万子和,万子和都不在家。

十点多钟,福媛第三次去万子和家,才见到他。他神色不安地讲述了我离家后的情况,对福媛来说,这消息犹如晴天霹雳,她顾不上再听万子和的安慰话,就惶恐地告辞回家了。

全家人听福媛一说,被这突如其来的打击惊呆了。母亲和福媛既忧且惧,一夜无眠。

玖拾叁 入冤狱　奔走求援

第二天早晨，老舅早早地通过看守给我送来了大衣。直到下午两点，才由两名警察将我押往西交民巷附近的法院（现人民大会堂后身）。一路上，看到世玉、盛利、盛武、世忠等许多师兄弟等在路旁，他们不敢与我说话，只能"眉目传情"。我理解他们对我的关心，向他们点头，表示谢意。我心里突然感到有些可笑：这叫什么事儿！糊里糊涂地将我"起解"，让我们唱这出"长亭相送"。

在法院门口，我远远看见老舅拿着红毯子和行李在等候。我凑过去，老舅对我说："家里正托人想办法，你别着急……"刚说两句就被警察隔开。我只得拿了行李走进法院。

在一间不大的审讯室里，和以前一样，例行公事般询问姓名、年龄，画押，然后被带到一间只有几平方米的铁栅栏小屋内收监。

屋内阴森森的，靠里边地上放着几件行李，上面已躺着四个人。靠外边的一个角落里是个粪坑，里面泛出一阵阵臊臭，令人窒息。"监狱"，我脑海里顿时闪现出这个词。从前我曾听人说起过监狱里的情况,在戏中也演过一些与监狱有关的戏,但那都是听说或演戏而已。如今我却真正"身临其境"了。我别无选择地把行李放在靠近粪坑的地上,背朝粪坑,一屁股坐在行李上,心里翻腾着,说不出是什么滋味,气愤、害怕、忧心,似乎都有,又似乎不全是。我心里最想不通的是,从昨夜到今儿下午,手印按了四次,为什么都不允许我把事情说清楚?分明是我吃了一面官司。

一个年轻点儿的犯人坐起来,来到我的身旁说:"我看您挺面熟,您是不是袁老板?"我点了点头。他又接着说:"您……您怎么到这儿来啦?您的戏我们可没少听。前几天,我们还在华乐园听您的《野猪林》哪,没少给您鼓掌捧场。您怎么会到这儿来呢?"

"嗐,晦气!闭门家中坐,祸从天上来!"听他们说听过我的戏,我的精神似乎得到些许安慰。一句话引出我满腹牢骚,一口气向他们谈了这段令人气愤的经历。

听完我的话,牢房里的人都摇头叹气,那人又说:"您这件事,我看说重就重,说轻就轻,没准儿明天就能放您回去。反正您得破点儿财,这叫去财消灾。您想开点儿,想不开身子吃亏……嗨,这儿的味儿真窜。您把行李搬到这边来吧。"说着,他把头转向一个更为年轻一点儿的伙计打扮的人:"把袁老板的行李搬到你那边去!"

"别,别,哪有这个道理哪!"我站起身要解开行李就地铺开。

他按住我的手说:"您别客气,我们是一块儿的,没的说!"

我的行李被搬到离粪坑较远的地方,气味略小一点儿。也许是久闻其臭而不知臭了。

他们的同情似乎使我心理上得到了一点儿平衡,比刚进来时心情好多了。

"你们为什么来到这儿?"闲着也是闲着,不如说说话,聊聊天。

"我们?不怕您笑话,我们哥儿俩是'黑'字的。"

"哟,舞台上'黑'字是指……"我不太好意思说出口。

"小偷。"他接过话茬儿,不在乎地说,"是因为偷了一位大官的东西。"
我生平第一次接触到这类人,感到很新奇。

"您要是爱听,我就给您解解闷儿。"他神态自若、毫不掩饰地讲起了他们的来历。

"我们哥儿俩做这个买卖不是一天两天了,说起来回回都挺顺手。半个月前我们哥儿俩走到东交民巷,看见一辆小汽车停到一座大宅子门前。我两眼一照,嘿!车门里坐着一位大官模样的人,腿上盖着一条金丝猴的毯子。我心想这玩意儿准值钱,要是弄到手交给头儿,我们哥儿俩一年半载的都不用着急了。可巧这时候,他的随从把车门打开,他把毯子一掀就下了车,到离车不太远的地方背朝着车,与人寒暄。我一看机不可失,就轻轻溜到车前打开车门,抄起毯子就走。等他们发现时,我们早走远啦!谁想我们拿着毯子交给头儿,头儿火了,啪啪,一人给了我们一个嘴巴子,说:'你们知道拿的是谁的吗?!刚才侦缉队来人啦,说是有位大人物的毛毯被偷了。没办法,你们俩得委屈一下了!'得,我们俩就乖乖儿地进来了。只好如此,听天由命吧!"

"噢!你们还有头儿。头儿是谁?"我好奇地问。

"嘿,嘿!这可不能告诉您。"

傍晚了,门被打开,递进来几个窝窝头。我从昨天下午到现在没吃一口饭,没喝一口水,又一夜没睡觉,已是嘴唇干裂,舌上生疮,给这干巴巴的窝窝头吃,哪能咽得下去呀!正手拿窝窝头出神,听见有人叫"袁老板",抬头一看,不认识。

"袁老板!"来人站在铁栅栏门外,手里拿着两个馒头和一碗白菜,又说,"听说您来了,我特意给您留了一份饭菜,您快吃吧!"说着那人把饭菜从铁栅栏缝中递进来。我走过去,犹豫着没有接。

"您是?……"

"您不记得我啦?我可认识您,您先吃着,我再跟您慢慢说。"盛情难却，我接了过来。

"您忘啦，去年您在上海演出。您夫人从北平去上海找您。在飞机上我和您夫人坐邻座。到了上海机场，您夫人还给咱们引见……"

"噢，想起来了，想起来了。您不是做买卖的吗，怎么？……"那天在上海机场，他西装革履，神气十足。于是我问道："您怎么也到这里来啦？"

"嗐，跑买卖犯了点儿小事。快了结啦。您快点儿吃吧，待会儿再聊，工夫有的是。我就住在那边的民事牢房。您这是刑事牢房，不能自由走动，您有什么事就叫我一声，没的说。"说完，他和其他人打了个招呼，"哥们儿，多照应点儿，这是咱们京戏的好角儿。"

"没错，都是朋友。"跟我住同一牢房的人答应着。他走了。

此时此刻，能有白菜汤馒头，我挺知足。我坐在"炕"上，也不管是冷是热，三两口就把两个馒头都吃了。

"放开肚皮吞酒肉，吃饱了就他娘的食困呢。"这是《野猪林》中鲁智深的一句戏词。饭一入肚，我的乏劲儿也上来了，倒在地上就睡了。一觉睡到大天亮。狱警进来，把我带进另一间牢房。

这间牢房不小，没有窗户，门是铁皮包的，里面黑洞洞的。过去听说进监牢就是进黑屋，一点儿不假。里边住着十几个犯人，一排地铺，一个挨一个，上面放着行李卷儿。犯人们有的坐在地铺上，有的坐在地铺上的行李卷儿上，好在这间牢房里没粪坑，每天可以定时出外大小便。这些犯人似乎都已知道我，不再问我姓名，和善地向我点头，小声地安慰我。我走到地铺边缘，把行李放好。人多地铺小，我坐在行李卷儿上一动也不能动。这对于我这个好动的人来说，甭提多难受了，实在是一种惩罚！我一分钟、一小时地熬着。

第二天早饭后，我们被带到院内放茅（放风），百余人围成圆圈走步。清晨的空气，我从未觉得如此清新，被囚禁一天多的我，深深地吸了几口，顿感肺腑沁润。看看从后面牢房走出来的戴手铐脚镣的重犯人，颇有似梦非梦的感觉。抬眼望去，房檐上的麻雀，忽而呢喃啁啾，忽而展翅蹁跹飞舞，它在向我展示自由的可贵。我渴望马上过堂说理，我渴望早日离开这没有自由的地方！然而，我想得最多的是一连串的为什么，为什么不许我说话？为什么没有人听我讲理？为什么打保甲长一个耳光就得蹲监狱？

我被带走的第二天早晨，天没亮，老舅就提着母亲、福媛准备好的大衣和一提盒饭给我送来了。

外二区的狱警只许将大衣留下，不准送饭，不准家人与我见面。

母亲、福媛眼巴巴等老舅回来，以便知道我的情况，谁想结果是这样，更加着急。

估摸着万先生起床了，母亲迫不及待地和哥哥一起到对过万家，请万先生先帮忙疏通，别使我在里面受罪，起码少受点儿罪，然后再想办法托人将我放出来。

万先生和我家是多年的老邻居，母亲常到他家打麻将牌，彼此都熟识。万先生诚恳地对母亲说："老太太，说实话，我的急不比您小！跟您这么说吧，这年月，兵荒马乱，谁有闲心去看戏？我们很长时间以来是惨淡经营，好不容易有了这出《野猪林》，那个叫座，谁都觉得可攥着个有把儿的烧饼，解解急。好，刚在华乐园演了几场，就出了这事，昨晚上回戏还甭说，一连几天的票全是一抢而空呀，还得给人退，这也算是小事一桩。要紧的是临时找不着角儿来续演，即使勉强营业，保不齐越唱越赔，能像《野猪林》似的那么抢票吗？您说，我急不急？何况咱们还有这么近的关系。您说，我想不想世海回来？我恨不能马上让他回来，晚上开锣！"

母亲不住地点头："我们怎么办呢？"

"我也这么想。昨晚上，我想了半宿，真想出了一条门路。"

"什么门路哇？"

"西单饭店的李经理，他在法院里有熟人，我是知道的。他家里的唱评戏，我们有些交往，我请他帮着上下打点打点，估计没什么问题。您放心吧，这事没什么太了不起的，恐怕……恐怕得破点儿财，才能消灾呀！"

"破点儿财，破点儿财。留得青山在，不怕没柴烧，需要多少，您只管说。您什么时候去找李经理？"

"一会儿就去，越拖越不好办。您晚上听我的回信儿吧！"

家中来人也很多，亲友们、师兄弟们来打听消息；下午，与我"长街"一见的，也得到家中说说。还有几位住得离我们不远的热心观众，虽然在舞台下从无交往，昨天回戏扫兴而回，今天特来询问情况。福媛忙着招待，应接不暇。大家七嘴八舌，有安慰的，有出主意的，有痛骂这世道的，虽然解决不了什么问题，可也给焦急的母亲和福媛送来了宽慰，送来了希望。

晚上，得到万先生的回信。李经理已慨然应允，还答应找几位在官面上有面子的人一起参加在一品香饭店的宴请。要母亲准备好上下打点的钱。母亲得知此事后很是为难，知道家中的钱并不富裕，不够支付这些开支。我在上海演出后，曾带回一笔钱，然而在家养了一个多月的病，没有收入。排《野猪林》后，上座率不错，但我的那份戏份钱都是记账，并未支付。因为少春有两个家，负担太重，我答应在生活上帮他一把，所以这次我演《野猪林》的戏份钱先由他使着，等他缓过手后，再如数给我，所以家中所余之钱，应付生活开支尚可维持，但支付这笔没数的人情费，就有点儿困难了。

福媛想不出更好的办法，她找出了定亲时我在山西给她打的一副双龙金耳环、一对金镯子和在上海打的一副金项链锁片。

转天一早，她来到前门外廊房二条。这条街过去灯扇铺很多，后来金店多起来了，被称作北平的金店街。

北平市场的萧条非同一般，因此这条街也就反常地喧闹。

"买两，卖两！"

"买两，卖两！"

叫卖声和银圆相击之声充斥双耳。

路边上买卖金器、买卖银圆的比比皆是。

福媛更加心烦意乱。为了多卖点儿钱，她在街上穿来走去，看看这个，问问那个，有给多点儿的，有给少点儿的。半天的时间过去了，她始终没把带来的首饰拿出来，不是舍不得，是怕上当，是怕被抢劫。她有生以来，第一次懂得生活中存在着这么多的艰险。米店被抢、行人被劫的故事每天都会在报上看到。最后她想，为了安全，万无一失，还是卖给金店吧。尽管金店老板会给首饰成色多打折扣，也不能还价。

福媛卖了首饰，直接到万先生家送去需用的钱。回到家中，已是点煤油灯的时候了。稍稍吃了几口饭，看看三个孩子平安无事，就去北屋看母亲。

哥哥递给福媛两张报纸。

一张报上登着篇以《花和尚未到，〈野猪林〉吹台，袁世海闹事了》为题的文章，另一张报纸上登了一张漫画：一只大鸟笼里关着花和尚，鲁智深在笼里愤怒难耐。

母亲、福媛、哥哥、二姐互相劝慰，商量着明早在一品香饭店托人情的事。

福媛回到南屋，天寒屋冷，独坐桌前，不禁泪水潸然……

本书《写在前面的话》中提到的一位老同志送给我的一九四八年十一月十六日出版的《北平时报》复印件

玖拾肆 『花和尚』哄笑公堂

几天后,我被提审了。

审讯室里,正首坐着三个人,两旁也摆着桌子,有二人做记录。还有一些不知是干什么的人,都态度严肃地坐在那里。室内的气氛,使我感到有些紧张,这次比前几次似乎正规一些。

不管让我说,还是不让我说,不能轻易按手印。这是我几天来总结出的教训,我暗暗下过无数次的决心。

开始了,仍然是询问我姓名、年龄、住址等老套子。接着提出:"你为什么抗交兵役税?"

"我没有抗交兵役税,是姓刘的不该不按条文给我定成一等,上交二百元太不合理。我没有大买卖,也没开银行,凭唱戏吃饭,不应该出这么多钱……"

"你交不出这么多钱?你们挺挣钱呀,排了一出《野猪林》,登报就客满，你能没有钱？"

"满堂是满堂，可是我们除去前台应分的账，再除去给全班社每一个人的酬劳，剩下的才是我和少春的，钱数是有限的，而且是辛苦挣来的，哪能跟开银行、洋行的相提并论呢？所以压根儿给我定的就不合理。我委曲求全，按规定我该交十五元，但是我答应交三十元甚至五十元！他不接受，不是我不交……"

"你不要狡辩，兵役税你交了没有？"

"后来，后来他骂我……"我不能再上当，得避开实质性的问题。

"骂什么？"

"骂我臭唱戏的，戳了我的心，我火了，还没来得及交，就被你们带来了。"

"没有交就是抗拒。你不但抗拒，还敢打保甲长，打了没有？"

"是保甲长敲我竹杠，还骂我。对了，是他先拉我胳膊，要我到段上去，我正在火头上，能让他拉吗？"我按压不住心中的愤怒，连珠炮似的质问着，但就是不回答打了没有。教训告诉我，一说"打了"就得画押，什么也不听我的了。我也学会了只讲我的理，这也是牢友们听我讲述了入狱的经过后，悄悄告诉我的。

"你知道你打的是谁吗？"

"骂我的是我家隔壁油盐店掌柜的。"

"他是保甲长，是受剿共司令部直接管辖的工作人员。你必须好好交代。要知道你的问题很严重，民政局局长都过问你这件事了。你要老实交代你的政治背景！"

"政治背景？什么意思？"我脑海中根本就没这个概念。听到问我政治背景，真让我费解。虽然我也常看报，但看的都是戏报，对其他事根本不关心。此时又不容我多想。我想到刚才说了半天《野猪林》，可能是问我演出时舞台上的布景。这可以照直说，马上就回答了他们的问话："其实背景挺简单的。"

他们一听说有背景,马上注意听我讲:"演《野猪林》之前,因为当时戏班不景气,上座率不好,没有钱添置布景,就做了一棵大柳树,放在天幕前边。鲁智深在菜园里倒拔垂杨柳,用它;到林冲发配,解差要害他,把他绑在大树上,用的还是它……"在座诸位聚精会神地听到此,忽然爆发出哄堂大笑。我无法说下去,停下来莫名其妙地看着他们。屋子里的人哈哈哈哈地笑得前仰后合,记录员伏在桌子上笑,就连正中那三位问我话的人也不禁咧了咧嘴。

他们在笑我们没钱穷凑合?我想。

"真的,就是做了一棵树当背景,在前孙公园胡同口一家店里做的……"

啪!啪!啪!坐在中间的人用力敲了敲桌子,笑声渐渐停了,议论声却此起彼伏。

"安静!安静!"屋里安静下来。

"我问你的是政治背景,你说什么布景?乱七八糟,先下去,带下去!"在他提布景时,笑声、议论声又起。我就这样在严肃的气氛中走上台,在嘻嘻哈哈的气氛中糊里糊涂地被带下台。

回到牢里,牢友们询问我过堂的情况。我把回答政治背景的事对他们一讲,他们也忍不住大笑起来。

"袁老板,您真是好演员,这场戏演得妙极了!"一个牢友夸赞说。

"你们说我演戏?过堂我没演戏,我说的都是真话。"

"您知道问政治背景是什么意思吗?"

"你说是什么意思?我还真不太明白。"

他伸出手比了个"八"字说:"就是问你身后有没有这个?"

"这个?"我也用手比了个"八"字:"八路军?"

"啊!"

"哪有这事呀?"

"没这个您怎敢打保甲长？抗缴兵役税？"

这时我才恍然大悟，也忍不住笑了。

堂也过了，话也说了，只能且听下回分解。

几天来和同牢的人都熟了，他们不断向我询问一些戏班里的趣闻，要求我给他们唱戏。我百无聊赖，心想正好背戏，我很高兴地答应了。我小声地唱了全本的《群英会》《借东风》《华容道》《野猪林》等三国戏和水浒戏。我一会儿唱周瑜、鲁肃、诸葛亮，一会儿当鲁智深、林冲，时不时还充当一回刀斧手，而且还穿插着对剧情和人物内心情感进行剖析，他们当中不懂京剧的也听得津津有味。其中，还真有两位是戏迷，每当我唱到精彩之处，他们就低声叫好，无声地鼓掌，并能分辨出这段是马派的，那段是麒派的。

就这样，每天放茅后，我们回到昏暗的牢房中，稍事休息，便开始我的"演唱会"，不过，这都是低声的，秘密进行的。

大家对我更好了，有限的开水，他们尽着我喝，说怕我喝水少了上火生痰伤嗓子，说留给我唱完了好饮场……

晚上夜静更深，隐约能听到炮声，我也常听他们对外地战事的议论。有的说炮声来自石家庄，有的说像是张家口，各说各的理，谁也说不上个究竟。

别说，精神上松弛了，我是能吃能睡，一天天过得挺快。

老舅和哥哥来探望我，说已经托了好几位朋友，要我耐心等待，可能很快就会放出来。

又是几天过去了。

这天，我被一个看守叫出来，他对我说，我可以保释监外，但先不要向其他人讲。

吃饭后，一个警察打开牢门，叫我拿着行李跟他走。牢友们都意识到是放我出狱了，帮我捆好行李，小声对我说："您走了，我们就太闷了！"大家揖手与我告别。我从进到这里，无时无刻不想早些离开，可是和牢友们告别之际，还真有些依依惜别之情。他们对我尊重，他们对我友善，他们对我照顾，他们都喜欢我所喜欢、追求的京剧艺术，已成为我的知音。

果然，警察领我走过院子，又穿过一条很长的夹道，打开一个小门，对我说："出去吧，回家候审。"

我一迈进家门，只见家里来了不少人，真是热闹。大家都说我瘦了。盛文哥也来看我，说："三弟，你总是性子急，压不住火，何必呢？现在是伤财惹气，人受罪算白搭。瞧，人瘦了，胡子拉碴，头发也长了，赶明儿唱审李七甭化装了。"

大家哈哈大笑，好奇地向我打听牢里的生活。

送走他们，我先去澡堂子洗澡剃头，母亲、福媛忙着让佣人给我做可口的饭菜，好好补一补。家中钱紧，我只好让福媛去上海取回寄存的马先生还我的借款。恰好君秋在上海，他热情地照顾福媛，帮她买回北平的机票，将她送上飞机，福媛平安归来。

托万子和代请帮忙的李经理，他由万先生陪着到我家来了。他高高瘦瘦的个子，内穿棉袍外罩大衣，挺有派，说话口气不小："袁老板，您放心，您是梨园行的后起之秀，咱们没的说！区公所、局子里全有咱们的人，我递过去（钱），跟他们一打喳喳，齐活！人保出来啦！"甭说我母亲、福媛，就连师兄弟们都对他感激不尽，作揖致谢，热情款待。

报纸上又登出一篇文章，讲我阻挠兵役案，业经北平地方法院检察处侦查终结，认为应起诉。

就在等候审讯的过程中，一位陌生人来到家中，声称是法院派来调查情况的。在他的询问中，我听出一点儿门道。那就是如果强调不是在家里，而是在门口遇见保甲长发生口角的话，就不算妨碍公务；而且，只要咬定是他抓我的胳膊去段上评理，我甩开时碰了他的脸，就不能算有意殴打；再有就是这不是交兵役税而是荣誉金。虽说我不懂打官司的事，但是还开窍，不算太傻气。待他走后，我反复琢磨他的口气，是话中有话，我心领神会，认定这是财到消灾的蛛丝马迹，更加感谢李经理了。

十二月中旬开庭。我实在想不到，我被煞有介事地关进牢房度过了难熬的数十个日夜，家中惶恐万状、焦虑不安。经历了这一切之后，审判竟是在出乎意料的气氛中进行的。

开审时，许多熟人簇拥着我走进法庭。法庭旁听席一排排长椅上，坐满了听众，还有许多人贴墙站着，真像是剧场卖了个大大的满堂。难怪后来报上说什么法院审袁世海，为了应付好奇的观众，特意开了大法庭。还有文章说，听众都是抱着听我的《审李七》《审潘洪》的目的而去，想着我上堂就来个"哇呀呀"，所以宽敞的大法庭里人满为患。

我一点儿都不紧张，法官也没有什么特殊的问话，我很谨慎地回答。不知为什么，只要我一用手比画着回答问题，法庭里就会掀起一阵阵的笑声。刘掌柜的答话，也往往被笑声淹没。在笑声中我和刘掌柜站在法庭上，不像是打官司对质，倒像在说对口相声。法庭内气氛极为活跃。记得后来报上报道说，严肃的法庭却洋溢着轻松愉快的笑声。

最后由庭长宣布，我和刘掌柜辩论结束，并宣判："伤害部分不受理，妨碍兵役税部分不成立，无罪。"至此，我这场轰动北平的抗税风波终于虎头蛇尾地宣告结束。

玖拾伍　夜巡城　静待天明

几天后的一个下午，少春来到我家，他那两道一字眉的眉梢又往上提了，我一看就知道好事来了。

"三哥，快，换件衣裳。楚溪春派人到我家来，要我们带着琴师、鼓师去他家吃便饭。"

"谁？"

"楚溪春，别看官大，可是位余迷，犯了戏瘾，请咱们过去聚聚，热闹热闹。"

楚溪春是华北五省……我说不上那个长长的官称，但知道他是华北总司令傅作义的部下，北平数一数二的大人物！

"我都通知了，琴师李铁三，鼓师王德元，一会儿到您这儿集合。"

楚先生派来了车，把我们接到南长街他的官邸，让我们进了客厅。楚溪春，中等身材，五十来岁，头发略略有些白，他没穿军装，穿着便衣长袍。看上去，人很干练，一副和蔼可亲的面孔。看到我们，他微笑着和我俩握手说:"袁老板、李老板,你们好,欢迎你们。你们在台上,咱们经常见面;在台下,我们还是初次相会。"我和少春直说:"不敢当!不敢当!"

给我们让座后,他一口气对《野猪林》一剧做了评价。

"我看了你们演的《野猪林》,真好!当初看杨小楼和郝寿臣演的这出戏,郝寿臣是你的老师吧?我就非常喜爱,你们演的好像改了不少吧?"

"对,少春给改的。"

"也有三哥许多主意,我们一起造的魔。"

"你演的鲁智深有你老师的样儿,观众欢迎啊!"

"郝老师给我说得挺仔细的。"

"少春的林冲有不少新东西,后边开打用衣服对刀算得上是新式打法啦!我记得杨小楼当初演到野猪林林冲被救就完了,没这场吧?"

"没有。您看合适吗?"

"合适、合适。开始一看,感觉用衣服打未必合适,又一想这是风雪山神庙哇,地上满是大雪,用衣服扫地扬雪,对方就会后撤喽。跟扫沙土一个道理呀!而且打了几下衣服就扔了,合情合理,非常好。看了你们的戏,真叫我犯戏瘾。可惜这一段太忙了,今天是忙里偷闲,把你们几位请来吃顿便饭,好好唱几段,过过戏瘾,轻松轻松。想当年,你拜了余老板,第一次在新新唱《战太平》,余老板送信儿给我,那时我正在外地,坐车赶到北平来看,下车进园子正赶上前边一出旦角戏的尾子……叫什么戏?"

"程玉菁的《十三妹》。"少春提示道。

"对、对、对!你的《战太平》真不错,实授!要味有味,要表演有表演!余老板给我写信让我看你的《战太平》,这里还有段因由哪!余老板那会儿已经不在舞台上唱了。每逢我有事到北平,常去余老板家做客,他一高兴就给我唱两段听听。有一次,余老板唱:'大英雄失志入罗网……'"楚先生学唱了几句,我们立即鼓掌赞道:"余味十足。"

楚先生笑了笑,接着说:"唱完,余老板说:'这出戏,是什么戏?'

我说：'我不常听，哪里知道呢？'余老板说：'这是《战太平》！'所以，你演《战太平》特意让我去看。"

少春说："您对余派艺术很有研究，还得请您多指教。"

"我哪有你实授，我只不过是喜欢。"

一位军人进来行礼："报告！已经准备好，请开饭。"

我们被引至席前就坐，楚溪春先生端起酒杯说："这第一杯酒，一来请大家帮我过过余迷戏瘾，祝大家玩得高兴，二来给袁老板压惊！"

我这场官司，北平大报登、小报载，闹得上下皆知，敢情连他也知道啦！

"你们艺人们能有什么事？你们一心一意唱戏，戏唱不好，能成名角儿吗？他们大惊小怪！你吃了苦头是真的。事情过去啦，不提了，来，干！"

"谢谢您，谢谢您，让您惦记着！"我的确对楚溪春的话十分感谢。大家一饮而尽。

席间少春也和楚先生谈了许多余师的事情和余派的演唱特点。因为有共同的爱好，虽然社会地位悬殊，但互相之间比较随便，气氛很活跃。只是席上的锅子本来开得挺好，可放进羊肉却又开不起来，楚溪春先生问他的副官怎么回事。副官出去问明情况回来禀报，东来顺等涮羊肉馆均已关门，润明楼大教馆端来的锅本是做什锦锅子的。大教馆的什锦锅子是放白肉（猪肉）、鸡、鱼、豆腐、粉丝一锅烩的锅子，用来涮羊肉太勉强了，所以只能吃吃等等，吃一会儿聊一会儿，反而给这顿饭增加了趣味。

饭后小坐片刻，我们就抓紧时间唱起来，通常是讲究饱吹饿唱，现在只是唱着玩，也只好饱吃饱唱了。少春先唱了一段《洪洋洞》中的"为国家哪顾得半日闲空"，这是余派的名段，但凡老生吊嗓子都先唱这段，就是马连良先生也不例外，可算是习惯吧。楚溪春唱《失街亭》中诸葛亮的唱段，我配唱马谡和司马懿，接着他唱《捉放曹》中陈宫的唱段，我配唱曹操，少春配唱吕伯奢。

唱完后副官对他说了一句话。楚溪春低头看了看表:"时间到了,戏瘾没过足,停了吧。我请你们几位跟我一起巡城,怎么样?有此雅兴吗?"

我和少春在舞台上演巡城、守城、攻城是常事,真的巡城想也没想过,当然齐声说"好"。

"那么,几位稍等,'待我去至后面更衣!'"

我们笑着目送他进去更衣,看来戏瘾还真是没过足,不然哪里会把戏词也搬出来呢。

客厅里就剩下我和少春等四个人,我们商量,何不就托楚溪春给我们买几张去香港的飞机票?我的官司了结了,此时不走,更待何时!

为什么有此举呢?我从牢里放出来没几天,就收到马先生从香港发来的电报:"即刻赴港,路费暂垫。"在这之前马先生还来过一封信,主要讲自我回北平后不久,万春去别的地方演出,上海物价飞涨,无法演出了,马先生想去香港探探路,如果那里可以演出,即来信约我同去香港,我也曾回信表示同意。于是我拿着电报去少春家。少春分析得很对,北平战事吃紧,炮声隆隆,短时间内演不了戏,生活困难,我又吃了冤枉官司,不如借机远走。况且一直受马先生提携,不能出尔反尔。最后少春说:"可是您要是走了,剩我一个唱什么?市面如此之乱,走也是有利有弊,不走也是有利有弊。我是一会儿觉得应该走,一会儿觉得不应该走。"

近几年来,从排演《百战兴中唐》起,大家对我和少春的合作给予了很高的评价,我俩原本年龄相仿,旗鼓相当,被称为"硬对儿魔力大"。尤其是《野猪林》的演出,可以说,少春和我的对儿戏已有新的开端。我们俩合作还能排出一批好剧目来,更难得观众对我们热情支持。我何尝愿意在这热乎劲儿上分手呢?这步棋应该怎么走?真比下围棋还难!那天从午饭后我来找少春,到晚饭,又到深夜,多少个"定式"摆出,又被否掉。直到东方发白,少春拿定主意跟我同赴香港,情愿为马先生做三牌武生。这个爆炸性决定惊醒了在里屋睡觉的侯玉兰,她立时大声质问少春:"合着你走了,把我甩在家啦？不成！"少春好言劝慰："你别着急，我这是和三哥一起去香港探探路子，立住脚就来信接你。北平如此吃紧，不知要等到哪天才消停呢！白菜都涨到十元一斤，合三斤肉买一斤白菜。我唱不了戏，咱们就喝西北风了。"

既已决定，我和少春吃过早点立即去机场买机票。机场混乱至极，根本就不出售机票，碰壁而回。

眼下求楚溪春买机票是多好的机会呀！少春问我："什么时候说呢？车上，还是这会儿？"

"就在这儿说，趁热打铁，到车上他公务在身，恐怕没机会。"

楚溪春先生换好军装出来，比穿便衣更威武了。

我们从椅子上站起来，少春说："我们有点儿事想求您帮帮忙！"

"什么事，说吧！"他又坐到他的座位上。

"我们想托您买几张去香港的机票，您看可以吗？"

"你们要去香港？"他略略沉吟了一下。

"我们买机票买不着，这儿一时唱不了戏，什么时候能唱，很难讲，我们生活已经成了问题。"少春赶紧解释。

"去香港倒是能挣点儿钱。你们要几张？"

"五六张。"

"机票我可以买到。只是现在飞机都改在东单广场起飞，没有正式的航道，很不保险。再说，北平不会老是这个样子，甭说你们受不了，北平城里几百万人谁也受不了。我看不要多长时间就会解决的，很快。不论是如何解决，都不会影响你们唱戏的。香港并不适合演京剧，那里流行的是粤剧。"

我和少春对了下目光，我俩听出了话外之音。

"那……那万一要是共产党来了呢？"

"哈哈……"他仰头笑了。我们莫名其妙。

"你们放心！你们凭本事吃饭，谁来也没事。"

对呀，甭管是西太后，还是国民党，还是袁世凯，京剧都是照唱不误！

"所以，依我看你们还是暂忍一时吧！就是共产党来了，你们也不会吃亏的，他们也热爱艺术。"

我和少春觉得他的话有道理，可又不能立刻下决心，互相望着，谁也无法马上表态。

"好吧，你们再考虑考虑，真要买票随时可以找我。时间不早了，咱们走吧。"

深夜，我和少春等人坐上他巡城的吉普车。电影里没少见吉普车和"吉普女郎"，而我们坐吉普车这还是第一次。

吉普车驶出长安街，至前门、和平门、宣武门、广安门……黑夜中，我们也认不出是哪个门了。听着清晰的时远时近的炮声，行驶在没有路灯的街上，坐军车周游北平城的乐趣可想而知。每到一门，吉普车停下，手电筒一照，立即有军人立正行礼，楚溪春问一句："安静吗？"军人说："安静。"车又向前开去。

我和少春一直不敢说话，怕打扰公务。

深夜，车把我们送回家中。

我和少春看到北平大官们的乐观态度和少有的闲情逸致，再细想楚溪春的话很有道理，于是也宽心大放，做出不走的决定，给马先生发去"交通隔阻，无法去港"的电报。

北平终日炮声隆隆，商店里顾客稀少。

大街上，一辆辆蠕动的排子车上面堆满行李与家具，奔东走的，奔西行的，一片忙乱。

家家户户每日时而停水，时而停电，玻璃上贴满防震纸，灯上围着黑布，门前放水缸、堆沙袋。

每天，我与少春夫妇、荀先生夫妇、盛章、盛兰、赵荣琛、赵金年等住得较近的同行相聚，或打扑克，或打麻将，消磨时光。

我们盼望着北平战事早日结束。

我们盼望着早日重登舞台。

终于，一九四九年一月三十一日，我们迎来了北平的和平解放。